基金项目号：

1. 2020 河南省科技厅软科学项目（会计专题）：高校预算绩效评价体系构建与设计（202400410407）阶段性研究成果；

2. 世界银行“中国经济改革促进与能力加强项目”（TCC6）子项目——“政府会计促进预算绩效管理研究”（B08 - 2020 - 05）阶段性研究成果；

3. 河南省教育科学“十三五”规划 2020 年度一般课题：高校教育经费预算绩效评价体系的构建及应用研究（2020YB0295）阶段性研究成果；

4. 河南省高等教育教学改革研究与实践项目：迈向新工科的工程教育改革与实践（2019SJGLX450），新文科背景下应用型本科高校实践育人模式创新与实施研究（2021SJGLX558）阶段性研究成果。

新政府会计制度下应用型本科高校预算绩效管理研究

王生交　著

中国财经出版传媒集团

中国财政经济出版社

图书在版编目（CIP）数据

新政府会计制度下应用型本科高校预算绩效管理研究 / 王生交著. -- 北京：中国财政经济出版社，2022. 10
ISBN 978 - 7 - 5223 - 1610 - 9

Ⅰ. ①新… Ⅱ. ①王… Ⅲ. ①高等学校－预算管理－研究－中国 Ⅳ. ①G647. 5

中国版本图书馆 CIP 数据核字（2022）第 148535 号

责任编辑：彭　波　　　　责任印制：史大鹏
封面设计：卜建辰　　　　责任校对：张　凡

中国财政经济出版社 出版
URL：http：//www. cfeph. cn
E - mail：cfeph@ cfeph. cn

社址：北京市海淀区阜成路甲 28 号　邮政编码：100142
营销中心电话：010 - 88191522
天猫网店：中国财政经济出版社旗舰店
网址：https：//zgczjjcbs. tmall. com
北京财经印刷厂印刷　各地新华书店经销
成品尺寸：170mm × 240mm　16 开　17 印张　280 000 字
2022 年 10 月第 1 版　2022 年 10 月北京第 1 次印刷
定价：68. 00 元
ISBN 978 - 7 - 5223 - 1610 - 9
（图书出现印装问题，本社负责调换，电话：010 - 88190548）
本社质量投诉电话：010 - 88190744
打击盗版举报热线：010 - 88191661　QQ：2242791300

编写组名单

王生交（主持）　张　悦　何　利
路媛媛　薛　媛　李飞亚　黄永华
贾　娜　崔　璨　魏守智

前　言

在新政府会计改革背景下，本书从绩效导向与业务活动动因的角度，构建一套适合于应用型本科高校预算绩效管理的指标体系，这对提高高校成本管控水平和绩效管理水平，具有非常重要的现实意义和前瞻性意义。立足于预算绩效管理的文献分析，本书在剖析政府会计促进高校预算绩效管理的机制，以及政府会计在二级学院预算绩效管理中的应用现状等基础之上，设计了应用型本科高校二级学院预算绩效指标，将设计好的绩效指标应用于二级学院的预算申报、预算监控、预算绩效评价等环节，体现了政府会计促进预算绩效管理的全链条和全过程。本成果的贡献在于：(1) 围绕应用型本科高校的战略发展目标，明晰和划分开展的业务活动及其成本构成；(2) 根据业务活动制定和设计出相应的绩效指标（数量、质量、时效、成本、效益、满意度)；(3) 将成本会计、绩效指标应用于预算申报环节，设计出基于目标导向的业务活动预算申报体系、整体预算申报体系；(4) 设计出基于目标导向的业务活动预算监控体系、整体预算监控体系；(5) 设计出基于目标导向的业务活动预算绩效评价体系、整体预算绩效评价体系。最终实现了以业务活动为核心打通和建立“事前（预算申报)、事中（预算监控)、事后（预算绩效评价)”全链条、全闭环的成本管控模式，从绩效导向与业务活动动因的角度，设计一套既包含会计指标又包含业务指标的预算绩效管理体系。

本书是由王生交教授担任主编，参与各章节编写的老师有：第 1 章由李飞亚老师编写；第 2 章由崔璨老师编写；第 3 章由黄永华老师编写；第 4 章由何利和贾娜老师编写；第 5 章由张悦和薛媛老师编写；第 6 章由路媛媛、薛媛和张悦老师编写；第 7 章由张悦和路媛媛老师编写；第 8 章由崔璨、李飞亚和路媛媛老师编写；最后由薛媛、李飞亚老师对全书进行了总纂。成稿后的通篇再把关和逻辑关系梳理由李飞亚、崔璨和魏守智老师完成。

在本书的出版过程中，中国财政经济出版社的编辑们提出了宝贵的意见，为提高本著作的质量，保证修订工作的顺利完成，付出了辛勤的劳动。谨向他们表示衷心的感谢。

目 录

| 第 1 章 |

绪　论

1.1 研究背景

预算绩效管理是预算管理和绩效管理两种管理手段、方法的有机结合。这种预算管理模式是我国预算管理方式在借鉴西方国家绩效预算的基础上产生并发展起来的，是将绩效理念融入预算管理，籍以提高财政资金使用效益的实践与探索。

预算绩效评价最初由“绩效预算”这一概念衍生而来。“绩效预算”最早起源于 19 世纪美国的公共预算改革中，是一种创新的预算形式。它将政府预算以可衡量的绩效为基础，将预算使用者的关注点从资金投入转向资金产出与成果，强调责任和管理意识，从而提高政府预算支出的使用效益。绩效预算通过设定一定的绩效目标，按照设定的绩效目标分配预算资金，从而对绩效目标的完成情况进行绩效评价。国外对预算绩效评价的研究始于 20 世纪 50 年代，最初用于考核政府的治理成效。20 世纪 80 年代，国外学者将预算绩效评价应用到高校并展开了相关研究。相对于其他国家，美国和英国的研究较为成熟。

近年来，受经济下行压力与减税降费政策影响，中国政府财政收入增速明显放缓，但用于提升人民幸福感的各项公共支出逐年增加，社会发展正面临财政资金有限供给与需求增长之间的矛盾。长期以来，中国财政资金存在“重投入轻管理、重支出轻绩效”问题，部分预算资金闲置沉淀，甚至低效或者无效乃至损失浪费等问题在部分领域尤为突出。根据 2018 年《关于全面实施预算绩效管理的意见》（以下简称《意见》），财政部明确提出预算绩效管理的目标和时间表：到 2020（2022）年底，中央部门和省级层面（市县层面）要基本建成全方位、全过程、全覆盖的预算绩效管理体系，做到“花钱必问效、无效必问责”，大幅提升预算管理水平，增强政策实施效果。

高校承担着教学科研、培养人才、服务社会和传承与创新民族文化的责任与使命，承载着国家与民族的未来。一直以来，我国中央和各地政府都非常重视高等教育，各级财政也都不断对高校进行资金支持。随着各高校扩招，办学规模的扩大，学校对资源的需求也不断增加，办学的经济效益和社会效益也越来越突出。中国政府在 2003 年引入绩效管理以来，在借鉴国际先进经验的基础上，学术界和实务界就在不断探索一套适合国情的预算绩效管理制度和模式，主要体现在如何增强预算决策的科学性，解决高校预算编制与执行“两张皮”状况，提高预算资金的效益性问题；怎样对预算资金进行监管提高预算管理水平；如何在规范管理的基础上以绩效为抓手，设定合理的绩效评价指标体系，实现预算管理与绩效管理的有机结合，使预算绩效管理工作在预算编制、执行等环节相互贯穿融合，加强绩效评价结果的反馈与指导作用。

高校全面实施预算绩效管理，不仅是为了顺应国家政策的要求，更是为了促进自身发展的需求。完善预算绩效管理工作，是现阶段高校寻求发展的必然之路。然而，预算绩效管理在我国高校目前处于起步和探索阶段，存在着诸多问题，必然制约其发展。这就更加需要高校对预算绩效管理体系深入研究，建立健全预算绩效管理制度，运用预算绩效管理助力高校稳健发展，增强高校综合实力。

我国高等教育公认的分类方法是按照办学层次分类，通常可分为三种类型：研究型大学、应用型高校和高职高专。研究型大学主要培养学术型和工程研究型人才，如“985”“211”高校；高职高专则主要教育培养技能型人才；应用型本科高校指其他一般本科高校，是由 2014 年之后地方性普通本科高校逐步或整体转型而形成的以就业为导向的，服务于区域经济建设，培养模式更符合产业需求的高校。这类高校数量庞大，特别注意与企事业单位以及与学科行业共建应用研究。与研究型高校不同，应用型本科高校具有：（1）以应用为本；（2）面向区域经济和行业需求进行专业设置；（3）培养体系更加注重学生实践能力和应用能力的培养；（4）注重校企合作和行业共建的等特征。本书是站在应用型高校的基础上来进行绩效管理及评价指标设计的。

1.2 研究意义

近年来，随着政府会计的改革，国家对事业单位预算绩效评价提出明确地要求，各高校纷纷开始将绩效管理理念引入预算管理之中，探索预算绩效管理的新思路，提升预算管理水平，促进自身事业发展。但根据调研结果来看，各高校在绩效管理方面的还存在各种各样的问题，推进预算绩效管理的发展与完善，具有重要的理论意义、实践意义。

（1）理论意义。

本书通过查阅预算绩效管理在国内外的研究文献，梳理和总结了相关的思路和方法，在诸多学者的研究基础上，丰富预算绩效管理相关理论。同时，本书基于一个真实案例来丰富高校预算绩效管理案例库建设，通过对个案的研究为预算绩效管理提供具体的实施方案，为进一步研究预算绩效管理提供参考和补充。

（2）现实意义。

高校作为预算主体，其预算管理水平是学校发展的关键。但通过前期对河南省部分高校的走访调研，发现各高校的预算绩效管理参差不齐，还存在很多漏洞，也没有统一的标准，没有形成切实可行的评价指标，所以急需一套有效的评价体系来进行完善。本书通过实地调研，能够充分掌握高校预算管理现实条件及体制，通过对各部门业务进行全流程的熟悉和摸排，掌握了高校预算绩效管理现状，并对预算决算相关数据进行分析研究，提出了高校预算绩效管理指标的设计原则、设计思路，结合高校四项核心业务搭建了普适的绩效指标评价框架，为河南省高校预算绩效评价提供切实可行的评价方法、原则和能够被实际运用的评价指标，为高校实施预算绩效管理提供实践参考。

1.3 研究内容和研究方法

政府会计改革从收付实现制改为“双基础、双功能、双报告”的“双轨制”形式，增加了信息的维度，提供了成本信息，为开展预算绩效管理提供了数据支持。财政部已发布《事业单位成本指引》，河南省财政厅 TCC6

项目组子项目正在研究高校这一类事业单位的行业具体指引。本书的研究内容和框架如下。

1.3.1 研究内容

（1）预算绩效管理的国内外文献研究和制度政策梳理。

本书首先梳理了国外关于预算绩效管理的文献，肯定了国外在高校预算绩效评价研究方面取得的成果的先进性，但研究发现国外预算绩效评价指标体系较多地使用非财务指标和定性指标，难以量化和进行直接比较。对比国内研究，中国推行预算绩效管理的时间虽然晚于西方发达国家，但经过三个阶段的发展，也取得了不错的成就，但目前已有的指标体系是基于“收付实现制”基础进行构建的，且指标设置过于笼统，缺少针对事业单位特点的指标体系。因此，应根据政府会计改革下“双基础”的特点，构建出一套适应新制度的高校预算绩效评价指标体系。

（2）政府会计促进高校预算绩效管理机制分析。

这部分内容，首先分析了新政府会计制度下预算会计和财务会计的关系；其次介绍了预算绩效管理的目标、作用，以及政府预算绩效管理的必要性；再次分析了政府会计数据与绩效评价的关系，政府会计和绩效评价数据的融合；最后讨论了构建预算绩效评价体系的意义和实现路径。

（3）政府会计在应用型本科高校预算绩效管理中的应用现状。

本部分的研究内容结合应用型本科高校特征从绩效导向与业务活动动因的角度出发，梳理出各类业务活动之间的关系，进而明确相关业务活动的费用支出、成本标准和成本构成，为绩效指标的设计奠定基础，从而构建出业务活动贯穿预算申报、预算监控、预算绩效评价三个环节的整个链条体系，有助于教学院部和行政管理部门对业务活动进行绩效评价，提升教学和管理成效。

（4）应用型本科高校预算绩效指标设计。

这部分内容阐明了在本书中新政府会计下预算绩效指标设计的原则、设计的思路，并且根据设计原则和设计思路结合应用型本科高校四个核心业务活动：教学活动、行政管理活动、教学管理（服务）活动和后勤保障活动等内容设计了预算绩效指标框架。

（5）绩效指标在应用型本科高校预算绩效管理中的应用设计。

这部分研究了绩效指标在绩效指标在预算申报、预算监控和预算绩效评价中的应用设计，为了保证在具体业务活动的绩效指标的普遍适用性，结合了本书的设计原则、设计思路和根据具体业务活动搭建的绩效指标的基本框架，对具体申报和执行过程中的绩效指标进行细化和量化，赋予各项指标相应的权重，构建了具有普适性的预算申报、监控和绩效评价体系。本书的研究思路如图 1－1 所示。

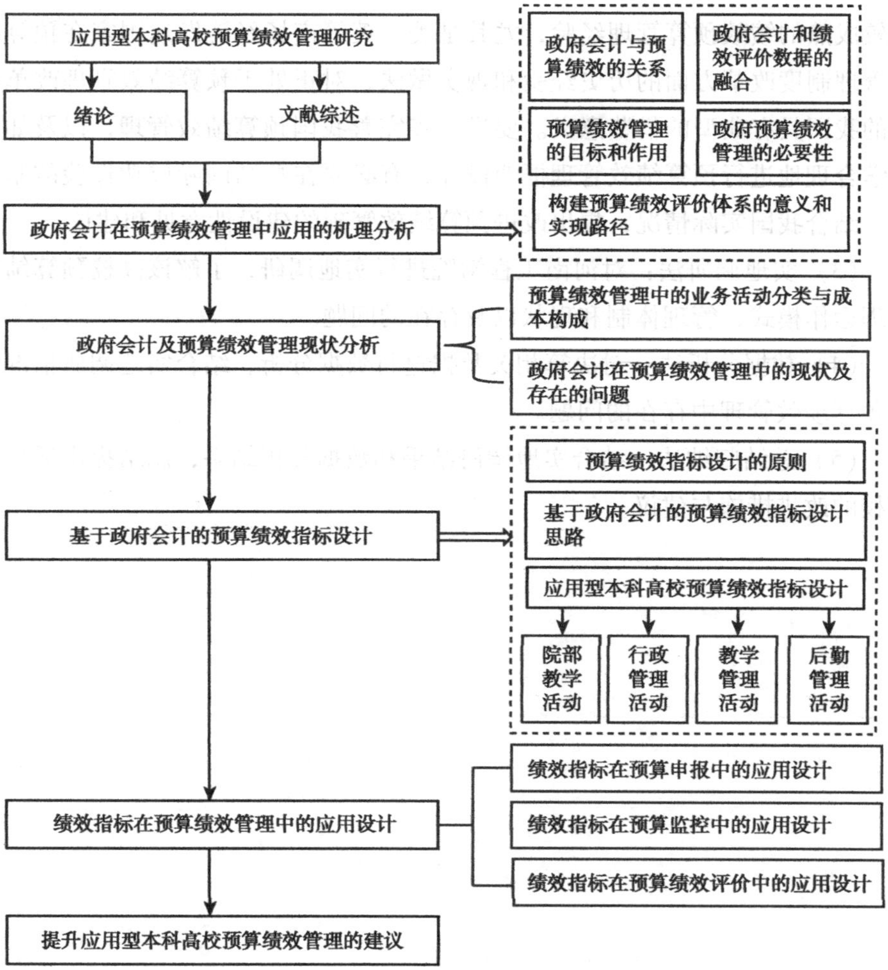

图 1－1　本书的研究框架

1.3.2 研究方法

（1）文献研究法。本书通过对国内和国外预算绩效管理研究的相关资料进行系统梳理，力图厘清绩效、绩效预算、部门预算绩效管理等基本概念，以及我国财政预算绩效管理改革进程与成效，对预算绩效管理的实施机制做出了比较充分的阐释。

（2）比较分析和经验分析法。西方一些国家较早地实施了绩效预算，有比较成熟的绩效预算管理经验，尤其是美、英等市场经济发达国家在预算绩效管理制度改革方面的历史经验和现实做法，对正处于预算绩效管理改革过程的我国具有典型的借鉴意义。要进一步完善我国预算绩效管理，以及如何科学合理地进行预算绩效管理框架设计，有必要在总结国际成功经验的基础上，结合我国实际情况，提出改进预算绩效管理的建设性意见和建议。

（3）实地调研法：对河南工程学院进行实地调研，了解该高校预算绩效管理运作模式、管理体制和现状以及存在的问题。

（4）数据分析法：对决算相关数据进行数据分析，结合实地调研情况得出预算绩效管理中存在的问题。

（5）总结归纳法：结合实地调研结果和数据分析结果，总结提出适用于该校的改进措施与建议。

第2章 国内外预算绩效管理制度和政策梳理

2.1 世界有关国家预算绩效管理的制度梳理和政策梳理

在西方国家政府管理改革中，预算绩效管理是管理理论和制度实践的重要创新内容。预算绩效管理作为政府公共管理的有力工具和措施，逐渐成为各国政府实施公共管理改革和财政管理改革的代名词，持续改善各国政府公共管理并对社会经济发展产生巨大影响，有效缓解西方国家面临的管理危机、财政危机和信任危机。从预算绩效管理发展历程看，传统预算效率管理被预算绩效管理所代替，不仅西方国家呈现预算绩效管理向更广泛、更深入层次推进的改革态势，而且预算绩效管理凸显由西方发达国家向发展中国家普及的发展趋势。理论而言，预算绩效管理具有相似价值取向和管理特征，但因为各国的政治体制、经济水平、文化背景、历史传统等方面存在差异显著，各国预算绩效管理呈现出各具特色的管理特点，这里选取美国、英国和澳大利亚预算绩效管理进行介绍，结合我国地方政府预算绩效管理制度，有针对性地梳理各国预算绩效管理的制度演变和管理实践，为推进我国地方政府预算绩效管理提供国际经验和管理启示。

2.1.1　英国政府预算制度与经验借鉴

2.1.1.1　英国政府预算管理体制

（1）实行分税制预算管理体制。

①英国政府预算划分为中央预算和地方预算两级，其中地方预算由包括英格兰、苏格兰、威尔士、爱尔兰和大伦敦市以及以下各级地方预算组成。地方预算收支根据法律规定不列入国家预算，但由于财力大部分集中在中央，地方收支预决算地方无权批准，需要经过中央批准。

②英国实行高度集中的分税制财政管理体制，在比较明确划分事权和财权的基础上划分中央和地方的收入范围，按照税种划分中央和地方收入，实行严格的分税制制度，不设共享税，由相应税务机构征收，主要税源由英国中央政府控制，中央政府还通过转移支付、债务控制、行政控制等手段来控制地方。为防止苦乐不均，英国中央政府对地方政府实行再分配控制。根据英国法律规定，英国地方税的立法权在中央，但由地方自定具体的征收率则。同时，地方预算有固定的地方税和地方经济收入。中央财政部不与地方直接发生联系，由环境部负责处理两者关系，财政部只同环境部一家算账。

（2）议会对预算的控制权。

①议会对政府收支的控制。议会通过制定和调整税法、国债法、金融货币法等法律文件，行使在税收、国债、金融领域的财政权，发挥了控制政府收入、稳定国家财政金融的作用。议会通过有关法律如授权法、拨款法、委员会决议及各种非正式立法形式，控制政府开支项目和政府支出预算，也为政府活动提供物质保障。英国下院供应委员会和支出委员会拥有政府支出控制权，审查及核准预算由供应委员会负责，预算支出总额及各项目支出大小由支出委员会控制，同时支出委员会控制还负责审查提交给下院的预算以及相应文书档案。

②英国议会预算审议权。由于英国政府收入预算和支出预算分列在不同的财政案中，议会分别对其进行讨论和审议。根据法律规定，下院全院委会负责审议有关预算收入的重要原则条款，其他则由常设委员会审议。支出审

议方面，凡是列入统一基金支出项目，不必每年审批。收入审议方面，议会需要每年审议表决的是所得税，其他预算收入项目，议会一般不必每年审议，另外，如果是现存税收需要修改或需要设立一种新收入时，才要议会审议批准。

2.1.1.2 英国政府预算收支分类

(1) 预算收入方面。

英国政府预算收入分为中央政府预算收入和地方政府预算收入。

①中央政府预算收入。中央政府预算收入包括直接税、间接税、国民保险基金及其他杂税费三类。其中直接税主要包括个人所得税、公司所得税、资本利得税、印花税、遗产税、石油收入税，直接税由国家国内收入局征收。间接税主要包括增值税、消费税和关税，间接税由国家关税和消费税局征收。而国民保险基金是由中央政府的社会保障部基金收入局向有工作的公司收取。

②地方政府预算收入。地方政府预算收入包括中央政府补助金收入、地方税收和地方自筹收入三类。中央政府补助金分为专项拨款和普通拨款；地方税收，包括市政税、营业房产税；地方自筹收入包括公有住房租金收入、购货中心地产收入、停车场收费等地方政府自有资产收益和地方借款包括中央政府分配的借债额度和地方发行的债券。地方税收由地方自行组织征收。

(2) 预算支出方面。英国政府预算支出分为中央政府预算支出和地方政府预算支出。

①中央政府预算支出。中央政府预算支出包括国防、外交、社会保障、个人社会服务、卫生保健、工业、能源、贸易和就业、运输、教育、科技、中央政府债务还本付息等支出。

②地方政府预算支出。地方政府预算支出根据资金使用性质和拨款来源分为经费支出和投资支出两类。其中经费支出包括中小学义务教育经费支出，部分卫生保健支出，地方行政管理部门经费如警察局、法院经费支出，地方政府债务还本付息支出，住宅和公共事业经营支出，社会服务支出如图书馆、公园等公共休闲设施以及环境保护、地方运输经营等方面。地方投资则包括住宅建筑、学校、医院、道路等方面的建设投资。

2.1.1.3 英国政府预算编制与执行

英国中央政府预算由财政部负责编制，经内阁会议讨论通过后，呈交议会批准执行。预算期为一年。预算年度起讫时间为当年 4 月 1 日到第二年的 3 月 31 日。英国政府预算是实行三年滚动性预算，第一个年度的收支预算比较详细，后面两个年度预算则是概算性的。

英国政府预算编制有严格的程序。在编制预算之前，财政部首先要进行公共财政支出调查，包括调查预算支出情况，分析经济形势，在此基础上提出公共支出的调查报告并发送给各部门，政府各部门依据该报告编制部门支出概算。11 月政府发表《秋季声明》（该声明也被称为小预算），《秋季声明》是政府呈送议会的正式预算报告的草案，发表该声明（预算草案）是想通过该声明听取社会各方面对该预算草案的意见和反映。12 月政府各部门上交部门支出概算给财政部，在财政部审核汇总后，于第二年 3 月呈送议会。约在 3 月中旬或 4 月初，财政大臣向下院宣布题为《财政状况与预算报告》的新财政年度预算方案。这个题为《财政状况与预算报告》的预算方案包括如下内容：近几年经济发展状况的回顾，未来三个财政年度的经济预测，公布一系列反映经济政策变化的财政、货币指标体系（公共支出指标、货币供给量指标、各部门借款需求指标等）。在这个预算方案中，税收建议是核心内容，包括征收标准、税收范围变化、税目废除、新税目开征、改变征税行政机构等。当然，这个《财政状况与预算报告》只是政府预算方案的概要，预算细节内容则是在随后发表的《财政法案》中公布，一般情况下，议会在 7 月表决该法案，获得通过后，立即生效。

2.1.1.4 英国政府的预算监督

（1）议会对政府预算的监督机构及职能。

议会对政府预算的监督机构主要是平民院，包括全院大会和委员会两个层次。全院大会主要是对政府预算开支方案进行审议、表决，其监督程序包括辩论、质询、立法。通过对政府开支预算、概算、国家开支白皮书进行辩论，议员可以在政府预算、概算的态度及对上年财政政策、预算支出方面表明议员的看法；通过质询，议员则可以得到政府各部门有关预算的支出、决策等信息；立法监督则是通过制定概算决议、征税决议、征税法进行。委员会对预算监督主要表现为各部门委员会对各自主管的政府部门的政策工作的跟踪，把所获取的材料通过联络委员会报告给全院大会。各部门委员会对政府各部门预算的监督主要包括预算支出金额和支出政策方面，金额方面包括监督检查支出是否节约、是否到达预期目的，政策方面监督检查包括支出政策是否合理等。

(2) 议会对政府预算的监督途径。

议会的监督途径主要包括监督预算的收入和监督预算的支出两方面。在预算收入监督方面，税收是英国政府预算收入的主要来源，税收包括长期税和年度税。

(3) 预算执行。

英国政府的预算执行十分严格。在预算收入方面，英国税务部门是严格按照税收法律征收各类税款，不得随意增减税收。在预算支出方面，政府各部门不得随意追加预算支出，如果确需追加预算支出，则首先要把追加支出上报财政部，经过财政部审查后，再上报议会审批。在议会尚未批准之前，任何人包括首相在内都无权同意追加预算支出。英国中央政府每年都有安排几十亿英镑的预算预备费，如果需要动用预算预备费，也必须经过议会审批。英国国库业务代理在由英国中央银行负责。中央银行负责配合预算执行，缴款人把各类财政收入缴入开户的商业银行，当天这些所缴入的财政收入就可以转入到中央银行在商业银行所开的户头，也就是在当天，中央银行可以把这些缴交的全部财政收入汇集并转入到财政部的国家账户中支用。中央银行分别按两个税务局和中央主管部门立户核算财政收支。在财政库使用方面，中央银行监督经议会批准下达的中央各主管部门的预算，只有在接到财政部拨款通知后，银行才给需要用款的部门拨付相应财政款项。

2.1.1.5　英国政府的预算监督

(1) 议会对政府预算的监督机构及职能

议会对政府预算的监督机构主要是平民院，包括全院大会和委员会两个层次。全院大会主要是对政府预算开支方案进行审议、表决，其监督程序包括辩论、质询、立法。通过对政府开支预算、概算、国家开支白皮书进行辩论，议员可以在政府预算、概算的态度及对上年财政政策、预算支出方面表明议员的看法；通过质询，议员则可以得到政府各部门有关预算的支出、决策等信息；立法监督则是通过制定概算决议、征税决议、征税法进行。委员会对预算监督主要表现为各部门委员会对各自主管的政府部门的政策工作的跟踪，把所获取的材料通过联络委员会报告给全院大会。各部门委员会对政府各部门预算的监督主要包括预算支出金额和支出政策方面，金额方面包括监督检查支出是否节约、是否到达预期目的，政策方面监督检查包括支出政策是否合理等。

（2）议会对政府预算的监督途径

议会的监督途径主要包括监督预算的收入和监督预算的支出两方面。在预算收入监督方面，税收是英国政府预算收入的主要来源，税收包括长期税和年度税两种。长期税如关税等是经议会通过法律批准后政府可以长期征收的。年度税如所得税是议会授权政府征收的年限仅为一年，一年后须经议会重新授权政府才可以征收。因此，年度税是议会监督政府预算收入的主要手段，是议会行驶征税权的基本方式，议会是以法案形式授予政府年度税征税权。议会监督税收的环节包括听取财政大臣预算演说、进行预算辩论、审议财政法案等。在预算支出监督方面，预算支出监督主要通过年度授权制度、专项拨款制度、拨款审议制度、余款退还制度以及审计监督等进行。其中年度授权制度通过对政府年度开支项目申请的授权来监督政府支出行为，是议会监督控制政府预算支出的基本方式。拨款审议制度是下院全院大会对政府提出的年度支出概算进行审议、表决、形成若干法案、授权中央银行向政府支出款项，这其中必须遵循支出是否符合选民利益和是否厉行节约两原则。余额退款制度则是规定政府年度经费如有富余必须退还，不能转作下一年度的经费。议会的审计监督是通过在议会设立审计总长和国家审计局对政府支出进行监督。审计总长是平民院官员，独立于政府，审计总长全权决定审计对象、审计内容以及国家审计局各项报告，国家审计局受审计总长领导，具有独立性。审计总长和国家审计局负责对中央政府部门和各公共部门的支出进行审计、对议会所拨经费的使用效果进行检查等。

2.1.1.6　英国政府预算法律体系

英国是世界上最早建立预算制度的国家，也是最早开始建立现代国家预算制度的国家，相应地也形成了比较完善的预算法律体系，包括《同一基金法案》《议会法》《地方政府法》，其中《同一基金法案》中有关政府预算的法律法规包括《公共支出调查报告》《秋季声明》《财政状况与预算报告》《预算法案》。

《公共支出调查报告》是财政部分析经济形势和对公共支出进行调查所形成的调查报告，是政府各部门制定本部门支出预算的依据；《秋季声明》作为政府提交给议会的正式预算报告的草案，是政府各部门编制部门概算基础上财政部进行审查汇编而形成，该《秋季声明》也被称为“小预算”，《秋季声明》发表时间一般为 11 月。《财政状况与预算报告》则是财政大臣向下院提交的新的预算年度的预算方案，提交时间一般为 3 月中旬或 4 月初；《预算法案》则是经议会批准生效的法案，包括拨款法案、统一基金法案和筹措资金法案，一般情况下，批准时间为每年 8 月 5 日。《议会法》则是对经过议会审议批准的《预算法案》作出相关规定。《地方政府法》则就中央和地方的事权和财权作出比较明确的划分，就中央和地方公共支出范围进行明确划分和规定，就中央对地方的转移支付也作出明确规定。

2.1.1.7　英国政府预算制度的经验借鉴

英国作为世界上第一个实施政府预算的国家，形成了比较完善的预算制度，其中许多经验值得借鉴。

（1）明确划分中央与地方的事权与财权。英国实行高度集中的分税制财政预算管理体制，中央和地方的事权和财权划分比较明确，在此基础上划分了两者的收入范围；实行严格分税制制度，按照税种划分中央和地方收入，在中央与地方之间不设共享税，中央收入包括直接税、间接税和国民保险基金及其他杂税费三类，地方收入包括中央政府补助金收入、地方税收和地方自筹收入三类，但英国主要税源由中央政府控制，为防止苦乐不均，中央政府对地方政府实行再分配控制，通过转移支付、债务控制、行政控制等手段来控制地方。在协调中央与地方财政关系方面，由环境部具体负责，中央财政部不与地方直接发生联系。

（2）实行严格的政府预算编制执行程序。英国财政部负责政府预算编制，财政部首先要调查预算支出情况，分析经济形势，提出公共支出调查报告并提交给政府各部门作为编制部门概算的依据，之后政府发表《秋季声明》听取社会各方面的意见，然后财政部审核汇总各部门上交的支出概算，于第二年 3 月呈送议会。约在 3 月中旬或 4 月初，财政大臣向下院宣布新的财政年度预算方案（预算概要），预算概要包括近几年经济发展状况回顾、未来三个财政年度的经济预测，公布反映经济政策变化的财政、货币指标体系，这其中税收建议是核心内容，之后公布反映预算细节内容的《财政法案》，该法案获议会通过后生效。执行中，预算收入由税务部门严格按税法征收，不得随意增减，政府各部门不得随意追加预算支出，确需追加支出，报财政部审核、议会审批，未经议会批准，任何人（包括首相）都无权同意追加支出，如果动用预算预备费也必须经议会批准，中央银行配合预算执行。

（3）议会严格监督预算，控制政府收支。议会通过有关法律的制定调整，如《授权法》《拨款法》委员会决议以及各种非正式立法形式，来控制政府收支项目和政府支出预算，议会的监督机构主要是平民院，包括全院大会和委员会两个层次。全院大会主要是对政府预算开支方案进行审议、表决，其监督程序包括辩论、质询、立法。委员会对预算监督主要表现为政策工作的跟踪，并把所获取材料报告给全院大会。各部门委员会监督包括预算支出金额和支出政策方面。预算收入监督方面，议会主要通过控制政府征税权特别是政府年度税征收权来实现预算收入监督；预算支出监督方面，议会通过年度授权制度、专项拨款制度、拨款审议制度、余款退还制度以及审计监督等进行。

（4）建立健全完备的预算法律体系。英国作为世界上最早建立现代政府预算制度的国家，在预算方面形成了比较完善的法律体系，如《同一基金法案》《议会法》《地方政府法》，其中《同一基金法案》中有关政府预算的法律法规又包括《公共支出调查报告》《秋季声明》《财政状况与预算报告》《预算法案》。《议会法》对经过议会审议批准的《预算法案》作出相关规定。《地方政府法》对中央和地方的事权和财权作出比较明确的划分，对中央和地方公共支出范围进行明确划分和规定，对中央对地方的转移支付也作出明确规定。

2.1.2 美国政府预算制度与经验借鉴

1921年美国《预算与会计法》的颁布实施，标志着现代政府预算制度开始在全国正式实施。作为世界上最发达的市场经济国家，其政府预算制度经过不断的改革和完善，现已形成了一套比较完善、规范的预算管理制度。

2.1.2.1 美国政府预算管理体制

由于美国是一个联邦制国家，与联邦制行政体制相适应，美国实行的是联邦、州和地方三级政府的分权分税制预算管理体制。

（1）美国政府部门中的预算机构设置及其职能。美国在联邦政府内部和州政府内部设立管理与预算办公室和财政部门，管理与预算办公室和财政部门为职能不同的同级部门，总统管理和预算办公室直接对总统负责，管理和预算办公室负责汇总政府各部门的预算，编制支出预算，然后提交给总统审核和经总统提交给国会，预算经过国会批准后，管理与预算办公室按项目进行分配预算资金，监督行政部门的预算执行，确保预算执行达到预算目标。联邦和州政府的财政部门则负责根据经济发展预测及过去收入情况对财政收入进行分析、收集和管理，编制收入预算。

（2）美国国会中的政府预算审核机构及职能。美国国会由参议院和众议院组成，参众两院审核联邦预算编制的机构包括预算委员会、拨款委员会、筹款委员会、国会预算局和会计总监局。预算委员会主要负责审查预算草案的宏观目标和总体规划，通过审议形成初步预算决议；国会拨款委员会主要负责审议拨款法案，为政府部门拨款授权，两院拨款委员会下面又各自设立了13个小组委员会，负责确定有关部门及项目的预算拨款；筹款委员会主要负责审议税收法案；国会预算局，一个法定的专业参谋机构，负责为两院提供有助于经济和预算决策的专业、客观、及时、非政治化的分析，并独立编制一整套预算，供国会参考，为上述委员会提供辅助性服务；会计总监局则是负责审计政府财务，力图把政府财务活动限制在国会批准的范围内。

（3）实行分权型预算管理体制。由于美国没有统一税法，联邦和州及地方政府拥有各自的财税法律，各级政府在法律明确划分各自事权的基础上，独立地行使预算权，各级遵循本级独立编制、审批、执行本级预算的管理制度，自收自支、自求平衡、自行管理、自成一体。在税收权即财权方面实行分税制，美国政府通过明确划分中央政府与州、地方各级政府之间的事权，在此基础上，通过设立不同税种，以此来解决中央政府和州政府、各级政府之间的财权分配问题。美国联邦政府的税收主要有：公司所得税、个人所得税、社会保险税、销售税、遗产赠予税，其中公司所得税、个人所得税、社会保险税为主体税种，约占联邦税收的90%。州政府税收主要是销售税，约占税收总额的50%。地方政府税收主要以财产税为主，占税收总额的80%~90%。当然，为解决中央与地方之间以及不同地方之间的收入不平衡问题，美国制定实施了规范的政府间财政转移支付制度。总之，美国政府预算管理体制实行的是典型的分权分税的财政预算管理体制。

2.1.2.2 美国政府预算的编制、审批与执行

美国预算编制程序比较复杂、编制时间比较长。从编制部门预算开始到预算审计，一个周期需要历时 33 个月。政府在一个财政年度内，既要执行本财政年度预算，同时还要对上一年度预算进行审核和编制下一年度预算。根据 1977 年通过的《预算改革法》，美国预算制度时间为每年的 10 月 1 日至第二年的 9 月 30 日。在《预算改革法》实施前的预算年度为每年的 7 月 1 日到第二年的 6 月 30 日。美国联邦政府预算编制主要是实行收支两条线的单式预算编制方式，预算支出由白宫管理和预算办公室负责编制，预算收入由财政部负责编制，不过地方预算大多数则是按照复式预算方式来编制，并且预算年度时间还是按照过去模式，即每年 7 月 1 日到第二年的 6 月 30 日。

（1）预算编制和审批。预算编制时间月为 9 个月，管理与预算办公室和总统在预算年度开始前的 18 个月前需要确定预算年度的政策目标。预算准备，时间为 3 个月，在此时管理与预算办公室下达预算指示和政策指导；政府各部门编制和提交本部门的预算计划，时间为 3 个月；管理与预算办公室汇总各部门预算，编制总预算草案并提交总统初步审议，时间为 3 个月；总

统审议后提出新的财政年度的预算草案提交国会审议，时间为次年二月的第一个星期一前。国会收到总统提交的预算草案，并提交给国会相关委员会包括国会预算办公室、两院预算委员会、两院拨款委员会及其他对支出有管辖权的委员会和筹款委员会审议。在国会审议预算草案过程中，国会参考政府提交的预算草案，重新收集有关信息，在分析新的一个财政预算年度的财政经济形势基础上，经过预算听证和预算辩论，最后确定批准年度预算。其中听证环节由国会有关委员会主持听证会，听取有关部门要求补助预算资金的意见，在听证和了解相关信息基础上，国会展开预算辩论，最后在国会以多数议员同意为原则确定和批准新的财政年度预算，国会审批预算的时间约为九个月。这过程包括国会预算办公室向两院预算委员会提出预算报告，两院各专门委员会向预算委员会提交有关预算收支的意见和评估，两院预算委员会提出第一个国会预算决议案，提交众、参两院讨论，并通知总统，总统审查第一个预算决议案并提出修改意见，国会协调立法，众议院完成年度拨款法案，国会办公室预估拨款法案的影响，国会通过第二个预算决议案，并提交总统签批；总统履行法律程序，在预算文件上签字，经签署，该预算即上升法律效力，各有关部门开始具体执行，预算年度正式开始。

（2）预算的执行。预算执行年度为12个月。政府预算经过国会批准、总统签署后，就以法律的形式确定了下来。预算执行中，预算支出即预算资金的管理和分配由管理和预算管理办公室负责，预算收入由财政部负责。预算支出按进度分季度拨款和按项目类别进行分配。在预算执行过程中，如果需要追加预算支出，则需要国会立法修正案。另外，在预算执行过程中，如果遇到一些特别的情况，某些预算支出项目可以推迟或被取消，但必须向国会报告。国会管理和预算办公室还负责控制预算执行，检查各部门预算支出是否有超支或结余。财政部负责预算收入，包括负责国内税收法律的执行和征收国内各种赋税，同时财政部还负责预算执行中的资金调拨，财政部在各银行设立收入户和支出户，根据管理和预算办公室的预算安排，把财政资金由收入账户划入支出账户，办理预算拨付，有的联邦财政支出是通过政府采购方式，直接支付给商品和劳务的供应者。在财政出现收不抵支的情况时，财政部可以按资金缺口的时限和当时的银行利率，在国会核定债务额度基础上，灵活地确定债务种类、期限和利率。

2.1.2.3 美国政府预算的审计与监督

美国预算监督机构由政府内部的监督机构和外部监督机构组成。国会会计总监局是美国预算的外部专门监督控制机构，该机构负责审计政府预算的执行，负责审查政府预算是否严格按照国会通过的法案执行以及在年度预算结束后审查联邦政府预算的执行情况，评估预算支出效益，向国会提供审计报告。此外，国会会计总监局还通过在联邦政府每个机构内部设立一个总检察官负责监督预算执行。具体来说，这个总检察官的工作包括查阅那些已经审计过的政府部门预算支出文件，以及就预算执行问题对政府部门人员进行询问，向国会报告预算执行情况，报告包括定期（每6个月）的日常报告和专门报告两种，通过总检察官工作，实现和强化了国会作为立法机关对政府预算的监督，也实现了预算审计和预算调查的有机结合。政府预算的内部监督主要由联邦政府部门的各部门内设机构组成，即联邦政府内部每个部门都设立一个预算监督机构，负责本部门内部预算执行的监督，该机构领导由该部门的财务领导兼任。此外，除了每个部门自己的内设预算监督机构外，联邦政府总统管理与预算办公室也有权力对联邦政府部门所有机构的账目进行检查。

2.1.2.4 美国政府预算的法律体系

虽然美国没有单独的《预算法》，但美国以《宪法》为中心的一系列相关法律制度构成了现行的预算法律制度体系，包括1921年的《预算和会计法》、1974年的《国会预算法和扣留控制法》、1985年的《平衡预算和赤字紧急控制法》、1990年的《预算实施法》、1993年的《政府绩效与结果法》以及1870年的《反赤字法》，涉及预算基本框架、预算编制、国会预算行为、预算执行等方面。其中，《宪法》规定了预算的基本框架。《宪法》第二章第三条规定，总统应向国会提交预算，总统有权就其认为必要的支出向国会提出建议，国会有权征税用于国防和公共福利。第一章第七条规定，国会预算法案必须提交给总统，经总统批准，才正式成为法律确定下来，如果总统否决，则须经过两院2/3以上票数赞成才能使该法案成为正式法律。《预算和会计法》《立法重新组织法》（1970年）则就预算编制管理机构作出规定。《预算与会计法》规定，联邦政府设立预算局，隶属财政部；总统代表整个行政部门向国会提交预算，具体向国会递交年度预算事宜由预算局负责安排向，《预算和会计法》的通过使美国建立起了现代联邦预算制度。《立法重新组织法》则重组了总统行政办公室，把原来隶属财政部的预算局独立出来，改为管理和预算办公室，直接向总统负责。《国会预算扣留控制法》则是就国会的预算行为作出规定。该法规定，国会可以起草预算的主体部分，并配备必要的分析机构，在收入委员会和拨款委员会的基础上，两院增加了预算委员会，形成了国会预算办公室，从而加强了国会作为立法机关在联邦预算程序中的作用，使预算草案的提出不再是总统的专利，国会不仅可以表决预算，也还可以提出预算草案。针对预算赤字、控制预算平衡，专门出台了《格拉姆、路德曼、霍林斯法》（1985 年），后来进行修改，改为《平衡预算和赤字紧急控制法》，对预算赤字进行了有计划的限制。《预算实施法》则重新确定了新的支出种类和相应的支出限制。该法把支出分为可选择性支出和强制性支出，并用不同方法加以限制，前者需要立法委员会批准相关支出项目，且设定了项目支出预算“上限”，不过“上限”可以每年调整一次，因此，可选择性支出适应于年度拨款程序。1993 年《政府预算及结果法》则是加强了预算绩效的管理。此外，《反赤字法》规定了限制拨款总量，《指挥控制法》（1974 年）规定了拨款延迟行为的法律责任，《主要财政官员法》则管理和预算局高级官员的任免程序，并赋予其监督预算执行的法律义务。

2.1.2.5　美国政府预算制度的经验借鉴

美国作为一个现代化发达的市场经济国家，其预算制度比较成熟完善，许多经验值得借鉴。

（1）预算管理机构科学设置、职能合理配置。美国就政府预算在编制审批执行监督四个方面，在政府、国会内部科学设置了相应机构并明确划分各自职责。国会参议院和众议院负责预算审批，两院设立了预算委员会、拨款委员会、筹款委员会等专门委员会，对总统提交的预算草案进行审查批准。国会还设立了专门的国会预算局，协助国会开展预算工作，向国会提供对预算草案的意见。在预算编制执行方面，政府内部设置了总统管理和预算办公室，负责联邦预算的编制、分配预算资金、监督预算执行以及财政分析与预测等工作，直接对总统负责，与财政部无隶属关系；财政部则负责预算执行，包括控制预算项目拨款、管理预算资金、报告预算执行结果以及税收政策等工作，财政部根据经济形势分析、收集、管理财政收入。国会内部还设立专门的监督机构会计总监局，独立行使审计监督权，负责监督政府预算、审计政府财务，把政府财务活动限制在国会批准的范围内。

（2）预算程序严密、时间长。美国政府预算从编制到审计，一个预算周期需要历时 33 个月。预算编制时间九个月，预算指示下达和政策指导，部门编制提交预算计划，预算汇总、编制总预算草案，总统审议提交国会审议。预算审议批准预算时间约九个月，国会收到预算草案，提交给相关委员会进行审议，国会参考政府提交的预算草案，重新收集有关信息，在分析新的一个财政预算年度的财政经济形势基础上，经过预算听证和预算辩论等复杂程序，最后通过预算决议案并提交总统签署，以法律的形式确定了下来，正式开始执行。预算执行中，管理和预算管理办公室负责预算资金管理和分配，控制预算执行。财政部负责预算执行，包括执行国内税收法律和征收赋税，以及预算执行中的资金调拨。在执行中，有严密的监督，除了政府内部监督外，还有严格的外部监督，其中隶属国会的会计总监局是政府预算的外部专门监督机构，负责审计政府预算的执行和年度预算结束后预算执行情况，评估预算支出效益。此外，国会会计总监局还通过在联邦政府每个机构内部设立一个总检察官（总检察官须经国会批准和总统任命）监督预算执行。

（3）构建比较健全的预算法律体系，以保障预算实施。美国虽然没有单独的《预算法》，但美国以《宪法》为中心的一系列相关法律制度构成了现行的预算法律制度体系，包括 1921 年的《预算和会计法》、1970 年的《立法重新组织法》、1974 年的《国会预算法》、1985 年的《平衡预算和赤字控制法》、1990 年的《预算实施法》、1993 年的《政府绩效及结果法》、1870 年的《反赤字法》，涉及预算基本框架、预算编制、国会预算行为、预算执行等方面。

2.1.3 日本政府预算制度与经验借鉴

日本作为一个发达资本主义国家，其现行的政府预算制度是第二次世界大战后建立起来的，实行的是在中央集权与地方自治相结合、明确划分各级事权基础上的分级分税财政预算体制。

2.1.3.1　日本政府预算管理体制

日本宪法就日本政府预算的原则与形式作出了明确规定，预算原则包括预算的事前决议原则、公开原则、总额预算主义原则、国库统一原则、会计独立年度原则、单年度原则、预算约束性原则，实现复式预算制度。而关于预算构成，日本财政法则作出了明确规定，日本预算由预算总则、继续费、递延许可费及国库债务负担构成。另外，根据日本的行政体制和财政制度，日本政府预算则划分为中央预算和地方预算，地方预算又分为都道府县预算和市町村预算。中央预算分为一般会计预算、特别会计预算和政府有关机构预算三类。政府负责预算编制，国会负责预算的审议批准。首先由大藏省负责编制具体预算，然后向内阁会议提出预算方案，经内阁会议正式决定后，作为政府预算案向国会提交，经国会审议批准后，进入实施阶段。政府各部门负责人制定预算支付计划日程表，并获得大藏大臣批准。各级政府负责管理本级政府预算，中央政府通过编制《地方财政计划》来指导地方财政运营、管理地方预算，其指导管理主要由负责地方事务的自治省和大藏省共同负责，指导管理职能主要体现在转移支付资金的分配和地方债发行的审批两个方面。中央对地方转移支付形式主要包括地方交付税、国库支出金、地方让与税、固定资产税拨付和交通安全特殊补贴五种，其中地方税支出和国库支出金占中央对地方转移支付比例的90%以上，占中央财政支出的40%左右，约为地方财政收入的1/3，中央政府通过集中掌握和分配转移支付资金实现对财力纵向不平衡和地区间横向不均问题的解决。

国会作为国家立法机关，日本宪法对其财政权限作出了明确规定，在财政预算权限方面负责审议通过政府预算及与国家财政有关的议案及监督预算执行、决算等，通过行使财政预算审批权来履行其立法机关的决策监督作用。众议院设置了预算委员会和决算行政监督委员会，委员会对预算、条约、法律案等议案以及请愿事项进行专业性的详细审查以及所分管事项进行国政调查，其中预算委员会负责审查国家岁入岁出预算，政府部门必须根据国会决议才能行使财政预算方面的权限。

2.1.3.2 日本政府预算的编制

日本预算年度从4月1日开始。日本《宪法》规定，只有内阁才有权力编制预算和向国会提交预算。日本预算编制程序如下：政府首先进行经济预测，以此作为下年度预算编制的基础。经济预测编制，以经企厅负责，并与大藏、通产两省和日本银行协调，共同完成，交内阁会议决定。其次进行预算编制方针的决定，时间大概在七八月间。预算编制方针是表明政府对下年度编制预算的基本态度，该方针由内阁会议决定。但鉴于政治经济形势复杂多变，难以过早制定，因此，一般先由各部厅编制概算，然后大藏省暂定预算编制方针。再次，政府为了明确各部厅政策的优先程序和节省行政经费，在提出概算要求之际，设定了一个概算要求额的上限，即概算“要求上限”，在此范围内由内阁协商要求概算。概算要求就是要求以货币方式的定量化来展示政府各部门下年度的施政计划，一般是在每年的六七月，各部厅对下年度岁出岁入及国库债务负担进行估算并以书面形式提交大藏省。大藏省对所提交的概算要求进行审定，审定时先进行概算推定。在审定概算要求的过程中，财政制度审议会、税制调查会、国家公债发行等政府咨询机关说明下年度财政运行、税制方针、国家公债发行限额等，财政当局据此整理出下年度定量化岁入岁出预算，大藏省编制概算审定方案，提交内阁议决。经内阁决议后，大藏省把大藏省原案秘密传给政府各部厅，经各部厅与大藏省就预算额度进行讨价还价，最后确定预算案概算，并提交内阁决议。经内阁决议通过后，大藏大臣发布概算通告，即大藏大臣把预算决定数额通知各部厅，各部厅大臣及独立机关首长据此制作相关经费要求书，然后大藏大臣进行综合整理，编制出正式预算案，并交由内阁议决和提交国会审议。

2.1.3.3 日本政府预算的审议和执行

预算案经内阁会议决定后，内阁于1~2月向国会提交年度预算案。预算案一经提交，众参两院就开始正式审议预算。首先是众议院召开全体议员大会听取大藏大臣的财政演说，即听取大藏大臣关于年度预算案的介绍。然后众议院议长把预算案提交给众议院预算委员会审议，审议过程包括综合审议，即对整个预算向内阁总理大臣、大藏大臣和有关官员提出质询；一般审议，即对预算案个别项目内阁总理大臣、大藏大臣和有关官员提出质询；然后召开听证会，听取各党派推荐的公诉人就预算案的不同意见；之后预算委员会分为若干分科会分别听取审议有关大臣或政府委员对预算细目的介绍并提出质询，然后把情况报告给预算委员会委员长；最后再次进行综合审议，即预算委员会对预算案进行讨论表决，并由预算委员会委员长把审议经过和结果向众议院大会报告，由大会予以决议通过和提交参议院审议，参议院也同众议院的程序一样进行审议议决。如果参议院作出与众议院不同的预算决议，那么两院举行协调会，如果两院协调会仍未能取得一致意见，最后以众议院的最初决议为国会决议，预算正式成立。

预算案成立之后，经国会授权，内阁取得了财政运用权，开始把岁出岁入预算、继续费及国库债务负担行为分配到各部厅和独立机关首长，各部厅和独立机关得到预算分配后开始执行预算。在预算执行过程中，原则上必须严格按照目的使用预算，不得随意移动挪用。但在实际执行过程中，如果发现最初预算有些设置不合理或者实际情况发生比较大的变化，在项目之间或部门组织之间，可以进行预算的融通移用，但必须先经国会审批和大藏大臣的允许。另外，在预算执行中如果出现一些特别情况需要追加预算的，内阁必须按照预算编制程序编制补正预算，并提交国会审议批准。

2.1.3.4　日本政府预算监督

日本预算实现公开制度，在支出方面，所有财政支出必须列入预算，不能有预算外的财政支出，而且所有财政预算必须公开，其中建设性预算支出公开必须到具体项目。预算监督主体包括国会、会计审计院和全体国民以及政府内部的财政部门，政府预算支出必须接受他们的监督，而且监督是依法的经常性的工作，上述部门对预算支出的监督职责、权限、程序均按照法律规定来执行。国会对预算的监督主要表现在预算的审批上，通过预算审议批准对预算支出规模及使用去向进行严格控制。审计部门对预算的监督主要表现在对预算编制及预算执行是否科学、严肃等方面展开审计，确保预算资金使用符合效率原则和法律原则。财政部门对预算监督管理也主要体现在预算编制和执行方面，在预算编制方面，财政部门通过确定预算编制方针、审定政府部门概算要求、汇编预算草案、控制支出等来实现管理监督职能，就财政支出而言，财政支出前，政府部门必须向财政部门提交具体的支出计划，支出后则必须及时向财政部门和审计部门提交支出报告。由于大藏省具体负责预算执行，为履行自身的预算管理监督职能，它在全国各地设立若干财务支出局和财务事务所等派出机构，大藏大臣还就预算执行进行现场调查，要求政府各部门提交预算支出进度报告。会计审计院作为一个具有独立于内阁地位的专门的审计监督机构，它依据宪法和国家收支决策对预算进行检查，会计审计院每年就内阁提交的国家收支决策进行审查，并提出审查报告，然后由内阁连同决算一起送交国会决算委员会审议，审议后由国会全体会议通过，通过后意味着该年度预算终了。

2.1.3.5　日本政府预算的法律体系

日本构建了比较完善的预算法律体系，从不同层面对政府预算制度进行了全面的规范。首先是日本宪法，日本宪法有关条款就预算问题作出了明确的规定，如预算形式，预算原则，国会、内阁的预算权力等。除了宪法外，日本有关财政预算方面的法律还有财政法、地方财政法、会计法、会计检察院法、国有资产法等，其中财政法、地方财政法就政府财政处理、预算、决算的基本制度以及政府间财政责任划分等体制问题做了明确规定；会计法、会计检查院法就财政运营、执行情况监督等方面进行专门的规定；国有资产法对国有财产的管理、处理等方面进行了规定，此外，日本还制定了一些细则，对预算中的具体问题进行细化规定，如预算、决算及会计条令、物品管理法施行条例等。

2.1.3.6　日本政府预算制度的经验借鉴

日本政府依据宪法和有关法律，建立起一套比较完整严密的预算制度，其许多经验值得我们借鉴和启示。

（1）坚持政府预算的完整性和统一性。政府预算的完整性就是要求政府所有收支必须列入预算，统一预算内外，不允许有预算外的收支。日本总额预算主义原则作为日本预算编制的一个重要原则，就是要求政府全部收支项目必须计入预算，不能只计入收支相抵后的差额，同时要求政府收支预算列示必须到项，也就是预算编制必须细化，能够反映实际境况。日本政府还强调预算编制必须坚持收支的统一性原则，在一个预算年度结束后，政府各部门必须提交一份预算收支对应总会计报表给财政部。

（2）突出预算职能与政府职能的有机统一。日本政府预算包括一般会计预算、特殊会计预算和政府有关机构预算三类。这三类预算活动基本涵盖了政府所有职能活动。一般会计预算为中央政府履行职能包括中央政府行政管理、社保、教育等提供财力支持；特别会计预算为分类管理型事业预算，为相应类型的管理活动提供财力保障，政府有关机构预算是专门针对中央政府提供资本金的融资性机构的预算。总之，各类预算对应着不同部门不同职能的活动，保障政府职能活动与预算职能的有机统一，有职能有预算，不能有职能无预算。

（3）坚持预算编制的经济预测，强调预算编制的科学性。预算编制不是主观编制，也不是不顾经济形势的事实情况而坚持所谓的“基数”法。日本政府在编制预算前，首先是进行经济预测编制，以此作为预算编制的基础。为此，由经企厅负责，并与大藏、通产两省和日本银行协调，共同完成经济预测编制，提交内阁会议决定，然后决定下年度的预算编制方针。通过经济形势的预测，准确把握当年国家经济、财政状况，从而保证了预算编制的科学性。

（4）强化国会的预算审批权、监督权。预算案提交国会后，国会并不是简单的履行程序，轻易通过预算，而是要对预算的科学性、合理性进行严格的审查。首先是众议院召开全体议员大会听取大藏大臣的财政演说，然后是众议院预算委员会审议预算案，通过综合审议、质询、召开听证会，各分科委员会进一步审议、质询，之后，预算委员会讨论表决，预算委员会委员长向众议院大会报告审议经过、审议结果并提交参议院审议，参议院经同样程序进行审议议决，最后两院协调后通过，成为正式预算。预算执行中必须接受国会的严格监督，如果有预算项目的融通移用必须经国会同意，如果有追加预算，必须按程序编制补正预算并提交国会审议批准。

2.1.4 澳大利亚绩效管理情况及经验启示

2.1.4.1 澳大利亚府际关系和政府间财政分权

澳大利亚是相对中央集权的联邦制国家，由维多利亚州、新南威尔士州、昆士兰州、南澳大利亚州、西澳大利亚州、塔斯马尼亚州以及北方领地、首都特区组成，政府层级由联邦政府、州政府和地方政府三级构成。澳大利亚虽是英联邦国家，但澳大利亚议会通过并颁布一部成文宪法，以联邦主义原则和责任政府原则分配划分政府间政治、行政和司法职责，各级政府相互独立又相互制衡，相互监督又相互联系。

20世纪60~70年代澳大利亚政府实行中央集权管理模式，引致腐败、专制、低效率和区域发展不平衡。因此20世纪80年代澳大利亚政府开始调整中央集权管理模式，实行政府分级管理制度，赋予地方政府更大的权责。中央政府职责包括国防、贸易、国际关系、宏观经济管理、州际基础设施、社会保障等；州政府职责包括公共教育、公共安全、卫生事业、公共交通、州内基础设施建设；地方政府职责包括社区服务、环境服务、基础设施维护等。

澳大利亚政府实行完全分税的分级财政管理体制，在财政收入管理方面联邦政府占主体地位，联邦政府税收主要包括公司和个人所得税、商品服务税、员工福利税、消费税、退休基金保证金等，州政府税收主要包括财产税、工薪税、土地税、印花税和博彩税等；在财政支出管理方面，依据政府间明确的事权划分，联邦政府承担联邦政府事权范畴内的本级支出，以及联邦政府对于州政府的一般性转移支付支出和教育、社会福利等专项转移支付支出，州政府承担州政府事权范畴内的财政支出，地方政府财政支出依靠联邦政府转移支付保证。

需要说明的是，澳大利亚为保证公共服务均衡化目标实现，一方面部分基础公共服务，如公共教育、社会保障等，由联邦政府和州政府承担共同事权和财政支出责任；另一方面实行横向均衡的财政转移支付制度，如果某州政府在收入管理方面达到平均努力程度，在政府管理效率方面达到联邦平均水平，联邦政府有责任通过转移支付，使该州政府具有提供全国平均公共服务水平的财政能力。

2.1.4.2 澳大利亚政府绩效管理理论和管理实践

（1）政府绩效管理改革探索阶段。

从20世纪70年代中期开始，受全世界范围经济滞涨危机的影响，澳大利亚赖以生存和发展的外贸产业遭受巨大打击，整体经济运行陷入严重衰退，高福利社会公共服务使政府开支巨大，政府财政支出使用效率低下，政府赤字问题严重。在这种宏观背景下，澳大利亚政府通过政府公共管理改革建立高效节约的政府，组织专家研究提交《国家功能评估报告》和《国家行政评估报告》。在此报告的基础上，1983 年发布《改革澳大利亚公共服务》白皮书，提出公共服务的改革目标，1994 年通过《公共服务改革法案》，开始对公共服务和公共部门进行大刀阔斧的改革，在公共部门引入私人部门的管理方式和市场竞争机制，行政改革涉及所有政府部门组织模式、流程管理、角色定位和部门文化等方面，具体措施包括组织变革、分权管理、商业运作、公司模式、私有化等，通过上述措施提升政府管理能力并减轻政府财政负担。

（2）政府绩效管理改革全面深化阶段。

20 世纪 90 年代由于受到国内高利率影响，澳大利亚宏观经济整体持续衰退，联邦政府同时面对促进经济增长和维持福利国家的双重财政支出压力，而增加税收和举借债务几无可能，因此澳大利亚政府推动激进、彻底的政府绩效管理改革，包括缩小政府机构规模、控制政府支出成本、强调政府运行效率等政策措施。其中以提升政府工作效率为目标、以结果为导向的政府绩效管理改革作用最为显著。1997 年澳大利亚政府出台《公共服务法案》《财政管理和责任法案》和《联邦政府服务宪章》，1999 ~ 2000 年澳大利亚政府陆续出台《辨析目标和产出》《澳大利亚政府以权责发生制为基础的目标和产出框架：审查指南》《目标和产出框架》，政府绩效管理战略转移到注重项目的成本和产出、部门预算和绩效评价结果。经过理念确定和程序完善，澳大利亚政府已经形成以目标和产出框架理论为指导的政府绩效管理体系。

2.1.4.3 澳大利亚财政支出绩效管理的发展情况和经验启示

（1）澳大利亚财政支出绩效管理发展情况。

澳大利亚是全世界推进政府财政支出绩效管理较为激进、较为彻底的国家之一。通过政府绩效管理改革工作，构建市场化政府管理模式，实现提高政府工作效率、减少社会成本、压缩政府开支的目标，增强政府的责任感和透明性，有效推动政府财政支出绩效管理。

20 世纪 70 年代之前，澳大利亚实行支出式预算管理，并未特别关注政府支出绩效管理问题。从 20 世纪 70 年代中期开始，澳大利亚政府强化财政支出管理，1984 年正式颁布《公共财政管理法案》和《预算改革》白皮书，加强政府部门财政支出责任。1985 年澳大利亚政府要求对于每一新的政策和项目建议进行绩效评价，对于正在执行过程中的项目进行三年滚动绩效评价计划并报送财政部，要求每 3 ~ 5 年对每一个政府项目计划进行绩效评价，并将绩效评价报告公开出版。结合《改革澳大利亚公共服务》白皮书，1987 年成立效率审查司和管理顾问委员会，要求并帮助政府部门准备并推行财政支出绩效评价计划。

1996 年澳大利亚全国审计委员会发表一份关于建立权责发生制会计制度的报告，启动了真正意义上的绩效预算和财政支出绩效评价工作。1997 年澳大利亚出台《公共服务法案》《财政管理和责任法案》和《联邦政府服务宪章》，1999 ~ 2000 年澳大利亚政府陆续出台《辨析目标和产出》《澳大利亚政府以权责发生制为基础的目标和产出框架：审查指南》《目标和产出框架》，政府绩效管理战略转移到注重项目的成本和产出、部门预算和绩效评价结果，要求各部门运用目标和产出理论编制年度预算报告和年度绩效评价报告，各部部长在向财政与管理部上报《部长预算陈述》时，要详细叙述其部门的目标和产出情况，进一步完善政府部门的公共财政责任管理力度，健全以结果为导向的政府部门绩效预算管理机制。

（2）澳大利亚财政支出绩效管理的经验启示。

①以成本和产出（结果）为中心的政府财政支出绩效管理体系。

澳大利亚财政支出绩效管理的具体内容和程序包括：一是制定政府部门中长期公共事业发展目标和绩效规划，由政府内阁、财政部和各政府部门共同审议确定，成为各政府部门编制部门预算和年度绩效计划的重要依据；二是编制部门年度绩效计划，设计部门绩效评价指标，包括将部门行政目标细化分解为部门绩效目标、部门本年度可具体量化的绩效目标、完成目标所需资源、绩效目标与部门事业发展目标的关系、部门内部管理目标、影响目标完成的各项因素、绩效考评的时间和形式安排等。

澳大利亚政府将财政支出绩效考核因素设定为目标、成本、产出和成果。部门支出绩效考核关注部门的成本和产出，政府项目支出绩效考核关注项目成本和结果；设计指标体系进行绩效评价工作，部门事业发展目标绩效指标反映部门事业发展目标的有效性，部门产出绩效指标反映政府部门向社会提供的公共产品和公共服务的数量、价格和质量；编制部门年度财政支出绩效评价报告，提供支出绩效评价的基本信息，包括本年度计划绩效指标和实行执行情况的对比、与以往年度绩效目标实现程度的比较、对未实现绩效目标的说明和补救措施、对年度绩效计划的评价、对不可执行的绩效目标的调整建议等；开展部门财政支出绩效评价工作，澳大利亚议会和财政部负责政府部门支出绩效评价工作，评价内容包括绩效目标完成情况、绩效目标完成与所使用资源是否匹配、各项部门支出的合理性、绩效信息的可信度、评价方法科学性等，由财政部对各政府部门提交的绩效评价报告进行审核，随后报送议会审议通过，绩效考评结果正式反馈给各政府部门，并且作为下一财政年度战略目标和部门预算安排的参考依据。

澳大利亚财政支出绩效管理以“目标和产出框架”为理论基础，使政府更好地将其设立的为公众服务的目标与其最终产出成果联系起来，建立一种以结果为基础和导向的管理责任制，大大提高政府部门工作效率，将部门预算和政府部门实现目标紧密结合起来，加强预算管理，减少政府支出，凸显资金使用效果，提高资金使用效率。

②充分有效的绩效评价信息管理。

澳大利亚政府财政支出绩效管理改革推进过程中，以权责发生制为基础的政府会计核算体制发挥重要而独特的作用。20世纪90年代，澳大利亚政府在政府财政支出绩效管理改革过程中，逐渐认识到以收付实现制为基础的政府会计制度不能满足财政支出绩效管理所需的决策信息需求，因此联邦政府、相关委员会和研究机构开始探讨以权责发生制为基础的政府会计管理和财务报告。1994~1995年澳大利亚政府开始尝试推行以权责发生制为基础的政府会计核算体系，要求各政府部门以权责发生制为基础编制财务报表。《1997年财务管理和受托法案》明确要求权责发生制应作为政府预算、政府会计和财政报告的基础。1999年澳大利亚政府正式采用权责发生制，在成果和产出框架下编制年度预算。

第一，澳大利亚以权责发生制为基础的政府会计体系具体内容。

澳大利亚权责发生制政府会计体系充分披露政府部门提供所有的公共产品和公共服务的成本以及其控制资源的利用情况。其中，经营情况表按照权责发生制确认计量收入和成本费用，揭示政府财政执行情况；资产负债表反映政府的财务状况、各种资产和负债的具体项目；现金流量表反映政府现金流入、流出情况；资本情况表反映政府流向资本市场的投资额。澳大利亚权责发生制政府会计体系实施具体内容包括：规范会计标准，细化会计政策，明确收入、支出、资产、负债、权益的概念和计量；实行统一的权责发生制会计制度，进行系统分析、设计和实施工作，需要把管理会计系统和财务会计系统协调统一运行，做好信息基础设施和政府部门与银行等系统衔接工作；保障会计专业技术，对政府会计人员进行业务培训，招募商业会计人员加入政府部门，对外聘请专业会计服务机构等。

第二，澳大利亚以权责发生制为基础的政府会计管理特点。

澳大利亚以权责发生制为基础等政府会计管理制度，能够按照产出和成果框架，提供更多的政府决策、资源利用和绩效评价相关信息。其具体特点包括：首先，有利于增加财政透明度。以权责发生制为基础的政府会计管理制度，能够为议会和社会公众如实提供评价政府财务状况和运行绩效的全部信息，包括资产、负债、净资产、收入、支出以及某些约定承诺或有负债，清晰界定收益性支出和资本性支出，可以透明、真实地反映所有政府资产和负债项目，有利于确认政府持有资产的成本，促进资产持续管理，确保政府官员难以将其执政期间应当承担的当期政府成本和政府债务转嫁给继任者，特别是政府雇员工资、社会保障、政府债务等政府长期承诺的实现，真正意义上实现政府财政信息的透明化管理。其次，有利于评价政府部门绩效。以权责发生制为基础的政府会计管理制度，能够在配比基础上准确反映当期政府公共产品和公共服务的成本信息，使政府工作成果和资源消耗直接紧密联系起来。利用这种真实的成本计量，政府部门可以有效地进行服务数量和服务质量衡量工作绩效，既可以同本部门同期数据进行比较，也可以同私人部门进行成本收益比较，促进政府部门将管理重点从财务会计转向管理会计、从现金控制转向资源优化控制。最后，有利于引入市场机制管理。随着市场经济发展和公共产品理论的发展，私人部门受政府部门委托提供公共产品的模式得到广泛认可，实行以权责发生制为基础的政府会计管理制度，有助于政府部门树立竞争目标，能够在政府部门之间、政府部门和私人部门之间公共产品和公共服务供给形成有效竞争，提高政府运作效率，改善政府公共产品质量和公共服务水平。

2.2　我国其他先进省份预算绩效管理的政策梳理

2.2.1　北京市预算绩效管理政策梳理

2.2.1.1 《全面实施预算绩效管理的实施意见》出台的背景

近年来，党中央、国务院高度重视预算绩效管理工作，多次在重要会议上提出要实施预算绩效管理，特别是党的十九大报告提出要“建立全面规范透明、标准科学、约束有力的预算制度，全面实施绩效管理”。2018 年 9 月，中共中央、国务院印发了《关于全面实施预算绩效管理的意见》（以下简称中央《意见》），构建了全面实施预算绩效管理的总体制度安排。

在市委市政府统一领导下，北京市从 2002 年开始预算绩效评价试点，2010 年在全国首创事前绩效评估模式，2011 年全面推进全过程预算绩效管理。多年来，预算绩效管理工作从无到有，不断探索，不断创新，不断实践，取得了阶段性成果，连续 7 年被财政部评为预算绩效管理优秀省市。为贯彻落实中央《意见》精神，加快建成具有北京特色的全面预算绩效管理体系，市财政局研究起草了《北京市关于全面实施预算绩效管理的实施意见》（报审稿）（以下简称《实施意见》），在充分征求了全市所有市级部门和各区财政部门的意见基础上，经市委市政府审议通过，7 月 9 日，由市委市政府正式发文公布。

2.2.1.2 《实施意见》的主要内容

《实施意见》包括三大部分 20 项内容，主要内容为：一是总体要求，明确北京市预算绩效管理的指导思想、总体目标和主要任务；二是主要举措，从政府、部门和单位预算绩效管理、绩效目标管理、全成本预算绩效管理等12个方面，提出具体举措；三是保障措施，从组织领导、责任约束、考核监督、配套机制、培训宣传五个方面提出要求，确保预算绩效管理各项举措有效落实。

2.2.1.3 全面实施预算绩效管理体系的内涵

北京市全面预算绩效管理体系包括五个方面的内涵：一是全方位。形成政府预算、部门和单位预算，政策和项目预算全方位绩效管理格局。二是全过程。将绩效理念和方法融入预算编制、执行和监督各环节，实现预算和绩效管理一体化。三是全覆盖。将绩效管理覆盖一般公共预算、政府性基金预算、国有资本经营预算、社会保险基金预算。四是全成本。对公共产品和服务实施全成本管理，建立突出目标质量导向的新型预算资金分配与管理模式。五是多主体。推进形成政府统筹领导、财政组织协调、部门主责落实、人大监督、政协监督的多主体协同联动机制。

2.2.1.4 《实施意见》与中央《意见》的差异及亮点

对比中央《意见》，北京市《实施意见》在以下八个方面进行了细化和创新。

一是工作任务和时间表更加明确。明确提出到2020年底，市、区、乡镇基本建成全面预算绩效管理体系。

二是更加强调绩效导向。明确提出要“以绩效为导向，以绩效目标管理为重点，以成本效益分析为抓手，建立预算绩效管理长效机制”。

三是打造“四全一多”预算绩效管理体系。提出了打造全方位预算绩效管理格局、优化全过程预算绩效管理链条、完善全覆盖预算绩效管理体系、构建全成本预算绩效管理模式、建立多主体联动的“四全一多”预算绩效管理体系。

四是推动建立部门整体绩效报告制度，实现绩效目标全覆盖。提出要持续推进部门单位整体绩效报告制度，将绩效目标管理覆盖到所有预算资金和项目，绩效目标设置作为预算安排的前置条件。

五是深化事前绩效评估工作机制。推动建立立项评估决策机制，对新出台重大政策、项目预算，实行随报、随评、随入库管理，评估结果作为申请预算的必备要件。

六是探索全成本预算绩效管理。提出将成本意识贯穿于预算管理各环节，运用成本效益分析法，对公共产品和服务实施全成本管理。强化成本效益分析结果的应用，完善财政支出定额标准体系，推动建立以服务质量、投入成本和实施效果为重要考核内容、以结果导向配置公共资源的预算管理模式。

七是建立绩效结果“两纳入”“三挂钩”机制。将预算绩效结果纳入政府绩效和干部政绩考核体现，实现预算绩效结果与政策调整和预算安排挂钩机制，本级部门整体绩效与部门预算安排挂钩，下级政府财政运行综合绩效与转移支付分配挂钩。

八是推进绩效信息公开。搭建社会公众参与绩效管理的途径和平台，自觉接受人大和社会各界监督，做到绩效信息与预决算同步审核、同步批复、同步公开。

2.2.2　上海市预算绩效管理政策梳理

为深入贯彻落实《中共中央 国务院关于全面实施预算绩效管理的意见》（中发〔2018〕34 号），全面推进预算和绩效管理一体化改革，2019 年 5 月本市出台了《中共上海市委 上海市人民政府关于我市全面实施预算绩效管理意见的实施意见》（沪委发〔2019〕12 号），明确了上海市预算绩效管理改革的主要目标和实施途径。根据市委、市政府的决策部署，在市人大的指导和监督下，上海市不断深入推进预算绩效管理改革各项工作，强化财政支出绩效责任，促进财政资金使用绩效提升。

2.2.2.1　主要内容

（1）明确了上海市预算绩效管理改革主要目标。

①自 2019 年起，市、区、镇（乡）全面实施预算绩效管理。

②到 2020 年底，市、区率先建成全方位、全过程、全覆盖的预算绩效管理新体系。

③到2021年底，在全市范围内全面形成“预算决策有评估、预算编制有目标、预算执行有监控、预算完成有评价、评价结果有应用”的预算绩效管理新机制。

（2）要求加快构建“三全”预算绩效管理格局。

①聚焦“全方位”，将绩效管理实施对象从政策和项目预算为主向部门和单位整体预算、政府预算拓展，在更高层面上优化资源配置。

②聚焦“全过程”，加快构建预算决策、编制、执行、决算和信息公开“五位一体”的预算绩效管理新机制。

一是在预算决策环节，建立绩效评估机制。部门单位要加强对新增重大政策和项目的事前绩效评估，重点论证立项必要性、投入经济性、绩效目标合理性、方案可行性、筹资合规性，评估结果作为申请及安排预算的必备要件。

二是在预算编制环节，强化绩效目标管理。将绩效目标设置作为预算安排的前置条件，绩效目标应导向清晰、具体量化、合理可行，绩效目标设置范围从政策和项目扩大到部门和单位整体支出。预算经同级人大批准后，绩效目标与预算同步批复下达。

三是在预算执行环节，做好绩效运行监控。部门单位要对绩效目标实现程度和预算执行进度实行“双监控”，发现问题要分析原因并及时纠正。财政部门建立重大政策和重点项目绩效跟踪机制，对实施中存在严重问题的政策和项目暂缓执行或停止预算拨款。

四是在决算环节，开展绩效评价。部门单位要加快实现部门单位整体绩效、政策和项目绩效自评全覆盖，选择社会关注度高、资金规模较大的政策和项目开展重点评价。财政部门建立重点评价目录管理机制，开展重点评价，对部门单位的自评结果开展再评价，对下级政府财政运行情况实施综合绩效评价。

五是在信息公开环节，加大公开力度。推动重大政策和项目等重要绩效目标、绩效评价结果随同预决算报告和草案向同级人大报告、向社会公开。

③聚焦“全覆盖”，加快构建覆盖“四本预算”和所有财政、资产的预算绩效管理新体系，增强预算绩效管理的整体性和协调性，实现资金、资产的统筹安排、优化配置。

（3）强化“五个约束”促进预算绩效管理。

①强化预算绩效管理责任和问责约束。建立各级党委和政府主要负责同志对本地区预算绩效负责的责任制，部门单位主要负责同志对本部门本单位预算绩效负责的责任制，项目负责人对项目预算绩效负责的责任制。

②强化预算绩效管理流程约束。部门单位要将项目管理与资金管理协同推进，确保预算绩效管理延伸至基层单位和资金使用终端，推进预算绩效信息系统一体化建设，实现信息共享。

③强化预算绩效管理标准体系约束。财政部门建立健全订立和定性相结合、普遍适用与分类管理相结合的共性绩效指标和标准体系框架；各行业主管部门加快构建分行业、分领域、分层次的核心绩效指标和标准体系。

④强化预算绩效管理激励约束。建立“三个挂钩”机制，将绩效评价结果与预算安排和政策调整挂钩，将本级部门整体绩效与部门预算安排挂钩，将下级政府财政运行综合绩效与转移支付分配挂钩。

⑤强化预算绩效管理工作考核约束。将预算绩效考核结果纳入政府绩效和干部政绩考核体系，对财政管理绩效情况进行考核，考核结果上报本级党委、政府。

（4）增强统筹推进预算绩效管理改革合力。

坚持党对全面实施预算绩效管理工作的领导，增强改革的能力和定力；各责任主体加强预算绩效管理的组织领导，增加预算绩效管理力量，明确责任分工，完善制度保障体系，推进配套改革，营造绩效管理良好环境。

2.2.2.2　全面实施预算绩效管理的总体要求

（1）指导思想。

以习近平新时代中国特色社会主义思想为指导，深入学习贯彻落实习近平总书记考察上海重要讲话精神，坚持新发展理念，坚持以供给侧结构性改革为主线，牢固树立绩效理念和过紧日子的思想，大力推进预算和绩效管理一体化改革，切实改变预算资金分配的固化格局，加快建成全方位、全过程、全覆盖的预算绩效管理新体系，形成以注重结果导向、强调成本效益、硬化责任约束为主要特征的新型预算管理模式，持续推动政府效能提高和财政资金聚力增效，为实现上海经济社会更高质量发展提供更加有效的财政政策支持、体制机制支撑和综合财力保障。

(2) 基本原则。

①坚持总体设计、全面覆盖。将政府“四本预算”和各部门、各单位所有财政资金以及政府资产、投融资活动全面纳入预算绩效管理，并延伸至基层单位和资金使用终端。

②坚持深度融合、公开透明。将绩效理念和方法深度融入预算管理各环节，将绩效目标作为预算安排的前置条件，将绩效评价结果作为预算安排、政策调整、政府效能考核的重要依据，将重要绩效目标、绩效评价结果向同级人大报告、向社会公开。

③坚持压实责任、约束有力。明确各级政府和各部门、各单位全面实施预算绩效管理的主体责任，同步完善预算绩效管理责任、流程、标准、考核、监督等方面的制度性约束机制。

④坚持远近结合、统筹兼顾。既解决当前最紧迫问题，又聚焦提升覆盖面广、关注度高、持续时间长的重大政策、项目实施效果。既全面落实绩效管理各项举措，又坚持问题导向，突出重点，简化流程，注重推进实效。

⑤坚持分类分级、稳步推进。实行分类分级管理，鼓励和支持各区、各部门、各单位因地制宜推进改革，加快形成市区联动、部门协同、各负其责、运转高效的预算绩效管理体制和运行机制。

(3) 主要目标。

自 2019 年起，市、区、镇（乡）全面实施预算绩效管理。到 2020 年底，市、区率先建成全方位、全过程、全覆盖的预算绩效管理新体系。到 2021 年底，在全市范围内全面形成“预算决策有评估、预算编制有目标、预算执行有监控、预算完成有评价、评价结果有应用”的预算绩效管理新机制，财政体制活力、政策实施效果、绩效管理水平和公共服务供给质量全面提升，人民群众获得感显著提升。

2.2.2.3 统筹推进全面实施预算绩效管理改革

(1) 聚焦“三全”，多维度推动预算绩效管理改革全面实施。

聚焦全方位，加快构建政策和项目预算、部门和单位预算、政府预算共同推进的预算绩效管理新格局。将绩效管理实施对象从政策和项目预算为主向部门和单位预算、政府预算拓展，逐步提高绩效管理层级，在更高层面上优化资源配置。

①着力提高政策和项目预算绩效管理质量。将绩效管理范围从部分重大政策和项目拓展到所有使用财政资金的政策和项目，从数量、质量、时效、成本、效益等方面，综合衡量其资金使用效果。对实施期超过一年的重大政策和项目实行全周期跟踪问效，并及时清退执行到期且绩效不高的政策和项目。

②重点推进部门和单位整体预算绩效管理。将部门和单位预算收支全面纳入绩效管理，赋予部门和资金使用单位更多的管理自主权，增强其预算统筹能力。围绕部门和单位职责、行业发展规划、年度重点任务，以预算资金管理为主线，统筹考虑资金、资产和业务活动，从运行成本、管理效率、履职效能、社会效应、可持续发展能力和服务对象满意度等方面，衡量部门和单位整体及核心业务实施效果。

③稳步推进政府预算绩效管理。将各级政府收支预算全面纳入绩效管理，不断增强财政可持续性。预算收入要实事求是、积极稳妥、讲求质量，与经济社会发展水平相适应、与宏观经济政策相衔接，充分考虑“减税降费”政策等因素影响。预算支出要科学界定政府作用边界，分类区分公共性层次，打破预算安排中的“基数”依赖；坚持有保有压，着力支持重大发展战略实施和重点领域改革推进；坚持量力而行，逐步提高民生保障水平，不得设定过高民生标准或擅自扩大保障范围。

（2）聚焦全过程，加快构建预算决策、编制、执行、决算和信息公开“五位一体”的预算绩效管理新机制，着力打造事前事中事后有机衔接的预算绩效管理链。

①在预算决策环节，建立重大政策和项目事前绩效评估机制，将绩效目标作为立项入库和事前绩效评估的重要内容，并将评估结果作为申请预算的必备条件，未按照规定评估或评估未通过的不得申请预算。各部门、各单位要着力加强对新增重大政策和项目的事前绩效评估，重点论证立项必要性、投入经济性、绩效目标合理性、方案可行性、筹资合规性，并形成绩效评估报告。各级投资主管部门要加强基建投资绩效评估。各级财政部门要加快实现预算评审前置化、制度化、机制化，并将评审、评估结果作为预算安排的重要依据，必要时，可以组织第三方机构独立开展绩效评估。对预算执行中

经评审核减的预算资金，由财政部门直接收回、统筹使用。

②在预算编制环节，着力强化绩效目标管理，并将绩效目标设置作为预算安排的前置条件，未按照规定设定绩效目标或目标审核未通过的不得安排预算。自2019年起，各部门、各单位要逐步将绩效目标设置范围从政策和项目绩效目标扩大到部门和单位整体支出绩效目标。绩效目标应当依据法律法规、部门职能、中长期规划和相关标准等设定，做到导向清晰、具体量化、合理可行。绩效目标不仅要包括产出、成本，还要包括经济、社会、生态效益和可持续影响以及服务对象满意度等方面；不仅要有充分的设立依据和规范的立项流程，还要有保障目标实现的制度和措施。预算经同级人大批准后，绩效目标与预算同步批复下达。

③在预算执行环节，对绩效目标实现程度和预算执行进度实行“双监控”，对绩效目标运行偏离、未达预期进度或目标的，各部门、各单位要分析原因并及时纠正；对确需调整预算和绩效目标的，应当按照规定程序调整。各级财政部门要建立重大政策和项目绩效跟踪机制，对实施中存在严重问题的政策和项目要暂缓执行或停止预算拨款，对问题整改不到位的予以调减或收回预算资金。

④在决算环节，建立部门自评与外部评价、财政重点评价与再评价相结合的多层次绩效评价体系。各部门、各单位要逐步加大绩效自评力度，加快实现整体支出绩效、重大政策和项目绩效的自评全覆盖；选择部分资金规模大、社会关注度高的政策和项目开展重点评价，将评价报告报送同级财政部门。各级财政部门要建立对预算绩效自评结果的财政再评价机制，重点审核评价结果的科学性、真实性、准确性。建立重点绩效评价目录管理机制，对社会公众普遍关注、对经济社会发展具有重要影响的重点领域、重大政策和重点项目开展单项或整体支出绩效评价，对下级政府财政运行情况实施综合绩效评价。

⑤在信息公开环节，加大绩效信息公开力度。各级财政部门要大力推动重大政策和项目等重要绩效目标、绩效评价结果随同预决算报告和草案向同级人大报告、向社会公开。积极探索建立部门和单位预算整体绩效报告制度，各单位预算整体支出绩效自评情况向上级主管部门报告，各部门预算整体支出绩效自评情况向本级党委和政府报告。

（3）聚焦全覆盖，加快构建覆盖“四本预算”和所有财政资金、资产的预算绩效管理新体系。着力增强预算绩效管理的整体性和协调性，实现资金、资产的统筹安排、优化配置。

①建立“四本预算”绩效管理体系。一般公共预算绩效管理，要重点关注财政收入质量、预算支出效益特别是重大政策和项目的实施效果。其中，转移支付预算绩效管理要重点关注促进各区财力协调、城乡区域均衡发展等情况。积极开展基建投资项目、政府投资基金、政府采购、政府购买服务、政府债务项目、政府和社会资本合作（PPP）项目的绩效管理。政府性基金预算绩效管理，要重点关注征收标准、使用效果和对专项债务的支撑能力。国有资本经营预算绩效管理，要重点关注落实国家战略、收益上缴、支出结构、使用效果等情况。社会保险基金预算绩效管理，要重点关注收支政策效果、精算平衡、运行风险、可持续性等情况。加强“四本预算”的统筹联动，整合使用方向相同或类似的预算资金。

②建立财政资金与资产管理相结合的统筹配置新体系。逐步将超标准配置、低效运转或长期闲置的资产纳入“线上”与“线下”相结合的“公物仓”集中管理、调剂使用。

（4）突出硬化“五个约束”，促进实现预算绩效管理规范化、常态化、法治化。

①强化预算绩效管理责任和问责约束。市、区、镇（乡）政府和各部门、各单位是预算绩效管理的责任主体，各级党委和政府主要负责同志对本地区预算绩效负责，部门和单位主要负责同志对本部门、本单位预算绩效负责，项目责任人对项目预算绩效负责，对重大项目的责任人实行绩效终身责任追究制。审计机关要依法对预算绩效管理情况开展审计监督，财政、审计部门发现违纪违法问题线索，要及时移送纪检监察机关。

②强化预算绩效管理流程约束。进一步完善预算绩效管理各关键环节的业务流程，切实强化程序性约束。各部门、各单位要将项目管理与资金管理协同推进，加强财务部门与业务部门的协调配合，确保预算绩效管理延伸至基层单位和资金使用终端。各级财政部门要加快推进预算绩效管理信息系统一体化建设，打破各部门、各单位预算、绩效、业务、财务、资产的“信息孤岛”，实现信息共享。

③强化预算绩效管理标准体系约束。各级财政部门要建立健全定量与定

性相结合、普遍适用与分类管理相结合的共性绩效指标和标准体系框架。各行业主管部门要加快构建分行业、分领域、分层次的核心绩效指标和标准体系。绩效指标和标准要符合高质量发展要求，并与基本公共服务标准、项目支出标准等衔接匹配，不断增强绩效指标和标准的约束力。

④强化预算绩效管理激励约束。健全完善绩效评价结果反馈制度和问题整改责任制，加快形成结果反馈、问题整改、绩效提升的良性循环，不断强化刚性约束。各级财政部门要会同有关部门建立“三个挂钩”机制，将绩效评价结果与预算安排和政策调整挂钩，将本级部门整体绩效与部门预算安排挂钩，将下级政府财政运行综合绩效与转移支付分配挂钩。对绩效好的政策和项目原则上优先保障，对绩效一般的政策和项目督促改进，对交叉重复、碎片化的政策和项目予以调整，对低效无效资金一律削减或取消，对长期沉淀的资金一律收回并按照有关规定统筹用于亟需支持的领域。

⑤强化预算绩效管理工作考核约束。各级政府要将预算绩效考核结果纳入政府绩效和干部政绩考核体系，作为领导干部选拔任用、公务员考核的重要参考。各级财政部门负责对本级预算部门和单位、下级财政部门预算绩效管理工作情况进行考核。建立考核结果通报制度，对工作成效明显的地区、部门、单位给予表彰，对推进不力的进行约谈并责令整改。

（5）坚持以全面实施预算绩效管理改革为牵引，着力在增强改革的系统性、整体性、协同性中提升预算绩效。

进一步加强预算绩效管理与深化行政体制、机构编制和“放管服”等重点领域改革的有效衔接，抓紧修订完善与全面实施预算绩效管理要求不相符的规章制度；按照先定中期财政规划、后编年度预算的原则，不断提高中期财政规划的前瞻性、引领性；加大财政专项资金整合力度，建立和形成市场化的评审、评估、退出机制；更加注重政府投资基金等新型政策工具的运用，发挥财政资金撬动放大效应；推进编制权责发生制政府综合财务报告，为全面实施预算绩效管理奠定坚实的会计信息基础。

2.2.2.4 增强统筹推进全面实施预算绩效管理改革的合力

（1）加强绩效管理组织领导。

坚持党对全面实施预算绩效管理工作的领导，充分发挥党组织的领导作用，增强把方向、谋大局、定政策、促改革的能力和定力。各区、各部门、各单位要切实把思想和行动统一到党中央、国务院和市委、市政府决策部署上来，加强对本区、本部门、本单位预算绩效管理的组织领导，牢固树立绩效意识，加强预算绩效管理力量，充实预算绩效管理人员，督促指导有关政策措施落实。

（2）明确绩效管理职责分工。

各区、各部门、各单位要建立上下协调、部门联动、层层抓落实的工作责任制，抓紧研究制订更具针对性、可操作性的实施方案，完善制度保障体系。各级财政部门负责预算绩效管理的总体规划、制度设计和组织推动。各部门、各单位负责制订本部门、本单位预算绩效管理制度办法，组织实施本部门、本单位及所属单位全过程预算绩效管理，并对绩效结果的真实性负责。

（3）营造绩效管理良好环境。

广泛宣传预算绩效管理的理念、意义，做好政策解读、业务培训。建立健全第三方机构执业质量监管、守信激励和失信惩戒机制。建立和完善专家咨询机制，搭建社会公众参与绩效管理的平台，促进形成全社会讲绩效、重绩效、比绩效、用绩效的良好氛围。

2.2.3　河北省预算绩效管理政策梳理

2.2.3.1　工作目标

按照深化财税体制改革、加快建立现代财政制度的总体要求，全面强化绩效理念，科学构建管理机制，更加注重结果导向，突出强调成本效益，切实硬化责任约束，推动预算绩效管理扩围升级，将绩效管理覆盖所有财政资金，延伸到基层单位和资金使用终端，贯穿预算管理全过程，着力打造政府预算绩效、部门预算绩效、政策和项目预算绩效、绩效管理支撑、绩效管理责任五大体系，2019年在省市县三级全面推进，2020年在各级全面落地，基本建成全方位、全过程、全覆盖的预算绩效管理体系。

具体工作目标为：

（1）制度标准体系全面建立。围绕预算绩效管理的主要内容和关键环节，系统研究制定涵盖预算绩效管理各环节的管理制度和实施细则，形成以一个实施意见（冀发〔2018〕54 号）、若干配套办法构成的“1 + N”制度体系，使各项工作推进有据可依、有章可循。按照科学合理、细化量化、可比可测的原则，建立使命共性绩效指标框架，以及分行业、分领域、分层次的核心绩效指标和标准体系，为全面实施预算绩效管理奠定基础。

（2）各项管理措施全部到位。以预算资金管理为主线，将事前评估、目标管理、运行监控、绩效评价、结果应用等各项改革措施，有效融入预算管理的相关环节，实现绩效管理与预算管理的深度整合。

（3）省市县三级全面落地。加强统筹谋划、顶层设计，强化省市县三级工作衔接，上下联动，同步实施，整体推进，到 2020 年底实现省市县三级全覆盖，全面提升财政资源配置效率、财政政策实施效果、预算资金使用效益、公共服务质量与效能。

2.2.3.2 建立预算绩效管理制度体系

（1）综合管理 5 项。研究制定省级部门预算绩效管理办法、省对下转移支付资金绩效管理办法、省级事前绩效评估管理办法、预算绩效目标指标设定规范、预算绩效信息公开办法。

（2）绩效监控 3 项。研究制定省级预算绩效运行监控、预算执行进度监控、中期绩效评估等 3 个管理办法。

（3）绩效评价 4 项。研究制定省级部门整体绩效评价、省级部门绩效自评、省级财政重点绩效评价、省对市级财政运行综合绩效评价等 4 个管理办法。

（4）其他方面 4 项。研究制定政府投资基金、政府和社会资本合作、政府采购、地方政府债务等 4 个管理办法。

上述综合管理、绩效监控、绩效评价等三个方面制度，在 2019 年完成，其他方面的制度最迟也要在 2020 年上半年前出台。各设区市、县（市、区）要参照省级做法，研究构建本级预算绩效管理制度体系。

2.2.3.3 建立预算绩效标准体系

（1）制定共性绩效指标框架。系统梳理省级支出项目，按照定性与定量相结合的原则，分别制定培训类、宣传类、购置类、修缮类、执法监督类、管理类等共性绩效指标框架。市县参考省级模板，结合当地实际制定本级共性绩效指标框架。

（2）分项制定专项资金绩效指标和标准体系。系统梳理中央转移支付绩效目标指标体系，制定绩效指标模板；分项研究制定省级专项资金（112项）绩效指标和评价标准，制定应用模板。

（3）分领域分行业制定项目支出绩效指标和标准体系。省级重点推进教育、科技、文化、社保、扶贫、医疗卫生、自然资源、节能环保、农业农村、林业水利、交通运输等行业和领域，并制发模板供市县参考。

上述工作力争在2019年全面完成，以后年度动态调整、持续完善。

2.2.3.4　推动各项举措全面落地

（1）全面落实事前绩效评估制度。2019年起，省级部门凡拟新出台的重大政策、重大专项，均要开展事前绩效评估，重点论证立项必要性、投入经济性、绩效目标合理性、实施方案可行性、筹资合规性等，评估结果报省政府作为决策依据，并作为申请预算的必备要件；未开展绩效评估的，不予安排预算。市县也要全面落实事前绩效评估制度。

（2）全面强化绩效目标管理。2019年起，省市县三级在编报下年度部门预算时，全面落实绩效目标编制要求，科学设定年度整体绩效目标、政策和项目绩效目标。各级财政部门对部门报送的绩效目标加强审核，将绩效目标设置作为预算安排的前置条件。在批复预算时，财政部门同步批复下达绩效目标。

（3）全面实行“双监控”。2019年起，省级对所有专项资金绩效运行实行中期评估，对部门整体支出进度和分项目支出进度实行月监控。市县两级也要选择重点项目开展绩效监控，并全面实行支出进度监控。

（4）全面开展绩效评价。2019年，省级部门全面开展专项资金绩效自评，没有专项资金的部门选择1～2个支出项目开展自评，自评结果报省级财政部门。同时，省级围绕脱贫攻坚、污染防治、乡村振兴、转型升级等10大领域开展重点绩效评价。2020年初，省级开展部门整体绩效评价、市级政府财政运行综合绩效评价，将评价结果纳入年度省直单位绩效管理考评、各市党政领导班子年度考核。

2.2.3.5 抓好重点培育示范引领

（1）省级抓12个示范单位。2019年，在全面做好组织推进的基础上，省级选择1个省直部门、1个设区市、10个县（市区），重点打造12个示范典型。2020年，在省市县三级全面开展对标活动，引领带动全省预算绩效管理深入推进。

（2）省直每个部门突出抓好1个专项。2019年，在全面落实管理举措的基础上，省级有专项资金的部门分别选择1项专项资金，没有专项资金的部门选择1个支出项目，重点探索本领域、本系统、本部门全过程预算绩效管理经验，力求率先突破。2020年，总结完善，全面提升。

（3）各市突出抓好1个示范领域。2019年，在全面推进预算绩效管理的基础上，各市（含定州、辛集市）按照各有侧重、互不交叉的原则，分别选择1个领域，进行重点突破，积极探索经验。2020年，在全省交流经验，推广借鉴，整体提升。

（4）各县（市、区）突出抓好1个示范部门。2019年，各县（市、区）在整体推进的基础上，分别选择1个部门进行重点突破，打造预算绩效管理示范部门。2020年，在县域内开展工作对标，总结推广，全面提升县级部门预算绩效管理水平。

2.2.3.6 推动市县级改革落地提质

（1）加快市县工作节奏。各市县认真贯彻落实全面预算绩效管理工作部署，紧跟省级工作步伐和节奏，抓紧研究制定推进落实工作方案，明确时间表、路线图和责任分工，加大推进力度，加快工作进度。2019年，市县两级预算绩效管理制度体系要基本搭建完成，各项管理举措要全面推进，取得明显的阶段性成效。

（2）完善县乡业务规程。适应全面实施预算绩效管理要求，2019年省级进一步修订完善《县级财政预算管理业务操作规程》《乡镇财政业务操作规程》，并组织督导落实，为预算绩效管理在基层全面落地奠定基础。

（3）健全市县工作机构。各市县财政部门要结合此次机构改革，健全预算绩效管理机构，充实人员力量，厘清内部工作职责，为全面实施预算绩效管理提供人力支撑。

2.2.3.7　强化预算绩效管理支撑

（1）完善一体化信息系统。适用全面实施预算绩效管理要求，升级河北省预算管理信息系统，将目标管理、运行监控、绩效评价等预算绩效管理流程全部事项，实现资金流、项目流、绩效流“三流合一”，健全省、市、县三级且所有部门共享共用的信息化平台，为全面实施预算绩效管理提供技术支撑。

（2）加强绩效管理业务培训。2019年省级分两批组织省直部门、市县财政部门培训，全面讲解预算绩效管理理论知识、业务要求、工作流程、操作规范，提升各层级人员素质。省直各部门结合本行业、系统工作特点，认真做好本部门、本系统相关业务培训。市县财政部门也要组织好各类人员培训。

（3）引导规范社会力量有序参与。建立专家咨询机制，构建涵盖不同领域、不同行业、不同专业的预算绩效管理专家学者智库。对参与绩效管理的第三方机构实施资格认定和工作考核，将考核评估结果与委托服务费用支付及以后年度选取承担相关工作的资格挂钩。

2.2.3.8　加强组织保障

（1）加强组织领导。市县财政部门要切实提高政治站位，把全面实施预算绩效管理摆上重要议事日程，科学安排部署，健全工作机制，形成“一把手”亲自抓、分管副职具体抓的工作格局，全面落实各项举措，有效发挥组织协调作用。省直各部门要落实预算绩效管理主体责任，进一步增强责任感和紧迫感，结合自身业务特点研究制定本部门具体实施方案，明确部门内部绩效目标设置、监控、评价和审核的责任分工，并加强本行业和系统内的工作组织推进。

（2）强化统筹协调。各有财政部门要在党委和政府统一领导下，主动做好与纪委监委、审计等部门沟通协调，建立健全财政部门牵头组织，主管部门和资金使用单位具体实施，审计参与监督，社会公众广泛参与的预算绩效管理工作推进机制，形成齐抓共管、多方联动的工作格局。省直各部门要按照全面实施预算绩效管理的要求，优化预算管理流程，完善内控制度，加强部门财务与业务工作紧密衔接，推动全面实施预算绩效管理常态化、制度化、规范化。

（3）严格工作考核。从 2020 年起，省级财政部门组织对省级部门、各市财政部门上年度的预算绩效管理工作开展情况进行考核，建立考核结果通报制度，对工作成效明显的部门和地区给予表彰，对工作推进不力的进行约谈。

（4）加强政策宣传。各级各部门要坚持正确舆论导向，围绕河北省全面实施预算绩效管理的重大意义、目标任务、工作举措和进展成效，总结宣传先进典型，在全省范围内广泛开展多层次、多形式宣传活动，鼓励社会公众参与预算绩效管理，不断提高政策知晓率、参与度，形成全社会关心、支持、参与和监督预算绩效管理的良好氛围，为全面实施预算绩效管理营造良好的舆论环境和改革氛围。

2.3 河南省预算绩效管理政策梳理及现状评述

2.3.1 河南省省级预算项目政策事前绩效评估管理办法

2.3.1.1 总则

（1）为优化财政资源配置效率，提高财政资金使用效率和效益，依据《中华人民共和国预算法》等法律法规和《中共河南省委河南省人民政府关于全面实施预算绩效管理的实施意见》（豫发〔2019〕10 号）等有关规定，结合省级实际，制定本办法。

（2）本办法所称省级预算项目政策事前绩效评估（以下简称“事前绩效评估”），是指省级部门根据部门战略规划、事业发展规划、项目政策、申报理由等内容，运用科学、合理的评估方法，对项目政策立项实施必要性、投入经济性、绩效目标合理性、实施方案可行性、筹资合规性、财政支持的方式及项目预算的合理性等方面进行客观、公正的评估。

（3）本办法适用于省级财政预算资金安排的项目和政策。省级财政预算资金是指纳入政府财政预算管理的各类预算资金，包括一般公共预算资金、政府性基金预算资金、国有资本经营预算资金和社会保险基金预算资金。

（4）事前评估应当遵循的基本原则。

①客观公正原则。事前评估应以相关法律、法规、规章以及财政部、省财政厅有关文件等为依据，按照“公开、公平、公正”的原则进行。

②科学规范原则。事前评估工作应通过规范的程序，采用定性与定量相结合的评估方法，科学、合理地进行。

③依据充分原则。在评估过程中，应收集足够的相关文件及资料，并要通过现场调研，为评估结论提供充分的依据支持。

④成本效益原则。事前评估工作的重点是评估项目政策立项的必要性和预算编制的合理性，在开展事前评估工作过程中，要注意控制成本、节约经费，提高评估工作的效率和效益。

（5）事前评估的主要依据。

①国家和省相关法律、法规和规章制度，国民经济和社会发展规划，宏观调控总体要求等；

②省委、省政府决策部署和工作要求；

③部门（单位）的职责、年度工作计划和中长期发展规划等；

④财政部及省财政厅制定的预算管理制度、资金及财务管理办法等；

⑤相关行业政策、行业标准及专业技术规范等。

2.3.1.2 事前绩效评估的对象和内容

（1）事前绩效评估的对象为党政机关、企事业单位等申请省财政预算资金的政策和项目。

（2）拟新增出台的重大政策、500万元以上的新增专项资金均应按照本办法规定程序开展事前绩效评估；500万元以下的新增专项资金及一般性项目支出，可适当简化评估方法和程序，按要求提供拟申请项目支出绩效目标和事前评估报告。基本建设资金按现行基本建设有关程序开展事前绩效评估。

（3）事前评估的重点。

①项目政策立项实施的必要性和投入经济性。主要评估项目政策立项依

据是否充分，项目内容与省委省政府重要部署、行业政策、主管部门职能和规划、当年重点工作是否相关；项目设立依据的宏观政策是否具有可持续性，项目所在行业环境是否具有可持续性；项目是否具有现实需求、需求是否迫切，是否有可替代性，是否有确定的服务对象或受益对象；是否有明显的经济、社会、环境或可持续性效益，项目预期效益的可实现程度如何。

②项目政策实施方案的可行性。主要评估项目政策组织机构是否健全，职责分工是否明确，组织管理机构是否能够可持续运转；项目政策内容是否明确具体，是否与绩效目标相匹配；项目政策技术方案是否完整、先进、可行，与项目政策有关的基础设施条件是否能够得以有效保障；项目单位及项目政策的各项业务和财务管理制度是否健全，技术规程、标准是否完善，是否得到有效执行；针对市县筹集资金和其他资金来源可能不到位存在的风险，是否有相应的保障措施。

③项目政策绩效目标合理性。主要评估项目政策是否有明确的绩效目标，绩效目标是否与部门的长期规划目标、年度工作目标相一致，项目政策产出和效果是否相关联，受益群体的定位是否准确，绩效目标与项目要解决的问题是否匹配、与现实需求是否匹配，是否具有一定的前瞻性和挑战性；绩效指标设置是否与项目高度相关，是否细化、量化。

④财政支持方式科学性。主要评估项目政策是否具有公共性，是否属于公共财政支持范围；项目单位是否有类似项目政策得到财政资金重复支持；项目政策资金来源渠道是否明确，各渠道资金到位时间、条件是否能够落实；财政资金支持方式是否科学合理，市县两级财政资金配套方式和承受能力是否科学合理。

⑤项目政策预算编制合理性。主要评估项目政策预算是否与绩效目标、项目政策内容相匹配，预算编制是否符合相关规定，编制依据是否充分，投入产出比是否合理。

⑥其他内容。其他需评估的内容。

2.3.1.3 事前绩效评估的组织管理

（1）事前绩效评估工作由省级部门负责组织实施。

省财政厅负责制定事前绩效评估制度办法，明确事前绩效评估的工作程序和原则，负责对省级部门事前绩效评估结果进行审核，参考评估结果安排预算，督促被评估单位落实整改意见。

省级部门负责具体组织实施项目事前绩效评估工作，编制事前绩效评估报告，按程序报省财政厅进行审核，针对审核提出的问题进行整改。

（2）省级部门根据情况，可委托第三方机构开展项目政策事前绩效评估，所需经费由单位统筹公用经费和一般性项目支出解决。

（3）省级部门可根据需要邀请人大代表和政协委员参与事前评估工作。

2.3.1.4　事前绩效评估方式和方法

（1）事前绩效评估的方式包括现场调研、聘请专家、网络调查、电话咨询、召开座谈会、问卷调查、人大代表和政协委员参与等方式。

①聘请专家。是指邀请技术、管理和财务等方面的专家参与事前评估工作，提供专业支持。

②网络调查。是指通过互联网及相关媒体开展调查，向评估对象利益相关方了解情况或征询意见。

③电话咨询。是指通过电话对专业人士、评估对象及其他相关方进行咨询。

④召开座谈会。是指由第三方机构组织特定人员或专家座谈，对评估项目集中发表意见和建议。

⑤问卷调查。是指调查者运用统一设计的问卷向评估对象利益相关方了解情况或征询意见。

⑥人大代表和政协委员参与。是指邀请人大代表和政协委员参与事前评估工作，人大代表和政协委员可分别从预算监督和民主监督的角度提出意见和建议。

（2）事前绩效评估方法包括成本效益分析法、比较法、因素分析法、最低成本法、公众评判法等。

①成本效益分析法。是指通过将政策项目的预算支出安排与预期效益进行对比分析，对其进行评估。

②比较法。是指通过对绩效目标与预期实施效果、历史情况、不同部门和地区同类预算支出（项目）安排的比较，对其进行评估。

③因素分析法。是指通过综合分析影响政策项目绩效目标实现、实施效果的内外因素，对其项目进行评估。

④最低成本法。是指对预期效益不易计量的政策项目，通过综合分析测算其最低实施成本，对其进行评估。

⑤公众评判法。是指通过专家评估、公众问卷及抽样调查等方式，对其进行评估。

⑥其他评估方法。

（3）事前绩效评估方式和方法的选用应当坚持简便有效的原则。根据评估对象的具体情况，可采用一种或多种方式、方法进行评估。

2.3.1.5 事前绩效评估的工作程序

（1）为确保事前绩效评估工作的客观公正，事前绩效评估工作应当遵守严格、规范的工作程序。程序一般包括事前绩效评估准备、事前绩效评估实施、事前绩效评估总结及应用三个阶段。

（2）事前绩效评估准备阶段。

①确定事前绩效评估对象。省级部门根据经济社会发展需求和省委、省政府重大部署确定事前绩效评估对象。

②明确事前绩效评估任务。省级部门下达事前绩效评估项目通知书，明确评估组织实施形式，确定评估目的、内容、任务、依据、评估时间及要求等方面的情况。

③成立事前绩效评估工作组。省级部门成立事前绩效评估工作组，组织开展事前绩效评估各项工作。

（3）事前绩效评估实施阶段。

①拟订工作方案。评估工作组按要求拟订具体的事前绩效评估工作方案。

②入户调研。评估工作组到项目实施单位进行入户调研，了解项目情况，辅导项目单位收集准备资料。

③组建专家组。评估工作组依据项目内容遴选评估专家，组成专家组，并适时对专家进行业务培训。

④收集审核资料，现场调研。评估工作组收集审核项目资料，与专家、

人大代表、政协委员到项目现场进行调研。通过咨询专业人士、查阅资料、问卷调查、电话采访、集中座谈等方式，多渠道获取项目信息。

⑤进行预评估。评估工作组与专家组、第三方机构对项目相关数据进行摘录、汇总、分析，完成预评估工作。对于资料不全或不符合要求的，要求项目单位在5个工作日内补充上报，逾期视同资料缺失。

⑥召开正式专家评估会。专家组通过审核项目资料和听取项目单位汇报，对项目的相关性、预期绩效的可实现性、实施方案的有效性、预期绩效的可持续性和资金投入的可行性及风险等内容进行评估，形成评估结论。

参与评估的人大代表、政协委员可单独出具评估意见，包括对事前绩效评估工作的意见建议及项目的评估意见等。

（4）事前绩效评估总结及应用阶段。

①撰写报告。评估工作组根据专家、人大代表和政协委员评估意见，按照规定的文本格式和要求，撰写事前绩效评估报告，整理事前绩效评估资料。

②提交报告。评估工作组在专家评估会后5个工作日内，向省级部门提交事前绩效评估报告。

③结果反馈与应用。省级部门组织实施的事前绩效评估结果连同项目预算申请一并报送省财政厅，作为申请预算的必要条件，省财政按程序进行审核后，将审核结果作为预算安排的重要参考依据。

④结果汇报。省财政厅向省政府研究提出预算安排建议时，将审核后的省级部门事前绩效评估结果作为重要参考资料一并上报。

2.3.1.6　预期绩效报告和事前评估报告

（1）预期绩效报告是被评估部门（单位）对政策项目计划内容、绩效目标、实施方案和预期效益等进行自我评估，按一定格式要求撰写的报告文本。

预期绩效报告的格式要求可参考以下内容：

①政策项目基本情况。说明项目政策背景、项目主要内容等。

②政策项目实施的相关性。说明项目政策的立项依据，包括项目与部门

职能、相关政策及规划、现实需求等方面的相关性。

③政策项目绩效目标。说明项目政策的总体绩效目标以及绩效指标，绩效目标内容应具体明确、符合项目现实需求及部门长期规划和年度工作目标，绩效指标应具体细化、量化，并且要有可衡量的评价标准。

④政策项目实施方案的有效性。说明项目政策的具体实施方案，包括项目决策程序、实施程序，人、财、物等基础条件保障情况，相关管理制度建设情况，以及对不确定因素和风险的控制措施等。

⑤政策项目预期绩效的可持续性。说明与项目政策相关的政策、行业环境等方面的可持续性，预期产出及效果的可持续性，组织管理机构、运行机制的可持续性。

⑥政策项目预算。说明项目政策的预算构成、预算测算依据和标准、财政支持的范围和方式、市县财政经费保障渠道和方式等。

⑦其他内容。省级财政专项资金管理办法及中期规划编制通知中规定的其他需要说明的内容。

预期绩效报告应当在评估工作组规定的时间内完成，被评估部门（单位）对预期绩效报告涉及基础资料的真实性、合法性、完整性负责。

（2）事前绩效评估报告是评估工作组根据专家组、人大代表和政协委员评估意见，作出的带有相关结论的报告文本，是对评估对象是否具有必要性、可行性、效率性、效益性、可持续性等方面的文字分析和描述。事前绩效评估报告内容主要包括：评估对象概况、评估的方式方法、评估的内容及结论、评估的相关建议、其他需要说明的问题等。事前绩效评估报告的格式要求可参考以下内容：

①评估对象。包括项目政策立项依据、背景、实施主体、主要内容、预算情况等。

②评估方式和方法。包括评估程序、论证思路及方法、评估方式等内容。

③评估内容与结论。包括项目的相关性、项目预期绩效的可实现性、项目实施方案的有效性、项目预期绩效的可持续性、财政资金投入的可行性风险和总体结论。项目的相关性主要针对政策相关性、职能相关性、需求相关性、财政投入相关性和产出与效果相关性等进行分析；项目预期绩效的可实

现性主要针对绩效目标明确合理性、绩效目标细化量化程度和项目预期效益可实现程度等进行分析；项目实施方案的有效性主要针对项目内容明确性、决策程序规范性、预算编制科学合理性、项目资金保障条件、组织机构健全有效性、技术方案科学合理性、项目管理制度和项目管控措施健全有效性等进行分析；项目预期绩效的可持续性主要针对政策的可持续性、预期产出及效果的可持续性和组织管理机构的可持续性等进行分析；财政资金投入的可行性风险主要针对财政投入能力风险、财政资金重复投入风险、支持方式导致的财政资金投入风险和项目执行风险导致的财政资金投入风险等进行分析。

④相关建议。结合实际情况提出改进建议。

⑤其他需要说明的问题。阐述评估工作基本前提、假设、报告适用范围、相关责任以及需要说明的其他问题等。

（3）事前绩效评估报告的具体格式包括正文和附件两部分。

事前绩效评估报告正文应当依据充分、真实完整、数据准确、分析透彻、逻辑清晰、客观公正。

事前绩效评估报告附件应包括事前评估预期绩效报告、项目支出绩效目标申报表、事前绩效评估专家组评估意见、专家意见、人大代表和政协委员意见等内容（人大代表和政协委员的意见应单独列示）。

2.3.1.7　事前绩效评估结果及其应用

（1）事前绩效评估结果分为“建议予以支持”“建议调整完善后予以支持”“建议部分支持”“建议不予支持”。

事前绩效评估结果须在充分论证的基础上得出，“建议部分支持”的结论须在结论中明确支持和不支持的具体内容，以便安排预算时参考使用。

（2）省财政厅应当及时整理、归纳、分析、反馈事前绩效评估结果，按照评估结果安排预算，并将其作为改进管理的重要依据。

（3）省级部门应根据事前绩效评估结果，改进管理工作，调整和优化部门预算支出结构，合理配置资源。

（4）省级部门应建立事前评估信息公开制度，将事前评估结果在一定范围内公布。

2.3.1.8 事前绩效评估行为规范

（1）参与事前绩效评估的第三方机构、专家及相关人员应当按照独立、客观、公正的原则开展工作，严守职业道德，遵守保密纪律。违反相关规定的，省级部门应当视情节轻重，终止委托合同、取消事前评估资格等处理；有违法违纪行为的，移交有关部门处理。

（2）省级部门应与委托的第三方机构签订委托合同，明确双方的权利义务关系；要求专家签署承诺书，明确承诺内容和保密条款。

（3）第三方机构应严格遵守职业道德、廉洁自律；不得干预和影响被评估单位的正常工作；遵守保密原则，不得将文件、数据等与评估有关的资料对外公布，不得提前对被评估单位和相关人员公布专家意见、评估结果等；自觉履行回避制度及其他相关纪律。

（4）专家应坚持实事求是、客观公正的科学态度，深入实际了解和调查情况，遵守职业道德；严格执行保密制度，保守国家秘密和被评估单位的商业技术秘密；不得对外透露专家评估会议内容、咨询意见、争议问题等有关情况。专家、人大代表和政协委员应遵守回避制度，不得与被评估单位有任何经济利益和其他关系等。

（5）对在事前评估过程中弄虚作假，干扰、阻碍事前绩效评估工作的部门和单位，按照相关制度问责处理。

2.3.2 河南省省级部门预算绩效目标管理办法

2.3.2.1 总则

（1）为进一步加强预算绩效管理，提高省级部门预算绩效目标管理的科学性、规范性和有效性，依据《中华人民共和国预算法》等法律法规和《中共河南省委河南省人民政府关于全面实施预算绩效管理的实施意见》（豫发〔2019〕10号）等有关规定，结合省级实际，制定本办法。

（2）本办法所称预算绩效目标（以下简称绩效目标）是指省级部门及其所属单位使用和管理的财政预算资金计划在一定期限内达到的产出和效果。

（3）本办法所称绩效目标。

①按照预算支出的范围和内容划分，包括部门（单位）整体绩效目标和项目绩效目标。

部门（单位）整体绩效目标是指省级部门及其所属单位按照确定的职责，利用全部部门预算资金在一定期限内预期达到的总体产出和效果。

项目绩效目标是指省级部门依据部门职责和事业发展要求，设立并通过预算安排的项目支出在一定期限内预期达到的产出和效果。

②按照时效性划分，绩效目标可分为实施期绩效目标和年度绩效目标。

实施期绩效目标是指省级部门预算资金在跨度多年的计划期内预期达到的产出和效果。

年度绩效目标是指省级部门预算资金在一个预算年度内预期达到的产出和效果。

（4）绩效目标管理是指省财政厅和省级部门及其所属单位以绩效为导向，对部门预算绩效目标的设置、审核、批复、调整和应用等为主要内容所开展的预算管理活动。

（5）省财政厅和省级部门及其所属单位是绩效目标管理的主体。

（6）绩效目标管理的对象是纳入省级部门预算管理的全部预算资金。

（7）省财政厅和省级部门应按照各自职责，分工协作，做好绩效目标管理工作：

①省财政厅。负责绩效目标管理的总体组织指导工作；研究制定绩效目标管理的有关制度；审核省级部门报送的绩效目标；研究建立部门共性绩效指标体系；批复有关绩效目标；依据绩效目标管理情况，确定绩效目标应用方式。

②省级部门。组织本部门及所属单位开展绩效目标编制、审核、汇总上报、批复和公开等工作；按照省财政厅审核意见修改完善绩效目标；督促落实绩效目标；指导所属单位绩效目标管理工作；研究建立本行业绩效指标体系。

2.3.2.2 绩效目标的设置

（1）绩效目标设置是指省级部门或其所属单位按照部门预算管理和绩

效目标管理的要求，编制绩效目标并向省财政厅或省级部门报送审核的过程。

绩效目标是安排部门预算的重要依据，是预算安排的前置条件。未按要求设置绩效目标或绩效目标审核不通过的项目支出，不得进入部门预算安排流程。

（2）按照“谁申请资金，谁设置目标”的原则，绩效目标由省级部门及其所属单位在申报预算支出时设置。

项目支出绩效目标，在该项目纳入省级部门项目库之前编制，并按要求随同省级部门项目库提交省财政厅；部门（单位）整体绩效目标，在申报部门预算时编制，并按要求提交省财政厅。

绩效目标的设置应当经过科学的研究论证，必要时省财政厅和省级部门应当组织专家评审。

（3）绩效目标应清晰反映预算资金的预期产出和效果，并以相应的绩效指标予以细化、量化描述。主要包括：

①预期产出，是指预算资金在一定期限内预期提供的公共产品和服务的数量和质量情况。

②预期效果，是指上述产出预计对经济、社会、生态等带来的影响情况，以及服务对象或项目受益人对该项产出和影响的满意程度等。

（4）绩效指标是绩效目标的细化和量化描述。绩效指标要反映和衡量绩效目标实现情况的信息，应与绩效目标密切相关，重点突出，系统全面，便于考核。主要包括产出指标、效益指标和满意度指标等。

①产出指标是对预期产出的描述，包括数量指标、质量指标、时效指标、成本指标等。

②效益指标是对预期效果的描述，包括经济效益指标、社会效益指标、生态效益指标、可持续影响指标等。

③满意度指标是反映服务对象或项目受益人的认可程度的指标。

（5）绩效标准是设置绩效指标时所依据或参考的标准。一般包括：

①历史标准，是指同类指标的历史数据等；

②行业标准，是指国家公布的行业指标数据等；

③计划标准，是指预先制定的目标、计划、预算、定额等数据；

④省级财政部门和行业主管部门认可的其他标准。

（6）绩效目标设置的依据包括：

①国家和省相关法律、法规和规章制度，国民经济和社会发展规划，宏观调控总体要求等；

②省委、省政府决策部署和工作要求；

③部门职能、中长期发展规划年度工作计划和项目规划；

④财政部门中期财政规划和年度预算编制要求；

⑤相关历史数据、行业标准、计划标准等；

⑥省级部门预期可获得的预算资金规模；

⑦省级财政部门和省级主管部门认可的其他依据。

（7）设置的绩效目标应当符合以下要求：

①指向明确。绩效目标要符合法律法规、国民经济和社会发展规划、部门（单位）职能及事业发展规划等要求，并与相应的预算支出用途、使用范围、预期效果等紧密相关。

②细化量化。绩效目标应当从数量、质量、成本、时效以及经济效益、社会效益、生态效益、可持续影响、满意度等方面进行细化，须用定量表述为主。不能以量化形式表述的，可采用定性表述，但应具有可衡量性。

③合理可行。设置绩效目标时要经过调查研究和科学论证，符合客观实际，能够在一定期限内如期实现。

④相应匹配。绩效目标要与计划期内的任务数或计划数相对应，与预算确定的投资额或资金量相匹配。

（8）省级部门预算绩效目标按以下要求设置：

①项目绩效目标设置。

一是对项目的功能进行梳理，包括资金性质、预期投入、支出范围、实施内容、工作任务、受益对象等，明确项目的功能特性。

二是依据该项目的功能特性，预计项目实施在一定时期内所要达到的总体产出和效果，确定项目所要实现的总体目标，并以定量和定性指标相结合的方式进行表述。

三是将项目支出总体目标进行细化分解，从中概括、提炼出最能反映总体目标预期实现程度的关键性指标，并将其确定为相应的绩效指标。

四是通过收集相关基准数据，如过去三年的平均值、以前某年度的数值、平均趋势、类似项目的先进水平、行业标准、经验标准等，确定绩效标准，并结合项目预期进度、预计投入等情况，确定绩效指标的具体数值。

②部门（单位）整体绩效目标设置。

一是对照省委、省政府批准的“三定”规定对部门（单位）的职能进行梳理，确定部门（单位）的各项具体工作职责。

二是依据省委、省政府与本部门职责相关的决策部署，结合部门（单位）中长期规划和年度工作计划，明确年度主要工作任务，预计部门（单位）在本年度内履职所要达到的总体产出和效果，将其确定为部门（单位）总体目标，并以定量和定性相结合的方式进行表述。

三是依据部门（单位）总体目标，结合部门（单位）的各项具体工作职责和工作任务，确定每项工作任务预计要达到的产出和效果，从运行成本、管理效率、履职效能、社会效益、可持续发展能力和服务对象满意度等方面概括、提炼出最能反映工作任务预期实现程度的关键性指标，并将其确定为相应的绩效指标。

四是通过收集相关基准数据，确定绩效标准，并结合年度预算安排等情况，确定绩效指标的具体数值。

（9）绩效目标设置程序为：

①基层单位设置绩效目标。申请预算项目资金的基层单位按照要求在预算编制系统和项目库管理系统中设置绩效目标，按照确定格式和内容填报绩效目标申报表，随同本单位预算提交主管部门；根据主管部门审核意见，进行修改完善后按程序逐级上报。

②省级部门设置绩效目标。省级预算部门按要求汇总编制部门（单位）整体绩效目标和项目绩效目标，按照确定格式和内容填报绩效目标申报表，随同部门预算提交省财政厅；根据省财政厅审核意见，修改完善并按程序提交。

根据省级预算管理和项目库管理要求，项目绩效目标在预算编制“一上”和项目库入库时随同部门预算或项目入库审批流程一并报送；部门（单位）整体绩效目标在预算编制“二上”时随同部门预算一并报送，纳入部门预算编报说明。

2.3.2.3　绩效目标的审核

（1）绩效目标审核是指省财政厅和省级部门对相关部门和单位报送的绩效目标进行审查核实，并将审核意见反馈相关部门和单位，指导其修改完善绩效目标的过程。

（2）按照“谁审核预算，谁审核目标”的原则，绩效目标由省财政厅或省级部门按照预算管理级次进行审核。

（3）绩效目标审核是部门预算审核的有机组成部分。绩效目标不符合要求的，省财政厅或省级部门应要求报送单位及时修改、完善。审核符合要求后，方可进入财政项目库，并进入下一步预算编审流程。

（4）省级部门对所属单位报送的项目绩效目标和单位整体绩效目标进行审核。

有预算分配建议权的部门应对预算部门提交的有关项目支出绩效目标进行审核，并据此提出资金分配建议。经审核的项目支出绩效目标，报财政部门备案。

（5）省财政厅根据部门预算审核的范围和内容，对省级部门报送的项目绩效目标和部门（单位）整体支出绩效目标进行审核。对经有预算分配建议权的部门审核后的横向分配项目的绩效目标，省财政厅可根据需要进行再审核。

（6）根据工作需要，绩效目标可委托第三方机构予以评审。对社会关注程度高、对经济社会发展具有重要影响、关系重大民生领域或专业技术复杂的重点项目，省财政厅和省级部门可根据需要将其委托给第三方机构，组织相关部门、专家学者、科研院所、中介机构、社会公众代表等共同参与评审，提出评审意见。

（7）绩效目标审核的主要内容：

①完整性审核。绩效目标的内容是否完整，绩效目标是否明确、清晰。

②相关性审核。绩效目标与部门职能、事业发展规划是否相关；是否贯彻落实省委省政府的决策部署；是否对申报的绩效目标设置了相关联的绩效指标，绩效指标是否细化、量化。

③适当性审核。资金规模与绩效目标之间是否匹配，在既定资金规模下，绩效目标是否过高或过低；或者要完成既定绩效目标，资金规模是否过大或过小。

④可行性审核。绩效目标是否经过充分论证和合理测算；专项或项目的实施方案、所采取的具体措施是否切实可行，并能确保绩效目标如期实现；综合考虑成本效益，审核是否有必要安排财政资金。

（8）对绩效目标的审核采取定性审核和定量审核相结合的方式，借助预算编制系统和项目库管理系统完成。

绩效目标审核结果分为“优”“良”“中”“差”四个等级，作为预算安排的重要参考因素。

审核结果为“优”的，直接进入下一步预算安排流程；审核结果为“良”的，可与相关部门或单位进行协商，直接对其绩效目标进行完善后，进入下一步预算安排流程；审核结果为“中”的，由相关部门或单位对其绩效目标进行修改完善，按程序重新报送审核；审核结果为“差”的，不得进入下一步预算安排流程。

（9）绩效目标审核程序如下：

①省级部门及其所属单位审核。省级部门及其所属单位对下级单位报送的绩效目标进行审核，提出审核意见并反馈给下级单位。下级单位根据审核意见对相关绩效目标进行修改完善，重新提交上级单位审核，审核通过后按程序随部门预算报送省财政厅。

②省财政厅审核。省财政厅对省级部门报送的绩效目标进行审核，提出审核意见并反馈给省级部门。省级部门根据省财政厅审核意见对相关绩效目标进行修改完善，重新报送财政部门审核。省财政厅根据绩效目标审核情况提出预算安排意见，随部门预算资金一并下达省级部门。

2.3.2.4 绩效目标的批复、调整与应用

（1）按照“谁批复预算，谁批复目标”的原则，省财政厅和省级部门在批复年初部门预算或调整预算时，一并批复绩效目标。省财政厅在省人代会批准省级年度预算后，将绩效目标随部门预算批复省级部门；省级部门将批复的绩效目标按预算管理级次细化批复到所属单位，并提出绩效管理具体

工作要求。

（2）绩效目标确定后，一般不予调整。预算执行中因特殊原因确需调整的，应按照绩效目标管理要求和预算调整流程报批。

（3）预算执行中产生的项目预算追加，需要按要求设置项目绩效目标，按照确定格式和内容填报项目绩效目标申报表（见附件 2－1），并按照绩效目标管理要求和预算追加流程报批。

（4）省级部门及所属单位应将批复的绩效目标作为组织预算执行的重要依据，并根据批复的绩效目标开展绩效监控、绩效自评和绩效评价工作。

①绩效监控。预算执行中，省级预算部门及所属单位应对预算执行情况和绩效目标预期实现程度开展绩效监控，及时发现并纠正绩效运行中存在的问题，力保绩效目标如期实现。

②绩效自评。预算执行结束或预算项目完成后，省级部门及所属单位应对照批复的绩效目标开展绩效自评，并按要求将绩效自评报告报送省财政厅。自评作为部门（单位）预、决算的组成内容和以后年度预算申请、安排的重要基础。

③绩效评价。部门预算绩效评价以项目资金为重点，重点评价一定金额以上、与本部门职能密切相关、具有明显社会影响和经济影响的项目。省财政厅按照绩效评价工作规划，对部分重点项目绩效目标和部分部门整体绩效目标实现情况进行重点绩效评价，评价结果作为政策调整、改进管理和预算安排的重要依据。

（5）省级部门应按照有关法律、法规关于预算信息公开要求，将绩效目标随部门预算予以公开，接受各方监督。

2.3.3　河南省省对市县专项转移支付绩效目标管理办法

2.3.3.1　总则

（1）为规范省对市县专项转移支付绩效目标管理，提高财政资金使用效益，依据《中华人民共和国预算法》等法律法规和《中共河南省委河南省人民政府关于全面实施预算绩效管理的实施意见》（豫发〔2019〕10 号）等有关规定，结合省级实际，制定本办法。

(2) 省对市县专项转移支付（以下简称专项转移支付）的绩效目标管理活动，适用本办法。

(3) 专项转移支付绩效目标是指省级一般公共预算、政府性基金预算和国有资本经营预算安排的对市县专项转移支付资金（包括具有指定用途的一般性转移支付资金）在一定期限内预期达到的产出和效果。

专项转移支付绩效目标是编制和分配专项转移支付预算、开展专项转移支付绩效监控和绩效评价的重要基础和依据。

(4) 专项转移支付绩效目标管理是指以专项转移支付绩效目标为对象，以绩效目标的设置、审核、下达、调整和应用等为主要内容所开展的预算管理活动。

(5) 办法所称绩效目标：

①按照专项转移支付的涉及范围划分，可分为整体绩效目标、区域绩效目标和项目绩效目标。

整体绩效目标是指某专项转移支付的全部资金在一定期限内预期达到的总体产出和效果；区域绩效目标是指在市县行政区域内，某项专项转移支付的全额资金在一定期限内预期达到的产出和效果；项目绩效目标是指通过专项转移支付预算安排的某个具体项目资金在一定期限内预期达到的产出和效果。

②按照时效性划分，可分为实施期绩效目标和年度绩效目标。

实施期绩效目标是指某项专项转移支付资金在确定的实施期限内预期达到的总体产出和效果；年度绩效目标是指某项专项转移支付资金在一个预算年度内预期达到的产出和效果。

(6) 各有关部门（单位）应按照各自职责，分工协作，做好专项转移支付绩效目标管理工作。

①省财政厅。负责专项转移支付绩效目标管理的总体组织指导工作；制定总体管理办法；与相关主管部门共同研究制定具体管理办法；确定绩效目标管理工作规划，提出年度工作要求；审核省级主管部门或市县级财政部门报送的绩效目标；确定或下达有关绩效目标；依据绩效目标开展绩效监控、绩效评价等绩效管理工作；依据绩效目标管理情况，确定绩效目标应用方式。

②省级主管部门。负责本部门所涉及专项转移支付绩效目标的管理工作；与财政厅共同研究制定具体管理办法；按要求设置并向省财政厅提交绩效目标；审核市县主管部门报送的绩效目标；督促落实绩效目标；依据绩效目标开展绩效监控、绩效评价等绩效管理工作；提出绩效目标具体应用建议；研究建立本行业与绩效目标相匹配的绩效指标体系；指导市级主管部门绩效目标管理工作。

③市县级财政部门。负责本区域内专项转移支付绩效目标的总体管理工作；会同市县级主管部门，按要求设置绩效目标、审核下级财政部门报送的绩效目标并报送省财政厅；下达绩效目标并督促落实；依据绩效目标开展绩效监控、绩效评价等绩效管理工作；提出绩效目标具体应用建议；指导下级财政部门绩效目标管理工作。

④市县级主管部门。负责本部门所涉专项转移支付绩效目标的具体管理工作；会同市县级财政部门，按要求设置绩效目标、审核下级主管部门报送的绩效目标并报送省级主管部门；督促落实绩效目标；依据绩效目标开展绩效监控、绩效评价等绩效管理工作；提出绩效目标具体应用建议；指导下级主管部门绩效目标管理工作。

⑤市县以下财政部门、主管部门及具体实施单位等在绩效目标管理中的职责，由各地区按照绩效目标管理要求，结合本地区预算管理体制及实际工作需要，参照本办法提出具体要求。

2.3.3.2　绩效目标的设置

（1）绩效目标设置是指有关部门（单位）按要求编制并报送专项转移支付绩效目标的过程。

专项转移支付都应当按要求设置绩效目标。未按要求设置绩效目标或绩效目标审核不通过的，不得进入专项转移支付预算安排和资金分配流程。

（2）绩效目标要能清晰反映专项转移支付资金的预期产出和效果，并以相应的绩效指标予以细化、量化描述。主要包括：

①预期产出，是指专项转移支付资金在一定期限内预期提供的公共产品和服务情况；

②预期效果，是指上述产出预计对经济、社会、生态等带来的影响情

况，以及服务对象或受益人对该项产出和影响的满意程度等。

（3）绩效指标是绩效目标的细化和量化描述，主要包括产出指标、效益指标和满意度指标等。

①产出指标是对预期产出的描述，包括数量指标、质量指标、时效指标、成本指标等。

②效益指标是对预期效果的描述，包括经济效益指标、社会效益指标、生态效益指标、可持续影响指标等。

③满意度指标是反映服务对象或受益人的认可程度的指标。

（4）绩效标准是设定绩效指标时所依据或参考的标准。一般包括：

①历史标准，是指同类指标的历史数据等；

②行业标准，是指国家公布的行业指标数据等；

③计划标准，是指预先制定的目标、计划、预算、定额等数据；

④省财政厅和行业主管部门认可的其他标准。

（5）绩效目标设定的依据包括：

①国家和省相关法律、法规和规章制度，国民经济和社会发展规划，宏观调控总体要求等；

②财政事权和支出责任划分的有关规定，专项转移支付管理规定，设立专项转移支付的特定政策目标，各专项的资金管理办法及其实施细则、项目申报指南等；

③财政部门中期财政规划和年度预算管理要求，专项转移支付中期规划和年度预算；

④相关历史数据、行业标准、计划标准等；

⑤符合省财政厅和省级主管部门要求的其他依据。

（6）设置的绩效目标应当符合以下要求：

①指向明确。绩效目标要符合法律法规规定、国民经济和社会发展规划、部门（单位）职能及事业发展规划等要求，并与该专项的特定政策目标、用途、使用范围、预算支出内容等紧密相关。

②细化量化。绩效目标应当从数量、质量、时效、成本以及经济效益、社会效益、生态效益、可持续影响、满意度等方面进行细化，须用定量表述为主。不能以量化形式表述的，应当采用定性表述，但应具有可衡量性。

③合理可行。绩效目标以及为实现绩效目标拟采取的措施要经过调查研究和科学论证，符合客观实际，能够在一定期限内如期实现。

④相应匹配。绩效目标要与计划期内的任务数或计划数相对应，与预算确定的投资额或资金量相匹配。

（7）专项转移支付的绩效目标按要求设置。

①整体绩效目标由省级主管部门设置。省级主管部门按照要求填写“省对市县专项转移支付整体绩效目标申报表”，并按预算管理程序报送省财政厅。

②实行因素法管理的专项转移支付应当设置区域绩效目标。区域绩效目标由市县财政部门和主管部门共同设置，按要求填写“省对市县专项转移支付区域绩效目标申报表”，并按预算管理程序报送省级主管部门和省财政厅。同时，要按照实际工作需要或相关工作要求，将下级部门设置的绩效目标报送省财政厅和省级主管部门备案。

③实行项目法管理的专项转移支付应当设置项目绩效目标。项目绩效目标由专项转移支付资金的具体实施单位设置，按要求填写“省对市县专项转移支付项目绩效目标申报表”，按规定程序由相应财政部门和主管部门审核后，逐级报送省级主管部门和省财政厅。

（8）采取贴息、担保补贴等间接补助方式管理的专项转移支付区域和项目绩效目标，可结合实际工作并参考上述规定执行。

对采取先建后补、以奖代补、据实结算等事后补助方式管理的专项转移支付，实行事前立项事后补助的，应在立项时按照设置绩效目标；实行事后立项事后补助的，其绩效目标可以用相关工作或目标的完成情况来取代，具体格式参考“省对市县专项转移支付绩效自评表”。

2.3.3.3　绩效目标的审核

（1）绩效目标审核是指有关部门对报送的专项转移支付绩效目标进行审查核实，并将审核意见反馈相关部门或单位，指导其修改完善绩效目标的过程。

（2）绩效目标审核是专项转移支付预算审核的有机组成部分和必要环节，其审核结果作为专项转移支付预算安排和资金分配的重要依据。

（3）省级主管部门编制并提交的专项转移支付整体绩效目标，由省财政厅审核并提出意见。

（4）市县级财政部门和主管部门编制并报送专项转移支付区域绩效目标，由省财政厅和省级主管部门审核，提出审核意见。其中，省级主管部门对区域绩效目标进行审核并提出审核意见后，及时提交省财政厅审核，省财政厅在综合主管部门意见的基础上，提出绩效目标的审核意见。

（5）专项转移支付项目绩效目标由相关基层财政部门和主管部门进行审核，按程序上报市县级财政部门和主管部门并经其审核通过后，由市县级财政部门和主管部门参照相关规定的要求，上报省财政厅审核并提出意见。

（6）省财政厅在专项转移支付绩效目标审核中，对整体绩效目标或数额大、社会关注度较高、对经济社会发展具有重要影响、关系重大民生领域或专业技术复杂的专项转移支付区域和项目绩效目标，可根据需要委托专家学者、科研院所、中介机构等第三方机构予以评审，提出审核意见和建议。

省级主管部门、市县级财政部门和主管部门在相关绩效目标的审核中，也可根据工作需要将其委托第三方机构等进行评审，提出审核意见和建议。

（7）绩效目标审核的主要内容：

①完整性审核。绩效目标的内容是否全面完整，绩效目标是否明确、清晰。

②相关性审核。绩效目标的设定与专项转移支付的特定政策目标、用途、使用范围等是否相关，是否依据绩效目标设定了相关联的绩效指标，绩效指标是否细化、量化。

③适当性审核。该绩效目标是否与其他绩效目标相近或雷同；绩效目标是否已经实现或取消。资金规模与绩效目标之间是否匹配，在既定资金规模下，绩效目标是否过高或过低；或者要完成既定绩效目标，资金规模是否过大或过小。

④可行性审核。绩效目标是否经过充分论证和合理测算；专项或项目的实施方案、具体措施是否切实可行，并能确保绩效目标如期实现。综合考虑成本效益，是否有必要安排财政资金。

（8）对专项转移支付绩效目标的审核，可采用“省对市县专项转移支付绩效目标审核表”，采取定性审核的方式，形成“优”“良”“中”“差”四个等级的审核结果。

审核结果为“优”的，直接进入下一步预算安排流程；审核结果为“良”的，可与相关部门或单位进行协商，直接对其绩效目标进行完善后，进入下一步预算安排流程；审核结果为“中”的，由相关部门或单位对其进行修改完善，按程序重新报送审核；审核结果为“差”的，不得进入下一步预算安排流程。

2.3.3.4　绩效目标的下达、调整与应用

（1）省财政厅在确定专项转移支付总预算时，同步确定整体绩效目标；省财政厅在向市县级财政部门下达专项转移支付预算时，同步下达区域或项目绩效目标。市县级财政部门在细化下达预算时，同步下达相应的绩效目标，作为部门和单位使用资金、实施项目、开展绩效监控和绩效评价的重要依据。

（2）绩效目标确定后，一般不予调整和变更。预算执行中因特殊原因确需调整或变更的，应按照绩效目标管理要求、专项转移支付预算调整和变更流程报批。

（3）各级财政部门、主管部门和实施单位应按照下达的绩效目标组织预算执行，并依据绩效目标开展绩效监控、绩效自评和绩效评价。

①绩效监控。预算执行中，各级财政部门和主管部门应对资金运行状况和绩效目标预期实现程度开展绩效监控，及时发现并纠正绩效运行中存在的问题，力保绩效目标如期实现。

②绩效自评。预算执行结束或预算项目完成后，省级主管部门、市级财政部门和主管部门及项目实施单位等应对照确定的绩效目标开展绩效自评，填写“省对市县专项转移支付绩效自评表”，并根据工作要求和实际需要形成绩效自评报告，作为专项转移支付预算执行情况的重要内容予以反映。

相关财政部门和主管部门应对相应的绩效自评情况进行审核，并将其作为绩效评价的重要基础和以后年度预算申请、安排、分配的前置条件和重要因素。

③绩效评价。各级财政部门和主管部门应当按要求及时开展专项转移支付年度或实施期绩效评价，并加强绩效评价质量控制，客观公正地评价绩效目标的实现程度，形成相应的评价结果，按要求形成绩效评价报告，并将评

价结果作为完善相关专项转移支付政策和以后年度预算申请、安排、分配的重要依据。

（4）结合绩效目标审核、绩效自评和绩效评价等情况，建立专项转移支付保留、整合、调整和退出机制。对符合绩效目标预期、有必要继续执行的专项转移支付，可继续保留；对绩效目标相近或雷同的，应予以整合；对绩效目标发生变动或实际绩效与目标差距较大的，应予以调整；对绩效目标已经实现或取消的，应予以退出。

（5）专项转移支付绩效目标应按照有关法律、法规规定逐步予以公布，接受各方监督。

2.3.3.5 附则

（1）专项转移支付资金纳入地方政府预算管理后，其绩效目标管理应同时符合同级当地政府预算绩效目标管理规定。

（2）对中央补助河南省的、由省补助到市及市以下的专项转移支付资金，遵照《财政部关于印发〈中央对地方专项转移支付绩效目标管理暂行办法〉的通知》（财预〔2015〕163号）及有关绩效管理办法相关要求执行。

（3）各省级主管部门、市级财政部门和主管部门可根据本办法，结合实际制定具体绩效目标管理办法或实施细则，报省财政厅备案。

（4）本办法由省财政厅负责解释。

（5）本办法自印发之日起施行。省财政厅以往制发的文件或规定与本办法不符的，按本办法执行。

2.3.4 河南省省级预算绩效监控管理办法

2.3.4.1 总则

（1）为进一步加强预算绩效管理，增强预算执行和绩效管理的约束力，强化支出责任，提高财政资金使用效益，依据《中华人民共和国预算法》等法律法规，《中共河南省委河南省人民政府关于全面实施预算绩效管理的实施意见》（豫发〔2019〕10号）等有关规定，结合省级实际，制定本办法。

（2）本办法所称省级财政预算绩效监控管理（以下简称“绩效监控”）

是指省财政厅和省级部门（单位）依据设置的绩效目标，运用科学、合理的绩效信息汇总分析方法，对绩效目标实现程度和预算执行进度实行跟踪管理和督促检查，及时发现问题并采取有效措施予以纠正，以确保绩效目标如期保质保量实现所开展的预算管理活动。

（3）省财政厅和省级部门（单位）是实施省级预算绩效监控管理的主体。绩效监控以省级部门（单位）自主监控为主，省财政厅重点监控为辅。

（4）省级预算绩效监控管理的对象是省级部门预算项目资金和省对市县专项转移支付资金。

（5）省财政厅和省级部门（单位）应按照各自职责，分工协作，做好绩效监控管理工作：

①省财政厅负责组织、指导和监督省级部门开展绩效监控，审核省级部门报送的绩效监控结果，组织实施财政重点绩效评价项目绩效监控；对存在问题、偏离绩效目标的项目资金和转移支付资金予以纠正，必要时暂缓或停止预算拨款，督促及时整改落实。

②省级部门（单位）负责组织对本部门及所属单位承担的项目资金开展绩效监控，会同省财政厅对专项转移支付资金开展绩效监控；负责本部门绩效监控信息的汇总、审核和上报工作；按照财政部门审核意见，对存在问题、偏离绩效目标的项目资金和转移支付资金及时进行纠正和调整。

2.3.4.2 绩效监控的内容

绩效监控以绩效目标实现程度及预算执行进度为核心内容，主要包括：

（1）绩效目标完成情况。预算资金计划提供的公共产品和公共服务的预期产出完成进度及趋势，包括数量、质量、时效、成本等；预算资金计划产生的预期效果的实现程度及趋势，包括经济效益、社会效益、生态效益和可持续影响等；服务对象满意率实现程度及趋势。

（2）项目实施情况。项目实施进度、专项转移支付政策相关工作任务推进情况及趋势，项目实施方案、工作任务调整情况等。

（3）预算执行情况。项目资金拨付进度、专项转移支付资金分配下达及实际支出情况等。

（4）财务管理情况。项目及专项转移支付资金执行政府采购政策、招投标管理制度等情况；财务管理、会计核算、资产管理等情况。

（5）其他相关情况。确保项目实施、专项转移支付政策落实制定的政策制度、保障措施情况；外部环境、客观条件的变化及影响情况；以及省财政厅和省级部门（单位）认定的其他需要实施绩效监控的内容。

2.3.4.3 绩效监控的实施

（1）绩效监控的实施主要包括收集资料信息、汇总分析数据、填报绩效监控情况表、撰写绩效监控报告等程序。

①收集资料信息。省财政厅和省级部门（单位）要以掌握绩效目标实现程度及预算执行进度为核心，对照绩效监控内容收集资料信息，可根据需要对收集内容进行必要的扩展，收集的资料信息尽可能进行量化处理。资料信息主要包括：

一是项目实施和工作任务落实的前期准备情况，包括是否具有实施方案、工作计划、保障措施等；

二是为确保绩效目标实现制定的政策制度、保障措施落实情况；

三是项目和任务工作计划的实际进展情况，相关的重要合同实际执行情况；

四是外部环境、客观条件的变化及影响情况，是否有必要的调整项目方案和任务工作计划；

五是预算资金拨付、分配下达及实际支出情况，项目承担单位财务管理相关情况；

六是预算资金执行已取得的产出指标情况；

七是预算资金执行已实现的效果指标情况。

②汇总分析数据。省财政厅和省级部门（单位）要在核实确保收集的资料信息真实性的基础上，汇总相关数据，分析得出绩效目标实现程度及预算执行进度结论及趋势，研究存在的问题，确定纠正整改措施。数据分析可使用成本效益分析法、比较法、因素分析法、最低成本法等。

③填报绩效监控情况表。省财政厅和省级部门（单位）在汇总分析绩效监控数据的基础上，将绩效监控情况填入《省级财政预算绩效监控情况表》

（见附件）。

④撰写绩效监控报告。省级部门在汇总本部门绩效监控结果的基础上，撰写绩效监控报告，按要求将部门绩效监控报告及部门绩效监控情况表报送省财政厅。省财政厅根据各部门反映的绩效监控情况，对绩效监控结果审核；结合财政重点项目绩效监控情况，汇总形成省级绩效监控情况表，撰写绩效监控报告。绩效监控报告主要内容包括：

一是绩效监控工作组织实施情况；

二是预算执行进度情况及趋势分析；

三是绩效目标实现程度及趋势分析；

四是存在的主要问题及原因分析；

五是下一步改进工作的意见建议；

六是其他需要说明的问题。

（2）绩效监控分别于每年6月底和9月底实施。省级部门应分别于每年7月15日和10月15日前加盖部门公章的绩效监控报告和绩效监控情况表（纸质文件和电子文档）报送省财政厅。

2.3.4.4　绩效监控结果反馈和应用

（1）省财政厅按程序将绩效监控结果审核意见反馈省级部门（单位）；根据需要，对存在严重问题的政策、项目暂缓或停止预算拨款，督促省级部门（单位）及时整改落实。

（2）省级部门（单位）根据绩效监控结果和省财政厅审核意见，分析问题，查找原因，制定措施，及时整改。

（3）省财政厅和省级部门（单位）要将绩效监控结果作为绩效评价的重要参考，以及完善预算管理、调整当年预算和安排下年预算的重要依据。

2.3.5　河南省省级预算绩效评价结果应用管理办法

2.3.5.1　总则

（1）为加强省级财政预算绩效评价结果应用，强化绩效理念和支出责任，提高财政资金使用效益，全面实施绩效管理，依据《中华人民共和国预算法》等法律法规和《中共河南省委河南省人民政府关于全面实施预算绩效管理的实施意见》（豫发〔2019〕10号）等有关规定，结合省级实际，制定本办法。

（2）省级预算绩效评价结果（以下称“绩效评价结果”）是指省财政厅和省级部门根据预算绩效管理相关规定，采用科学合理的评价指标、评价标准和评价方法，对省级预算安排的部门预算及转移支付资金进行绩效评价所形成的评价结论和意见等，以绩效评价报告为载体。

（3）绩效评价结果应用是全过程预算绩效管理的落脚点，应当遵循实事求是、公平公正、权责统一、绩效奖惩与问责相结合的原则。

（4）绩效评价结果应用的方式主要包括反馈与整改、报告与公开、与预算安排挂钩、综合考核奖惩等。

（5）财政厅和省级部门开展的预算绩效评价，包括事前绩效评估、各类型绩效评价及预算管理综合考核，其结果应用适用本办法。

（6）绩效评价结果应用的主体是省财政厅和其他省级部门。省财政厅负责事前绩效评估、财政重点绩效评价、省级部门绩效评价结果应用工作；省级部门负责本部门和下属单位组织开展的事前绩效评估及绩效评价结果应用工作。

2.3.5.2 反馈与整改

（1）省财政厅和省级部门开展的绩效评价，应及时将绩效评价结果和整改要求书面反馈被评价部门（单位），同时送达绩效评价报告。

（2）被评价部门（单位）自收到绩效评价结果之日起60日内，根据评价结论及整改要求，制定整改措施，报送省财政厅或主管部门。被评价部门（单位）制定整改措施应坚持问题导向，针对评价反映的问题，通过加强绩效目标管理、完善制度办法、调整资金分配方式、提高预算管理水平等具体措施进行整改。

（3）省级部门应按要求及时将部门实施的绩效评价报告连同汇总的整改报告交省财政厅备案，作为绩效评价结果应用的重要依据。

（4）省财政厅和省级部门对被评价部门（单位）的整改情况及时进行跟踪督导。

2.3.5.3　报告与公开

（1）省财政厅将财政重点绩效评价结果向省级部门通报的同时，报送省政府；其中对市县专项转移支付项目绩效评价结果通报的同时，抄送市县政府。

省级部门应将绩效评价结果向项目实施单位和市县对口部门通报，必要时抄送市县政府。

（2）省财政厅实施的重点绩效评价结果和部分省级部门实施的绩效评价结果随同年度决算向省人大常委会报告。

（3）除涉密内容外，绩效评价结果应按照政府信息公开有关规定，随同年度决算向社会公开，同时公开预算绩效目标管理、绩效监控、绩效评价工作开展情况，自觉接受社会各界监督。绩效评价报告纳入依申请公开文件目录。

2.3.5.4　评价结果挂钩机制

（1）省财政厅和省级部门要加强内部协调与配合，将绩效评价结果作为改进预算管理、以后年度编制预算和安排财政资金的重要依据，建立健全资金分配与绩效评价结果挂钩机制。

（2）省财政厅在预算安排中应用绩效评价结果的原则和具体方式在每年省财政厅财政规划编报通知中予以明确。

对于绩效评价结果为优的，省财政厅将予以通报表扬，并在编报下一年预算时予以优先安排，必要时适当增加资金规模。

对绩效评价结果为良的，省财政厅督促省级部门限期整改所发现问题，整改情况作为安排以后年度预算的重要参考。

对于绩效评价结果中的，省财政原则上按照被评价年度预算的 10%～30% 在编报下一年度预算时进行扣减，扣减资金收回财政总预算统筹安排使用。

对绩效评价结果为差的，省财政原则上按照被评价年度预算的 30% 以上在编报下一年度预算进行扣减，直至取消相应项目支出预算安排。

（3）省级部门要在项目申报指南、资金分配方案中明确绩效评价结果应用原则。

对于绩效评价结果为优的，省级部门应予通报表扬，并在分配下一年预算资金时予以优先考虑，必要时适当增加资金规模。

对绩效评价结果为良的，省级部门督促预算单位限期整改所发现问题，作为安排以后年度预算的重要参考。

对于绩效评价结果为中和差的，在相关问题未整改到位前，省级部门应在分配下一年预算资金时取消项目承担单位同类项目资金申报权，采取因素法分配的专项转移支付资金分配时应适当压缩应分配资金规模。

2.3.5.5 综合考核

（1）省财政厅将开展的各类型绩效评价结果纳入省级部门绩效管理工作考核范围，与政府绩效考核结果挂钩。

（2）对省级部门绩效管理工作考核结果较好（综合排名前十名）的省级部门，省财政厅予以通报表彰。对省级部门绩效管理工作考核结果较差（综合排名后十名）的省级部门，省财政厅将进行集中工作约谈，必要时提请分管省领导约谈相关负责人。

（3）省级部门绩效管理工作考核结果纳入省政府绩效、干部政绩考核考评体系，作为干部选拔任用、公务员考核的重要依据。

2.3.5.6 监督问责

（1）省财政厅及省级部门应当认真履行预算绩效评价结果应用有关职责，切实提高财政资金使用效益，依法接受审计监督。

（2）省财政厅对省级部门绩效评价结果应用情况进行监督。对绩效评价结果中发现的财政违法问题，依照《中华人民共和国预算法》等有关规定进行处理处罚，发现的其他问题及时移交相关部门，作为追究问责的依据。

2.3.6 河南省省级预算绩效评价管理办法

2.3.6.1 总则

（1）为加强预算绩效管理，强化支出责任，建立科学、合理的预算绩效评价管理体系，提高财政资金使用效益，依据《中华人民共和国预算法》等法律法规和《中共河南省委河南省人民政府关于全面实施预算绩效管理的实施意见》（豫发〔2019〕10号）等有关规定，结合省级实际，制定本办法。

（2）财政预算绩效评价（以下简称“绩效评价”），是指省财政厅和省级部门（单位）根据设定的绩效目标，运用科学、合理的绩效评价指标、评价标准和评价方法，对预算支出的经济性、效率性和效益性进行客观、公正的评价。

（3）省财政厅和省级部门（单位）是绩效评价的主体。根据实施主体，绩效评价分为资金使用单位自评、部门绩效评价和财政重点绩效评价。

（4）本办法适用于所有省级预算资金安排支出的绩效评价及相关管理活动；上级转移支付资金及我省配套资金，如上级已有明确绩效评价办法的，从其规定。

（5）绩效评价应当遵循以下基本原则：

①科学规范原则。绩效评价应当严格执行规定的程序，按照科学可行的要求，采用定量与定性分析相结合的方法。

②公正公开原则。绩效评价应当符合真实、客观、公正的要求，依法公开并接受监督。

③分级分类原则。绩效评价由省级财政部门、省级部门（单位）根据评价对象的特点分类组织实施。

④绩效相关原则。绩效评价应当针对具体支出及其产出绩效进行，评价结果应当清晰反映支出和产出绩效之间的紧密对应关系。

（6）绩效评价的主要依据：

①国家和河南省相关法律、法规和规章制度；

②省委省政府重大决策部署、制定的国民经济与社会发展规划和方针政策；

③国家及省级预算管理制度、资金及财务管理办法和相关财务会计资料；

④省级部门（单位）职能职责、中长期发展规划和年度工作计划；

⑤相关行业政策、行业标准及专业技术规范；

⑥省级部门（单位）预算申报的绩效目标及其他相关材料、依法批复的部门预算；市县政府申请专项转移支付资金的绩效目标及其他相关材料；省

级财政预算和部门预算年度预算执行情况，年度决算报告；

⑦人大审查结果报告、审计报告及决定、专项监督检查报告；

⑧其他相关材料。

2.3.6.2 绩效评价职责分工

（1）省财政厅负责省级财政预算绩效评价的组织和管理，主要职责是：

①负责制定绩效评价制度和办法；

②督促省级部门（单位）对项目资金、对下转移支付资金及部门整体资金开展绩效自评和部门绩效评价；

③组织对重大转移支付政策、重要项目资金开展重点绩效评价；

④审查省级部门（单位）报送的绩效自评和部门评价报告；

⑤对省级部门（单位）开展整体绩效评价；

⑥负责对绩效评价工作进行监督检查；

⑦负责制定改进预算管理措施并督促部门落实；

⑧负责公开省级财政重点绩效评价结果，督促省级部门（单位）公开评价结果。

（2）省级部门负责本部门及所属单位预算绩效评价和自评的组织和管理。主要职责是：

①制定本部门绩效评价制度，组织开展本部门绩效评价工作，组织、指导和监督所属单位的绩效自评工作；

②拟订本部门绩效评价工作计划和工作方案；

③组织本部门使用的项目资金和管理的专项转移支付资金的绩效自评工作，对本部门整体绩效开展绩效自评，按照要求对本部门管理的资金开展部门绩效评价；

④组织对本部门所属单位整体预算开展绩效评价；

⑤向省财政厅提交绩效自评和部门绩效评价报告；

⑥督促落实省财政厅整改意见；

⑦负责公开本部门预算绩效自评和绩效评价结果。

（3）预算单位负责本单位预算支出绩效评价工作，主要职责是：

①拟订本单位绩效自评方案；

②对列入本单位预算的项目资金进行绩效自评；

③向主管部门报告本单位绩效评价工作情况，提交绩效自评报告；

④落实省财政厅和主管部门提出的整改意见，并按要求公开绩效管理有关情况。

（4）根据需要，绩效评级按工作可委托专家、第三方机构实施。省财政厅应当对第三方机构组织参与绩效评价的工作进行规范，并指导其开展工作。

2.3.6.3　绩效评价的对象和内容

（1）绩效评价的对象是纳入省级预算支出的资金，按照预算级次，可分为部门预算资金和省对下转移支付资金。

（2）部门预算绩效评价包括项目资金绩效评价和部门整体绩效评价。部门整体绩效评价，是对包括部门基本支出和项目支出在内的整体预算资金的绩效评价。

部门预算绩效评价以项目资金为重点，重点评价一定金额以上、与本部门职能密切相关、具有明显社会影响和经济影响的项目。

（3）省对下转移支付资金绩效评价范围为专项转移支付资金和具有特定用途的一般性转移支付资金。

（4）绩效评价的基本内容：

①绩效目标的设定情况；

②资金投入和使用情况；

③为实现绩效目标制定的制度、采取的措施等；

④绩效目标的实现程度及效果；

⑤绩效评价的其他内容。

2.3.6.4　绩效评价指标、评价标准和方法

（1）绩效评价指标是指衡量绩效目标实现程度的考核工具。绩效评价指标的确定应当遵循以下原则：

①相关性原则。绩效评价指标应当与绩效目标有直接的联系，能够恰当反映目标的实现程度。

②重要性原则。绩效评价指标应当优先使用最具评价对象代表性、最能反映评价要求的核心指标。

③可比性原则。对同类评价对象要设定共性的绩效评价指标，以便于评价结果相互比较。

④系统性原则。绩效评价指标应当将定量指标与定性指标相结合，系统反映财政支出所产生的社会效益、经济效益、环境效益和可持续影响等。

⑤经济性原则。绩效评价指标设计应当通俗易懂、简便易行，数据的获得应当考虑现实条件和可操作性，符合成本效益原则。

（2）绩效评价指标分为共性指标和个性指标。

①共性指标是适用于所有评价对象的指标。主要包括预算编制和执行情况，财务管理状况，资产配置、使用、处置及其收益管理情况以及社会效益、经济效益等。

②个性指标是针对部门或项目特点设定的，适用于不同省级部门或项目的业绩评价指标。

共性指标由省财政厅统一制定，个性指标由省财政厅会同省级部门制定。

（3）绩效评价标准是指衡量财政支出绩效目标完成程度的尺度。绩效评价标准具体包括：

①计划标准。是指以预先制定的目标、计划、预算、定额等数据作为评价的标准。

②行业标准。是指参照国家公布的行业指标数据制定的评价标准。

③历史标准。是指参照同类指标的历史数据制定的评价标准。

④其他经省财政厅确认的标准。

（4）绩效评价方法主要采用成本效益分析法、比较法、因素分析法、最低成本法、公众评判法等。

①成本效益分析法。是指将一定时期内的支出与效益进行对比分析以评价绩效目标实现程度。

②比较法。是指通过对绩效目标与实施效果、历史与当期情况、不同部门和地区同类支出的比较，综合分析绩效目标实现程度。

③因素分析法。是指通过综合分析影响绩效目标实现、实施效果的内外

因素，评价绩效目标实现程度。

④最低成本法。是指对效益不易计量的多个同类对象的实施成本进行比较，评价绩效目标实现程度。

⑤公众评判法。是指通过专家评估、公众问卷及抽样调查等对财政支出效果进行评判，评价绩效目标实现程度。

⑥其他评价方法。

（5）绩效评价方法的选用应当坚持简便有效的原则。

根据评价对象的具体情况，可采用一种或多种方法进行绩效评价。

2.3.6.5　绩效评价的工作程序

（1）绩效评价一般以预算年度为周期，对跨年度的重大（重点）项目可根据项目或支出完成情况实施阶段性评价。

（2）绩效评价工作程序是指省财政厅或省级部门所组织的绩效评价工作流程，一般分为准备、实施和撰写报告三个阶段。

①绩效评价准备阶段。

一是确定评价对象。评价对象由省财政厅和省级部门根据预算管理的要求确定。

二是成立评价工作组。省财政厅和省级部门根据工作需要单独或联合成立绩效评价工作组，具体负责实施绩效评价。评价工作组需要完成拟订绩效评价工作方案，实施具体绩效评价，撰写并向评价组织者提交绩效评价报告等工作。

三是制定绩效评价工作方案。制定绩效评价工作方案内容包括：评价工作的计划安排；拟采用的绩效评价指标和评价标准；拟采用的评价方法；评价依据。绩效评价工作方案报评价组织者审定。

四是下达绩效评价通知。实施评价前，评价组织者应向被评价的部门或单位下达评价通知。通知内容主要包括评价目的、内容、任务、依据、评价实施机构、评价时间和要求等。

五是明确评价具体内容。评价工作组与被评价部门或单位就绩效评价流程、绩效评价目标、绩效评价指标、评价标准和评价方法等具体内容进行充分沟通，取得一致意见。

②绩效评价实施阶段。

一是收集、审核资料。评价工作组要全面收集资料的基础上，根据评价工作方案，对已收集的资料进行分类整理、审查和分析。

二是现场勘查。根据评价对象的特点和项目承担单位提供的数据资料，评价工作组可采取现场勘察、询问检查的方式进行实地考察验证。

三是综合评价。评价工作组根据评价工作方案确定的评价指标、评价标准和评价方法，对评价对象的绩效情况进行全面的定量定性分析和综合评价，形成评价结论。

四是交换意见。评价工作组在撤点前就绩效评价工作开展情况及评价结论与被评价部门或单位交换意见。

③撰写和提交评价报告阶段。

一是撰写报告。按照规定的文本格式和要求撰写绩效评价报告。

二是提交报告。在规定的时间内向评价组织者提交绩效评价报告（草案），经评审后修改完善并提交正式绩效评价报告。

三是及时总结。评价实施方应及时对绩效评价工作总结，将工作背景、时间地点、基本情况、遇到的问题及工作建议等形成书面材料，随同绩效评价报告一并提交评价组织者。

四是建立档案。评价工作结束后，评价工作组应妥善保管工作底稿和评价报告等有关资料，建立绩效评价档案。

2.3.6.6 绩效评价报告

（1）绩效评价报告是对财政预算绩效进行评价后形成的总结性结论文件。根据实施主体，绩效评价报告可分为资金使用单位绩效自评报告、部门绩效评价报告、财政重点绩效评价报告和第三方绩效评价报告。

（2）绩效评价报告的主要内容应包括：

①基本概况，包括与绩效对象相关的发展规划、政策要求，评价对象绩效目标，财政预算资金安排及资金支出情况；

②绩效评价的组织实施情况；

③评价对象绩效目标、绩效指标、评价标准和评价方法；

④各项绩效目标的实现情况、差异性及其原因分析；

⑤存在的问题、采取的纠偏措施及完善预算管理和改进绩效管理建议；

⑥其他需要说明的问题。

（3）绩效评价报告应依据充分、真实完整、数据准确、分析透彻、逻辑清晰、客观公正。

省级部门（单位）应当对绩效评价报告涉及基础资料的真实性、合法性、完整性负责。

省财政厅应当对省级部门提交的绩效自评报告进行复核，提出审核意见。

（4）绩效评价报告的具体格式由财政部门统一制定。

2.3.6.7　绩效评价结果及其应用

（1）绩效评价结果应当采取评分与评级相结合的形式，具体分值和等级可根据不同评价内容设定。

绩效评价结果实施百分制和四级分类，分别是：90 ~ 100 分为优，80 ~ 89 分为良，60 ~ 79 分为中，0 ~ 59 分为差。

（2）省财政厅和省级部门（单位）应当及时整理、归纳、分析、反馈绩效评价结果，并将其作为改进预算管理和安排以后年度预算的重要依据。

对绩效评价结果为优的，省财政厅予以表扬并优先保障；对绩效评价结果为良的，省财政厅督促限期整改所发现问题，作为以后年度预算安排的重要参考；对评价结果为中和差的，省财政厅予以通报批评，并压缩或取消相应预算资金。

省级部门（单位）应对绩效评价中发现的问题及时制定整改措施，并报省财政厅备案。同时，应根据绩效评价结果，改进管理工作，完善管理办法，调整和优化本部门预算支出结构，合理配置资源。

（3）绩效评价结果应当按照政府信息公开有关规定将在一定范围内公布。

2.3.6.8　绩效评价行为规范

（1）在绩效评价中发现的财政违法行为，依据《中华人民共和国预算法》等有关规定追究责任。

（2）绩效评价第三方机构、专家和参与评价工作的相关人员应当按照独立、客观、公正的原则开展工作，严守职业道德，遵守保密纪律。违反上述规定的，财政部门或预算部门应当视情节轻重，予以警告、终止委托合同、取消评价资格等处理；有违法违纪行为的，移交有关部门处理。

（3）对提供虚假数据、采取各种方式干扰评价工作，对评价工作造成严重影响的，省财政厅和省级部门应予通报批评。

2.3.7 项目支出绩效评价管理办法

2.3.7.1 总则

（1）为全面实施预算绩效管理，建立科学、合理的项目支出绩效评价管理体系，提高财政资源配置效率和使用效益，根据《中华人民共和国预算法》和《中共中央 国务院关于全面实施预算绩效管理的意见》等有关规定，制定本办法。

（2）项目支出绩效评价（以下简称“绩效评价”）是指财政部门、预算部门和单位，依据设定的绩效目标，对项目支出的经济性、效率性、效益性和公平性进行客观、公正地测量、分析和评判。

（3）一般公共预算、政府性基金预算、国有资本经营预算项目支出的绩效评价适用本办法。涉及预算资金及相关管理活动，如政府投资基金、主权财富基金、政府和社会资本合作（PPP）、政府购买服务、政府债务项目等绩效评价可参照本办法执行。

（4）绩效评价分为单位自评、部门评价和财政评价三种方式。单位自评是指预算部门组织部门本级和所属单位对预算批复的项目绩效目标完成情况进行自我评价。部门评价是指预算部门根据相关要求，运用科学、合理的绩效评价指标、评价标准和方法，对本部门的项目组织开展的绩效评价。财政评价是财政部门对预算部门的项目组织开展的绩效评价。

（5）绩效评价应当遵循以下基本原则：

①科学公正。绩效评价应当运用科学合理的方法，按照规范的程序，对项目绩效进行客观、公正的反映。

②统筹兼顾。单位自评、部门评价和财政评价应职责明确，各有侧重，

相互衔接。单位自评应由项目单位自主实施，即“谁支出、谁自评”。部门评价和财政评价应在单位自评的基础上开展，必要时可委托第三方机构实施。

③激励约束。绩效评价结果应与预算安排、政策调整、改进管理实质性挂钩，体现奖优罚劣和激励相容导向，有效要安排、低效要压减、无效要问责。

④公开透明。绩效评价结果应依法依规公开，并自觉接受社会监督。

（6）绩效评价的主要依据：

①国家相关法律、法规和规章制度；

②党中央、国务院重大决策部署，经济社会发展目标，地方各级党委和政府重点任务要求；

③部门职责相关规定；

④相关行业政策、行业标准及专业技术规范；

⑤预算管理制度及办法，项目及资金管理办法、财务和会计资料；

⑥项目设立的政策依据和目标，预算执行情况，年度决算报告、项目决算或验收报告等相关材料；

⑦本级人大审查结果报告、审计报告及决定，财政监督稽核报告等；

⑧其他相关资料。

（7）绩效评价期限包括年度、中期及项目实施期结束后；对于实施期 5 年及以上的项目，应适时开展中期和实施期后绩效评价。

2.3.7.2　绩效评价的对象和内容

（1）单位自评的对象包括纳入政府预算管理的所有项目支出。

（2）部门评价对象应根据工作需要，优先选择部门履职的重大改革发展项目，随机选择一般性项目。原则上应以 5 年为周期，实现部门评价重点项目全覆盖。

（3）财政评价对象应根据工作需要，优先选择贯彻落实党中央、国务院重大方针政策和决策部署的项目，覆盖面广、影响力大、社会关注度高、实施期长的项目。对重点项目应周期性组织开展绩效评价。

（4）单位自评的内容主要包括项目总体绩效目标、各项绩效指标完成情况以及预算执行情况。对未完成绩效目标或偏离绩效目标较大的项目要分析并说明原因，研究提出改进措施。

（5）财政和部门评价的内容主要包括：

①决策情况；

②资金管理和使用情况；

③相关管理制度办法的健全性及执行情况；

④实现的产出情况；

⑤取得的效益情况；

⑥其他相关内容。

2.3.7.3 绩效评价指标、评价标准和方法

（1）单位自评指标是指预算批复时确定的绩效指标，包括项目的产出数量、质量、时效、成本，以及经济效益、社会效益、生态效益、可持续影响、服务对象满意度等。

单位自评指标的权重由各单位根据项目实际情况确定。原则上预算执行率和一级指标权重统一设置为：预算执行率10%、产出指标50%、效益指标30%、服务对象满意度指标10%。如有特殊情况，一级指标权重可做适当调整。二级、三级指标应当根据指标重要程度、项目实施阶段等因素综合确定，准确反映项目的产出和效益。

（2）财政和部门绩效评价指标的确定应当符合以下要求：与评价对象密切相关，全面反映项目决策、项目和资金管理、产出和效益；优先选取最具代表性、最能直接反映产出和效益的核心指标，精简实用；指标内涵应当明确、具体、可衡量，数据及佐证资料应当可采集、可获得；同类项目绩效评价指标和标准应具有一致性，便于评价结果相互比较。

财政和部门评价指标的权重根据各项指标在评价体系中的重要程度确定，应当突出结果导向，原则上产出、效益指标权重不低于60%。同一评价对象处于不同实施阶段时，指标权重应体现差异性，其中，实施期间的评价更加注重决策、过程和产出，实施期结束后的评价更加注重产出和效益。

（3）绩效评价标准通常包括计划标准、行业标准、历史标准等，用于对绩效指标完成情况进行比较。

①计划标准。指以预先制定的目标、计划、预算、定额等作为评价

标准。

②行业标准。指参照国家公布的行业指标数据制定的评价标准。

③历史标准。指参照历史数据制定的评价标准，为体现绩效改进的原则，在可实现的条件下应当确定相对较高的评价标准。

④财政部门和预算部门确认或认可的其他标准。

（4）单位自评采用定量与定性评价相结合的比较法，总分由各项指标得分汇总形成。

定量指标得分按照以下方法评定：与年初指标值相比，完成指标值的，记该指标所赋全部分值；对完成值高于指标值较多的，要分析原因，如果是由于年初指标值设定明显偏低造成的，要按照偏离度适度调减分值；未完成指标值的，按照完成值与指标值的比例记分。

定性指标得分按照以下方法评定：根据指标完成情况分为达成年度指标、部分达成年度指标并具有一定效果、未达成年度指标且效果较差三档，分别按照该指标对应分值区间100%～80%（含）、80%～60%（含）、60%～0合理确定分值。

（5）财政和部门评价的方法主要包括成本效益分析法、比较法、因素分析法、最低成本法、公众评判法、标杆管理法等。根据评价对象的具体情况，可采用一种或多种方法。

①成本效益分析法。是指将投入与产出、效益进行关联性分析的方法。

②比较法。是指将实施情况与绩效目标、历史情况、不同部门和地区同类支出情况进行比较的方法。

③因素分析法。是指综合分析影响绩效目标实现、实施效果的内外部因素的方法。

④最低成本法。是指在绩效目标确定的前提下，成本最小者为优的方法。

⑤公众评判法。是指通过专家评估、公众问卷及抽样调查等方式进行评判的方法。

⑥标杆管理法。是指以国内外同行业中较高的绩效水平为标杆进行评判的方法。

⑦其他评价方法。

（6）绩效评价结果采取评分和评级相结合的方式，具体分值和等级可根据不同评价内容设定。总分一般设置为100分，等级一般划分为四档：90（含）~100分为优、80（含）~90分为良、60（含）~80分为中、60分以下为差。

2.3.7.4 绩效评价的组织管理与实施

（1）财政部门负责拟订绩效评价制度办法，指导本级各部门和下级财政部门开展绩效评价工作；会同有关部门对单位自评和部门评价结果进行抽查复核，督促部门充分应用自评和评价结果；根据需要组织实施绩效评价，加强评价结果反馈和应用。

（2）各部门负责制定本部门绩效评价办法，组织部门本级和所属单位开展自评工作，汇总自评结果，加强自评结果审核和应用；具体组织实施部门评价工作，加强评价结果反馈和应用。积极配合财政评价工作，落实评价整改意见。

（3）部门本级和所属单位按照要求具体负责自评工作，对自评结果的真实性和准确性负责，自评中发现的问题要及时进行整改。

（4）财政和部门评价工作主要包括以下环节：

①确定绩效评价对象和范围；

②下达绩效评价通知；

③研究制定绩效评价工作方案；

④收集绩效评价相关数据资料，并进行现场调研、座谈；

⑤核实有关情况，分析形成初步结论；

⑥与被评价部门（单位）交换意见；

⑦综合分析并形成最终结论；

⑧提交绩效评价报告；

⑨建立绩效评价档案。

（5）财政和部门评价根据需要可委托第三方机构或相关领域专家（以下简称第三方，主要是指与资金使用单位没有直接利益关系的单位和个人）参与，并加强对第三方的指导，对第三方工作质量进行监督管理，推动提高评价的客观性和公正性。

（6）部门委托第三方开展绩效评价的，要体现委托人与项目实施主体相分离的原则，一般由主管财务的机构委托，确保绩效评价的独立、客观、公正。

2.3.7.5　绩效评价结果应用及公开

（1）单位自评结果主要通过项目支出绩效自评表的形式反映，做到内容完整、权重合理、数据真实、结果客观。财政和部门评价结果主要以绩效评价报告的形式体现，绩效评价报告应当依据充分、分析透彻、逻辑清晰、客观公正。

绩效评价工作和结果应依法自觉接受审计监督。

（2）各部门应当按照要求随同部门决算向本级财政部门报送绩效自评结果。

部门和单位应切实加强自评结果的整理、分析，将自评结果作为本部门、本单位完善政策和改进管理的重要依据。对预算执行率偏低、自评结果较差的项目，要单独说明原因，提出整改措施。

（3）财政部门和预算部门应在绩效评价工作完成后，及时将评价结果反馈被评价部门（单位），并明确整改时限；被评价部门（单位）应当按要求向财政部门或主管部门报送整改落实情况。

各部门应按要求将部门评价结果报送本级财政部门，评价结果作为本部门安排预算、完善政策和改进管理的重要依据；财政评价结果作为安排政府预算、完善政策和改进管理的重要依据。原则上，对评价等级为优、良的，根据情况予以支持；对评价等级为中、差的，要完善政策、改进管理，根据情况核减预算。对不进行整改或整改不到位的，根据情况相应调减预算或整改到位后再予安排。

（4）各级财政部门、预算部门应当按照要求将绩效评价结果分别编入政府决算和本部门决算，报送本级人民代表大会常务委员会，并依法予以公开。

2.3.7.6　法律责任

（1）对使用财政资金严重低效无效并造成重大损失的责任人，要按照相关规定追责问责。对绩效评价过程中发现的资金使用单位和个人的财政违法行为，依照《中华人民共和国预算法》《财政违法行为处罚处分条例》等有关规定追究责任；发现违纪违法问题线索的，应当及时移送纪检监察机关。

（2）各级财政部门、预算部门和单位及其工作人员在绩效评价管理工作中存在违反本办法的行为，以及其他滥用职权、玩忽职守、徇私舞弊等违法违纪行为的，依照《中华人民共和国预算法》《中华人民共和国公务员法》《中华人民共和国监察法》《财政违法行为处罚处分条例》等国家有关规定追究相应责任；涉嫌犯罪的，依法移送司法机关处理。

| 第 3 章 |

预算绩效管理的文献综述

3.1 国外预算绩效管理的文献（非高校）

随着公共经济绩效在世界范围内的兴起，英国、美国等发达国家立法机关或行政机关推出相关绩效预算法案，使政府绩效预算及其工作在法律法规的框架下逐步运转起来。国外对绩效预算的研究内容主要体现在对绩效预算管理政策实施的效果检验、绩效测量理论和方法的改进、预算绩效与政府会计、政府审计的关系等方面。

3.1.1 预算绩效管理含义的研究

预算绩效管理起源于美国，早在 1912 年美国联邦政府就提出政府支出应与支出成果相配比。1949 年 Hovver 委员会也提出预算必须以项目、功能及活动为基础，即政府提供公共产品，其支出的分配应比较收益与成本比率，以最小投入获取最大的产出。

预算绩效管理真正的发展期是 20 世纪末期。新公共管理理论兴起后，西方资本主义国家纷纷提出以私人企业理念对政府管理进行改革，改革的焦点在于政府预算绩效。Bree Jones（1994）认为预算绩效管理是依据量化结果来达到合理、高效配置资源的一个过程。Janet M. Kelly（2007）把预算绩效管理解释为是把预算计划、绩效衡量和绩效评价结合起来的一个综合体系。而关于预算绩效管理的有效性，Alfred Howe（2005）提出，必须依托相应的信息系统，通过信息系统来获取准确、合理的数据资源并进行成本核算、数据分析，进而生成报告。同时通过信息系统建立绩效考核制度，采集信息，为预算绩效的编制、执行和反馈提供技术性支持。预算绩效管理还可以通过预算绩效的考核，依据考核结果实现奖惩，保证和提高财政资金的效能与安全（Torben ScAubert，2009；Mika Nieminen and Otto Auranen，2010）。

3.1.2 预算绩效管理实践的研究

John B. Gilmour and David E. Lewis（2006）[①] 通过绩效评估评级工具对美国 2005 财政年度预算数据进行调查及多变量分析，发现部分绩效对预算决策产生显著影响，部分绩效中的“结果”部分比“项目目标”部分对预算决策的影响较小，这一发现往往与预算绩效的目标相矛盾，即，将资金大部分投入能够产生结果的项目上，在“成果”组件相对次要的部分可能是由于缺乏良好的措施。Yi Lu（2007）[②] 通过研究国家机构在绩效预算中的观点和作用，表明要使各机构进行预算绩效，就需要把重点放在提高管理人员使用绩效信息的能力和提高衡量质量上。此外，至关重要的是要认识到预算绩效是一个协作过程，其中每个参与者都扮演着重要角色。Miekatrien Sterck（2007）[③] 描述并解释了预算绩效过程中立法机关的作用，比较了澳大利亚联邦政府、荷兰中央政府、瑞典中央政府和加拿大联邦政府的预算绩效，得出以下结论，预算绩效计划主要侧重于更改预算结构，但在改变预算职能方面似乎并不十分成功。Yi Lu，Katherine Willoughby and Sarah Arnett（2011）[④] 研究了绩效预算立法的内容及其与已实施绩效预算系统质量的关系，通过研究

---

① John B. Gilmour，David E. Lewis. Assessing Performance Budgeting at OMB：The Influence of Politics，Performance，and Program Size [J]. Journal of Public Administration Research and Theory：J－Part，2006，16（2）.

② Yi Lu. Performance Budgeting：The Perspective of State Agencies [J]. Public Budgeting & Finance，2007，27（4）.

③ Miekatrien Sterck. The Impact of Performance Budgeting on the Role of the Legislature：a Four－country Study [J]. International Review of Administrative Sciences，2007，73（2）.

④ Yi Lu，Katherine Willoughby，Sarah Arnett. Performance Budgeting in the American States：What's Law Got to do with it? [J]. State& Local Government Review，2011，43（2）.

美国各州绩效预算表明，与绩效预算系统薄弱或没有绩效预算系统的州相比，绩效预算体系运作良好的州制定法律的可能性更高。他们发现，绩效预算立法中包含有关绩效数据的开发、报告和使用的详细说明，这有助于州政府更有效地使用绩效预算系统。Allen Schick（2014）[①] 提出绩效预算是美国预算创新的主要推动力。其重点介绍当代绩效预算的转型，解释其原理和目标，并在八个部分中评估其前景。由于其经常超高的目标，绩效预算计划很少成功，而是以不同的形式和新的标签重新出现。绩效预算具有跨越其所有突变的一些基本特征，尽管在各种方法中它们的框架或应用方式可能有所不同。John Wanna（2019）在2019年预算绩效管理国际研讨会提出澳大利亚有非常长期的预算的历史，但不是一开始就是有所谓的预算绩效管理，澳大利亚关注的是以绩效切入的一种方法，把绩效看成两个非常重要的部分，一部分是它可以对整体的预算起到一定的辅助作用；另一部分是对不同预算组成方式起到一定的监督作用。澳大利亚在改革过程中，第一个实践是把部门绩效和行政绩效分开，因为这两者是有根本区别的；第二个实践是更多使用所谓的抵消来用作比较新的政策建议或措施。通过不断抵消和迭代，可以获得很多新的建议和新的措施，并根据绩效来进行现有政策的调整。

3.1.3　绩效预算管理制度实施效果的检验

美国和英国在绩效预算制度规范上取得了显著成就，学术界研究重点则放在了已有制度实施的效果检验上。Cavalluzzo 等（2003）研究发现美国《政府绩效与结果法案》（Government Performance and Results Act，GPRA）的试点地区，实施的绩效评估已经在很大程度上满足该法案的要求，内部绩效评估的努力和更好的绩效问责制能对绩效预算提供必要的信息和激励[②]。Schmidle（2012）证实 GPRA 实施后，政府的确形成了重视绩效计划、绩效

① Allen Schick. The Metamorphoses of Performance Budgeting [J]. OECD Journal on Budgeting, 2014, 13 (2).

② Cavalluzzo K. S., Ittner C. D. Implementing performance measurement innovations: evidence from government [J]. SSRN Electronic Journal, 2003, 29 (3): 243 -267.

测评、绩效报告的行政管理模式[①]。Gerrish（2016）对绩效管理体系对公共组织绩效的影响进行了 meta 分析，他发现绩效管理系统对这些组织的绩效有积极的影响[②]。但是也有持反面意见，Pitsvada 等（2002）对 20 世纪 60 年代首次放弃绩效预算后，又重新审视绩效预算是否会对 21 世纪的美国预算作出重大贡献，认为尽管推动绩效预算有积极的一面，但管理和预算办公室不应建议全盘采用[③]。Breul（2007）发现执行 GPRA 的最初几年集中于制订一个执行机构战略计划、年度执行计划和年度执行情况报告的执行情况管理框架。但是，尚未系统地将执行情况纳入预算决策[④]。Moynihan 等（2012）在检视 GPRA 实施情况时发现它在促进绩效信息使用方面起的作用不大[⑤]。Carole 等（2007）考察了英国议会对公共服务协议的反应后发现，尽管议会本身试图将绩效审查制度化，但绩效报告对议会本身的挑战要大于对执法者的挑战[⑥]。Ellwood（2014）认为英国的《地方审计与问责法》对公共服务自治、治理和问责制具有重大影响[⑦]。Felicity（2016）通过比较在英国工党政府（1997～2010 年）和联合政府（2010～2015 年）执政期间流行的绩效管理方法，来证明两种表面上不同的方法之间存在的连续性[⑧]。Hagemann（2011）通过对比英国建立财政委员会前后的财政绩效，发现建立评估政府

---

① Timothy P. Schmidle. Does the final score truly count? Performance report scorecards and the government performance and results act of 1993 [J]. Public Administration Review, 2012, 72 (6): 926－934.

② Gerrish E. The impact of performance management on performance in public organizations: a meta－analysis [J]. Public Administration Review, 2016, 76 (1): 48－66.

③ Bernard Pitsvada, F. Lostracco. Performance budgeting—the next budgetary answer. But what is the question? [J]. Journal of Public Budgeting, Accounting & Financial Management, 2002, 14 (1): 53－73.

④ Jonathan D. Breul. GPRA—a foundation for performance budgeting [J]. Public Performance & Management Review, 2007 (30): 3, 312－331.

⑤ Moynihan D. P., Lavertu S. Does involvement in performance management routines encourage performance information use? Evaluating GPRA and PART [J]. Public Administration Review, 2012, 72 (4): 592－602.

⑥ Carole Johnson, Colin Talbot. The UK parliament and performance: challenging or challenged? [J]. International Review of Administrative Sciences, 2007, 73 (1): 113－131.

⑦ Ellwood S. Autonomy, governance, accountability and a new audit regime [J]. Public Money & Management, 2014, 3 (2): 139－141.

⑧ Felicity M. Matthews. Letting go and holding on: the politics of performance management in the United Kingdom [J]. Public Policy and Administration, 2016, 31 (4): 303－323.

的常设机构对政府遵守财政规则确实具有促进作用①。

国外学者在绩效立法要求和制度改进方面也提出建议。Lu 等（2011）研究了美国绩效预算法律与执行绩效预算制度质量之间的关系，结果表明，绩效预算体系运作良好的国家更有可能颁布法律，对开发、报告和使用绩效信息做出详细说明，从而最终在预算过程中更好地利用这些信息②。Akbar 等（2012）对印度尼西亚所有地方政府（457 个）的高级财务官员进行调查，采用第二代结构方程建模技术（Smart PLS 2.0）对数据质量进行评估，在印度尼西亚地方政府环境中，有证据表明四个组织因素（度量困难、技术知识、管理承诺和立法要求）对绩效指标的开发有影响。在这四个因素中，立法要求的影响最大③。Roh（2018）总结韩国政府在 2006 年实施《政府绩效评估框架法》后，所建立的绩效管理体系其中有一个显著特点是，负责绩效评估的政府机构的运作模式不同，机构之间普遍存在合作制度，但又发现过多的评估机构工作过于分散，可能会阻碍综合绩效管理，增加政府机构在准备绩效评估时的工作量。除不可避免的情况外，政府绩效评估应由一级主要评估机构进行，以提高效率和保持一致性④。

3.1.4　绩效测量理论和方法的改进

未来绩效预算研究包括在整个预算周期内探索不同目的和绩效信息的使用。绩效测量是获取绩效信息的关键因素，通过有效的指标对抽象任务和一般目标达到的绩效进行评价，生成反映实际绩效的信息。Fryer 等（2009）指出了绩效测量的四个阶段：决定测量什么，决定如何测量绩效，使用或解释结果数据，以及交流结果。决定度量什么的过程集中于所讨论的组织的活

---

① Hagemann R. How can fiscal councils strengthen fiscal performance?［J］. OECD Journal Economic Studies，2011（1）：3.

② Lu Y，Willoughby K，Arnett S. Performance budgeting in the american states：what's law got to do with it?［J］. State & Local Government Review，2011，43（2）：79－94.

③ Rusdi Akbar，Robyn Pilcher，Brian Perrin. Performance measurement in Indonesia：the case of local government［J］. Pacific Accounting Review，2012，24（3）：262－291.

④ Jongho Roh. Improving the government performance management system in South Korea：focusing on central government agencies［J］. Asian Education and Development Studies，2018，7（3）：266－278.

动。考核对象确定后，应当建立绩效指标去考核单位。使用有效的、客观的绩效指标是绩效管理体系成功的保证①。

在测量方法上，Otley（1999）在具体环节上，建立绩效管理控制系统框架，围绕实现目标、采用战略计划、设定目标、奖惩以及信息反馈循环等五个方面构建②。Gauit（2011）介绍了墨西哥政府创建的内部控制组织绩效评价模型（MIDO），它包含两级26个绩效指标，每年对所有内部控制机构使用分级系统衡量每个指标的绩效水平③。Lee等（2012）通过以资源为基础的组织理论（RBV）将组织资源纳入公众对政府组织绩效研究，用评估各种资源对企业绩效影响的方法，去评估组织资源对联邦政府有效性的不同影响④。Northcott（2012）根据新西兰对地方组织的研究显示，公共部门使用平衡计分卡（BSC）频率低，应修改BSC维度，设计衡量重要定性分析的方法，增加有效使用⑤。Chan（2004）对美国和加拿大市政府的调查结果表明，平衡计分卡只是被有限应用，但仍被坚信是一种有用的管理工具，希望通过非财务维度描述绩效目标的有效性⑥。

3.1.5 预算绩效与政府会计、政府审计的关系

预算绩效信息离不开政府会计和政府审计的支持，政府会计权责发生制为政府绩效管理提供基础条件。Hoque等（2001）对澳大利亚公共部门的调查表明，会计在促进问责制和提高公共部门服务效率等方面具有重要作用，

---

① Fryer K. Antony J. and Ogden S. Performance management in the public sector [J]. International Journal of Public Sector Management, 2009, 22 (6): 478 - 498.

② David Otley. Performance management: a framework for management control systems research [J]. Management Accounting Research, 1999 (10): 363 - 382.

③ David Arellano Gauit. The evaluation of performance in the mexican federal government: a study of the monitoring agencies modernization process [J]. Public Administration Review. 2011 (72): 135 - 142.

④ Lee S. Y., Whitford A. B. assessing the effects of organizational resources on public agency performance: evidence from the US federal government [J]. Journal of Public Administration Research and Theory Advance Access, 2012 (11): 687 - 712.

⑤ Deryl Northcott. Using the balanced scorecard to manage performance in public sector organizations issues and challenges [J]. International Journal of Public Sector Management. 2012, 25 (3): 166 - 191.

⑥ Yee - Ching Lilian Chan. Performance measurement and adoption of balanced scorecards [J]. International Journal of Public Sector Management, 2004, 17 (3): 204 - 221.

提出根据权责发生制来编制预算，改进会计系统提供绩效信息①。Pollanen（2005）对加拿大直辖市的高层公务员调查发现，虽然组织和环境的不确定性在某种程度上阻碍了绩效测量，但会计和审计专业人员的参与会促进绩效评价和报告的进程，认识到多学科专业小组参与绩效测量的优势②。

绩效评价是预算绩效管理的关键环节，西方研究成果认为政府绩效评价与政府绩效审计是可替代的。该观点流行于英国、美国、澳大利亚等国的理论与实践。其逻辑模式：和谐社会建设 > 政府绩效管理 > 政府绩效评价 = 政府绩效审计。针对审计和评价关系的研究，将政府绩效审计等同于政府绩效评价。从国际视角，最高审计机关国际组织（IN－TOSAI）第十四届会议把项目评价纳入绩效审计范畴，认为项目评价也是绩效审计；承认项目评价是帮助审计机关完成绩效审计的一种有效方式。Gherghina（2011）认为，政府绩效评价的萌生本身就是为了与政府审计协同作战，两者都是以更好地履行政府对公共资金的受托责任为目标③。审计人员和评价人员更多的是合作关系，而非竞争关系。这也是发达国家审计机构承担了大部分绩效评价工作的主要原因。

3.2 国内预算绩效管理文献（非高校）

3.2.1 关于在中国推行预算绩效管理必要性的研究

国内学者已经意识到政府预算绩效管理制度供给与制度需求的矛盾日益突出，就顶层制度设计的重要性和迫切性也逐渐达成共识。李银珠（2008）认为政府还应健全依法执政、规范与约束自身行为的机制，来提高公共支出

① Hoque Z.，Moll J. Public sector reform－implications for accounting，accountability and performance of state－owned entities－an australian perspective［J］. International Journal of Public Sector Management，2001，14（4）：304－326.

② Raili M. Pollanen. Performance measurement in municipalities：empirical evidence in canadian context［J］. International Journal of Public Sector Management，2005，18（1）：4－24.

③ Gherghina S. Does government performance matter? Electoral support for incumbents in six postcommunist countries［J］. Contemporary Politics，2011，17（3）：257－277.

效率①。刘江宏（2008）认为政府绩效评价价值、评价基础和评价技术，最后都归根于制度安排②。陈新（2014）认为政府绩效评估要寻找制度安排上与西方国家的偏差，从技术层面解决政府公平和效率的问题③。王泽彩（2016）提出应完善预算绩效管理的顶层制度、具体制度和操作制度④。张明军（2017）认为政府的注意力应更多地集中于规则的制定⑤。马蔡琛（2017）提出中国的财政支出绩效评价需要及时转向顶层设计，探索构建具有中国特色的财政支出绩效评价的逻辑模型⑥。在顶层制度设计和法制化建设方面提出了具体性意见。刘晔（2017）基于制度视角，认为顶层设计方向应体现以民为本的公共价值根本，通过规范财政分权去推进财政改革可持续化⑦。齐守印等（2018）认为当前公共经济绩效管理体系还未法制化，顶层设计尚未完成，提出实现公共经济绩效管理的法治化，加快研究拟定全国统一的公共经济绩效管理方案⑧。尚虎平（2018）建议全国人民代表大会需要筹划出台相关的专门法律，或者由人大授权相关的评估部门来增加规制政府绩效评估的专有条款，实现政府绩效评估工作的有法可依⑨。

3.2.2 预算绩效管理模式的选择

当前中国中央层面尚未对政府预算绩效管理具体的模式进行顶层立法，主要是地方政府为实践提供合法依据而出台的地方性行政法规文件，但各地出台的相关法规和制度的标准不一致，大大降低了其权威性。国内专家学者就当前中国的政治和经济环境，应当建立何种的预算绩效管理机制或体系进

① 李银珠．公共支出行为的成本—效益分析——基于福利经济学的思考学［J］．江西社会科学，2008（11）：72－77.

② 刘江宏．地方政府政绩观扭曲的制度分析［J］．北京行政学院学报，2008（1）：22－25.

③ 陈新．职能转变视角下的政府绩效评估研究［D］．天津：南开大学，2014：120－135.

④ 王泽彩．绩效：政府预算的起点与终点［M］．上海：立信会计出版社，2016：258－259.

⑤ 张明军．制度绩效、主观设计与政治学话语体系的构建［J］．探索与争鸣，2017（12）：45－50.

⑥ 马蔡琛．财政支出绩效评价方兴未艾［J］．中国财政，2017（17）：1.

⑦ 刘晔．公共财政的制度结构分析［J］．公共财政研究，2017（5）：4－13.

⑧ 齐守印，胡德仁．从实现国家治理现代化高度推进公共经济绩效管理［J］．当代经济管理，2018（9）：1－10.

⑨ 尚虎平．激励与问责并重的政府考核之路——改革开放四十年来我国政府绩效评估的回顾与反思［J］．中国行政管理，2018（8）：85－92.

行深入的分析。王会金（2014）、颜海娜（2017）等绩效管理的协同治理思想也广泛被认可，即“政府绩效只有通过‘合作生产’过程才能得以形成”①②。自周志忍（2006）提出政府角色定位的问题之后，在绩效管理主体的主导机制上，目前有两种主流观点③。

一种是以政府为主导的观点。包国宪等（2017）提出绩效领导这一结构性概念，认为绩效领导是由政府主导，在绩效生产过程中管理公共价值冲突、减少绩效损失的协同机制，其功能由协同领导系统承载④。曹堂哲（2017）则是建议借鉴美国联邦政府管理与预算办公室（OMB）模式，以预算绩效管理部门为主导，通过建立全面实施预算绩效管理机制，推动政府和国家各个层面全面实施绩效管理⑤。伍彬（2017）介绍了杭州由政府为主，绩效评估专家、绩效信息员和第三方评估机构等多方力量协同参与，以社会评价、目标考核、领导评价和创新创优四个维度的“3＋1”综合考评体系⑥。覃易寒（2010）认为应赋予政府审计机关在政府绩效评价体系中的主导地位⑦。

另一种是由人大主导的观点。杨肃昌（2014）提出了公共支出绩效审计制度的基本框架，从制度设计和运行机制上，提出了一个以人大为主导、审计机关为主体、财政部门和公共资金使用单位为基础、社会监督为补充的，内外结合、上下互动、多方协作的“大绩效审计”组织和工作体系⑧。高洪成等（2012）提出由人大作为政府综合绩效评价的主体，但需要通过相应的制度安排和机制设计加以保证其主体资格的落实⑨。郑方辉等（2017）总结

---

① 王会金．国外后新公共管理运动与我国政府绩效审计发展创新研究［J］．会计研究，2014（10）：81－88．

② 颜海娜．评价主体对财政支出绩效评价的影响——以广东省省级财政专项资金为例［J］．中国行政管理，2017（2）：118－124．

③ 周志忍．新时期深化政府职能转变的几点思考［J］．中国行政管理，2006（10）：14－18．

④ 包国宪，毛雪雯，张弘．政府绩效治理中的公民参与：绩效领导途径的分析［J］．行政论坛，2017（6）：43－49．

⑤ 曹堂哲．国家治理新形态：全面实施绩效管理［N］．中国社会科学报，2017－11－28．

⑥ 伍彬．政府绩效管理：理论与实践的双重变奏［M］．北京大学出版社，2017：105－108

⑦ 覃易寒．我国政府绩效评估运行方式改进与政府绩效审计［J］．审计研究，2010（4）：29－32．

⑧ 杨肃昌．中国公共支出绩效审计发展现状与趋势分析［J］．会计之友，2014（22）：84－88．

⑨ 高洪成，刘广明．构建人大在政府绩效评价中的主体地位［J］．河北学刊，2012（5）：175－179．

"广东模式"实践经验，提出现实条件下，构建了由人大主导、政府部门协同、第三方实施的财政绩效评价新模式①。

孙克竞（2009）② 提出，我国实行控制型预算管理模式，存在政府部门"预算最大化"偏好、政府制度"失灵"等客观因素，政府部门预算支出效益低下的问题一直存在，必须关注预算绩效管理相关方面的改革，以有效解决预算支出绩效低下这一问题。孙懿（2016）从三个方面提出地方推行预算绩效管理的必要性，一是从财政角度，可以提高支出绩效水平、缓解地方财政收支矛盾；二是从社会角度，可以改善和保障各地的民生；三是从政治角度，可以实现地方政府执政合法性③。白景明（2018）提出，预算绩效管理的全面实施是政府统治的深刻变化，为解决好各种问题，弥补政府实施绩效管理的缺点，强化各部门和单位绩效主体责任，促进政府效率的提高，全面实施预算绩效管理是很重要的④。

3.2.3 预算绩效标准方法的设计

绩效标准方法作为一种技术性分析，其科学性和合理性直接关系着绩效评价信息质量及其结果的应用。绩效指标是常用的标准方法之一，如何构建科学的指标体系成为研究的热点。在维度方面，王欢欢（2017）、刘小梅（2017）、王瑞华（2017）等引入企业绩效管理的平衡计分卡，并对其四个维度进行修正基础上设计二三级指标，使之适用于政府预算绩效管理⑤⑥⑦。

---

① 郑方辉，廖逸儿，卢扬帆．财政绩效评价：理念、体系与实践［J］．中国社会科学（京），2017（4）：84－108.

② 孙克竞．部门预算绩效管理博弈分析［J］．南京财经大学学报，2009，(02)：52－55.

③ 孙懿．我国地方预算绩效管理研究——基于引入 第三方评价视角［D］．北京：中央财经大学，2016.

④ 白景明．政府规划与政府预算绩效管理［J］．郑州大学学报（哲学社会科学版），2016，49（03）：49－52.

⑤ 王欢欢．平衡计分卡在专员办预算绩效管理中的应用研究［J］．中国财政，2017（17）：36－38.

⑥ 刘小梅．平衡计分卡在政府部门预算绩效管理中的应用［J］．中国财政，2017（18）：54－56.

⑦ 王瑞华，靳来月．基于平衡计分卡的地方政府财政支出绩效评价研究［J］．财会通讯，2017（13）：53－55.

在指标确定上，关键指标法应用广泛。田五星等（2017）提出将关键绩效指标与目标管理相结合，应用到公共部门绩效管理[①]。周景坤（2016）制定关键绩效指标法的主要内容和实施步骤来评价高校教师工作绩效[②]。也有针对特定评价对象自行设计维度和指标的，曲明（2016）从绩效审计评价对象即政府总体、公共部门和项目的三个层面设计具体指标[③]。实践应用上，华南理工大学绩效评价中心实施的第三方评价，采用层次分析法和关键指标法。

虽然指标设计方面研究不断深入，但是仍然存在具体操作不明确等问题。刘国永（2017）发现仍然存在缺乏统一规范合理的评价标准和科学的权重设置方法、评分的随意性大、评价结果不够客观等问题[④]。刘朋朋（2017）认为绝大多数的研究成果存在着理论性强而应用性不足的问题，因而提出绩效指标体系的设计要考虑理论的严谨性与实践的应用性的结合，在指标的构成成分、适用对象和注意事项等方面进行了详细的阐述，让使用者知晓其原理和使用方法[⑤]。马蔡琛（2017）认为指标忽视了按照评价对象资金规模的大小，区分不同资金量级的绩效评价方法，应从“统一评价”到“分类评价”，适当区分中小型项目的简洁性绩效评价和大型项目的综合性绩效评价[⑥]。

3.2.4　预算绩效与政府会计、政府审计的关系

预算绩效管理最终输出绩效信息，并作为预算管理的依据。政府会计信息为公共支出绩效评价提供了可靠的成本信息，便于成本效益分析法的应用。政府会计以及政府综合财务报告的绩效导向逐渐达成共识。张琦（2006）认为政府会计作为一种货币化的经济系统，提供了定量的预算信息，

---

① 田五星，王海凤．大数据时代的公共部门绩效管理模式创新——基于 KPI 与 OKR 比较的启示与借鉴［J］．经济体制改革，2017（3）：17－23.

② 周景坤．关键绩效指标法在高校教师绩效评价中的运用［J］．教育探索，2016（7）：110－112.

③ 曲明．我国政府绩效审计评价标准体系框架构建［J］．财经问题研究，2016（5）：89－94.

④ 刘国永．财政绩效评价指标体系建设探索［J］．中国财政，2017（17）：19－21.

⑤ 刘朋朋．中国地方政府综合绩效评估指标体系设计的比较研究［J］．中共福建省委党校学报，2017（11）：58－65.

⑥ 马蔡琛．财政支出绩效评价方兴未艾［J］．中国财政，2017（17）：1.

为政府开展绩效评价提供强有力的数据支持①。孙琳等（2013）在会计的反映和监督职能基础上，扩展了政府会计的职能即对公共部门的绩效评价和对官员的激励约束，建议建立与绩效预算制度、政府会计制度和政府绩效评价体系的衔接机制②。陈志斌（2015）认为缺乏政府会计信息的支撑，会导致政府绩效评价的内容不完整、整体不客观和结果不真实，降低政府绩效评价的科学性和准确性③。吴伟（2015）认为权责发生制政府会计实现预算与绩效的直接连接，保证了绩效信息与财务信息的完整性和可靠性，从而激励更好的管理绩效④。徐经长等（2018）认为政府会计改革始终是以政府绩效评价为导向进行的，它为新时代全面实施绩效管理提供了更为科学的管理理念和重要的信息保证⑤。

3.2.5 我国借鉴西方国家绩效预算实践的研究

张志超（2007）等从理论、体制、成效等方面系统地介绍了美国政府实施绩效预算的情况，其对美国绩效预算的法律制度体系、信息公开制度、绩效预算采用的评价方法及技术进行了探究，借鉴先进经验，为促进中国实施预算管理提供了宝贵经验⑥。张君（2014）通过介绍美国、英国、澳大利亚预算编制、预算执行绩效管理的特点，预算绩效评价及结果反馈应用的情况，借鉴三国的经验启示，从上述几个方面构建了我国部门预算绩效管理框架⑦。王莉莉（2020）基于目前在中国预算绩效管理的全面实施，回顾了美国和英国的绩效预算的历史过程，结合了中国的实际情况，从经验中吸取教训，建议立法，构建政府实施、公众参与的政府主导的预算管理模式，要深入细微之处。然后，健全预算绩效管理机制体制，完善预算绩效管理的各个

---

① 张琦．论绩效评价导向政府会计体系的构建［J］．会计研究，2006（4）：3－8.

② 孙琳，方爱丽．财政透明度、政府会计制度和政府绩效改善——基于48个国家的数据分析［J］．财贸经济，2013（6）：22－32.

③ 陈志斌．政府会计信息对政府绩效评价的影响机理研究［J］．商业会计，2015（2）：6－10.

④ 吴伟．政府会计改革与绩效评价体系建设的关联分析［J］．当代会计，2015（10）：7－8.

⑤ 徐经长，何乐伟．以政府会计改革助推全面绩效管理［J］．中国行政管理，2018（6）：157－158.

⑥ 李慧，张志超．美国绩效预算的经验、困难和启示［J］．华东经济管理，2007，（10）：113－115＋148.

⑦ 张君．部门预算绩效管理研究［D］．东北财经大学，2014.

环节，加强预算绩效管理的基础保障措施①。

3.2.6 关于推进我国预算绩效管理方面的研究

李海南（2014）通过对中国预算绩效管理的模式、开展情况、制度体系等方面的概述，总结出预算绩效管理中存在制度机制不健全、预算绩效管理未深入高质量推进的问题，并从绩效理念、制度政策体系、绩效指标等方面对问题产生的原因进行了深入探索，对推进我国预算绩效管理制度政策、中长期规划、结果评价及应用、信息化建设等方面提出了建议②。马国贤（2014）通过研究绩效指标建设规律，指出政府科实行学化管理的核心是预算绩效管理，预算绩效管理的核心是绩效指标，其提出了信度效度、指标规则、“一观三论”来建设科学的绩效指标体系，让绩效指标体现出公共支出价值判断和管理导向③。张伟（2015）提出要使预算支出绩效评价体系进一步完善，应准确定位我国预算绩效评价管理所处的阶段，在目前发展的基础上，加强法律和制度的制定，完善绩效评价体系，要改革绩效考核办法，提高考核结果应用水平，强化预算透明度和绩效问责④。刘尚希（2019）提出预算绩效是对未来的预算管理提供数据基础，不是对过去的评价，所以预算绩效应是指向未来的，对未来做出预判，预算执行结果的评价应该是辅助性的⑤。

3.3 高校预算绩效评价及指标体系的研究

3.3.1 高校预算绩效评价研究

1992年，美国学者Sizer提出在高校预算管理中，绩效评价起到了合理

---

① 王莉莉. 中国政府预算绩效管理制度优化与国际经验借鉴研究［D］. 河北大学，2019.
② 李海南. 我国预算绩效管理问题研究［D］. 东北财经大学，2014.
③ 马国贤. 论预算绩效评价与绩效指标［J］. 地方财政研究，2014（3）：36-47.
④ 张伟. 完善预算支出绩效评价体系研究［D］. 中国财政科学研究院，2015.
⑤ 刘尚希. 关于预算绩效管理的几点思考［J］. 地方财政研究，2019，（02）：4-7.

配置教育资源的作用，为政府拨款提供了重要参考依据。预算绩效评价机制与预算管理紧密相连，体现了高校对教育资源配置效率的重视，因此建立完善的预算绩效评价指标体系是高校预算管理的重要任务。1997 ~2003 年，Burke 等学者针对美国高校预算绩效评价相关问题展开了深入研究，并对公立高校教育绩效基金的现状、前景、有效性、流行性、合并趋势及绩效报告等问题发布了 7 份研究报告，得出绩效目标与绩效评价指标之间具有高关联性的结论，认为绩效目标决定绩效评价指标的选取，绩效评价指标是绩效目标实现的载体①。2007 年，学者 James Guthrie 和 Ruth Neumann 通过分析澳洲高校财政资金的来源和高校对当地社会经济发展的贡献，认为有必要对高校财政资金的产出效益进行考核，并提出进行财政资金绩效评价能够促进国家高等教育事业的发展。目前，各国政府已将高校预算绩效评价作为高校财务管理的重要工具，并且将其作为教育资金分配的重要依据②。

我国对预算绩效评价的研究始于 21 世纪初期，2003 年，党的十六届三中全会首次融入“预算绩效评价”的理念，提出建立预算绩效评价体系的宏观要求以及财政部关于绩效预算改革的远期规划，此后国内学者开始展开一系列预算绩效的研究。傅道忠（2006）梳理了 OECD 成员绩效预算与预算绩效评价的制度以及经验，分析了其中的不足并总结了对我国预算绩效评价工作的启示③。目前，我国对高校预算绩效评价的定义尚未统一，存在多种表述。张晓岚、吴勋（2007）认为高校预算绩效评价是以优化高校预算资金配置和提高办学效益为目的，对预算各个阶段的情况和效果进行绩效考核，同时还指出高校预算绩效管理应关注高校运行的全过程和全经费，利用可量化的指标从多维度进行综合评价④。张文利（2009）认为高校预算绩效评价是通过构建好的预算绩效评价指标体系，对高校预算支出产出的经济效益、社会效益进行综合评价，以了解高校资金运行情况⑤。徐荣娣、吴介军

① Joseph C. Burke. Performance Funding Indicators: Values and Models for State Colleges and Universities [J]. New Directions for Institutional Research, 1998, 97 (1): 35 -38.

② James Guthrie, Ruth Neumann. Economic and Non - financial Performance Indicators in Universities [J]. Public Management Review, 2007, 9 (2): 231 -252.

③ 傅道忠．绩效预算与绩效评价制度及其借鉴［J］．经济问题，2006（5）：12 -15.

④ 张晓岚，吴勋．高校预算绩效评价探讨［J］．财会通讯，2010（8）：112 -113.

⑤ 张文利．高校预算绩效评价体系设计研究［J］．财会研究，2009（12）：95 -97.

(2012) 列举了我国目前高校预算管理存在的主要问题，如预算内容缺乏完整性、预算编制方法缺乏科学性以及预算执行的评价缺乏有效性等，认为高校预算管理必须引入绩效考核机制，以提高高校预算管理水平[①]。任欣、胡帮胜 (2013) 基于我国高校预算管理存在的缺陷，提出高校引进绩效管理的重要性，通过绩效管理提高预算资金使用效益，以加强内部控制的制度建设[②]。梁伟民 (2014) 认为随着我国财政体制的深化改革，国家可以更方便地拨款。高校为提高资金的使用效益，需要加强绩效评价，因此对预算评价是否得当，体现了预算管理工作的有效性[③]。卫雅琦、陈平泽 (2016) 认为高校构建预算绩效评价体系具有必要性：一是提高高校资金使用效益及公共服务质量水平；二是提高高校财务管理水平，防范高校财务风险[④]。他们认为高校必须完善财务会计制度，明确预算绩效成本的核算方法，为预算绩效管理提供依据。

3.3.2　高校预算绩效评价指标体系的研究

20 世纪 80 年代，西方发达国家如美国、英国等开始建立起比较完善的高校预算绩效评价制度和体系，绩效评价指标体系也开始广泛应用于国外高等院校。美国是全球范围内最先将定量评价应用到高校绩效评价中的国家，并将评价结果作为政府拨款的重要参考依据。19 世纪，美国学者 Burke 调查了美国 11 个州绩效经费项目的实施情况，并以密苏里州本科学校为例设计了绩效评价指标。基于美国 11 个州的绩效经费评价指标调查，他们总结了被 4 个以上州共同采纳的绩效经费评价指标，如表 3－1 所示。

---

① 徐荣娣，吴介军．引入绩效考评机制提高高校预算管理水平 [J]．西北工业大学学报，2005 (25)：77－78.

② 任欣，胡帮胜．浅谈高校预算执行管理 [J]．经济师，2014 (4)：186－189.

③ 梁伟民．浅谈高校预算执行管理 [J]．经济师，2014 (4)：186－189.

④ 卫雅琦，陈平泽．基于 BSC 的高校预算绩效评价体系探究 [J]．财务与会计，2016 (1)：108－109.

表 3-1　　美国 4 个以上州共同采纳的绩效资金评价指标

本科学校（采纳州的数量）	两年制学校（采纳州的数量）
注册及毕业率（10）	注册和毕业率（8）
专升本比率（6）	结业安置率（8）
教职工工作时长（5）	专升本比率（6）
机构选择（5）	教职工工作时长（4）
毕业学分及获取学位时间（4）	毕业学分及获取学位时间（4）
考试成绩（4）	考试成绩（4）
专升本毕业率（4）	教职工培训与发展（4）
教职工培训与发展（4）	

20 世纪中期，美国学者 Kaplan 基于平衡计分卡原理构建绩效评价体系，将财务与非财务指标相结合，弥补了以往绩效评价体系的不足，确保预算控制与环境变化相适应[①]。1985 年起，国外学者对高校预算绩效评价指标分类展开了相关研究。英国贾勒特报告（Jarratt Report）将高校绩效指标分为运行指标、内部指标和外部指标三类，以反映高校资源利用情况、高校各职能特征以及高校所设置的学科以适应社会经济的情况。1988 年，英国高校拨款委员会联合工作小组基于预算资金的“投入—过程—产出”路线，将高校预算绩效指标细分为投入指标、过程指标和产出指标。投入指标反映高校现有的条件和实力，过程指标反映高校的行为，产出指标反映高校最终成果和产出。随后著名学者 Karen 在此基础上进一步研究，将指标分为经济指标、效率指标和效益指标，即著名的 3E 指标分类。经济指标反映实际输入的成本情况，将实际输入与目标输入进行对比；效率指标反映资源的使用效率，将实际结果和实际输入进行对比；效益指标反映实际结果是否达到既定目标，将既定目标与实际结果进行对比。1991 年，英国学者 Cave 同其他专家对国外高校预算绩效指标进行了相应的内容扩充，将指标体系分为科研、教学两类，共包括 14 个具体评价指标[②]。科研类指标包含研究生人数、出版刊物、

① Robert Kaplan, David Norton. Using the Balanced Scorecard as a Strategic Management System [J]. Harvard Business Review, 1997, 15 (4): 23-25.

② Cave M, Hanney S. The Use of Performance Indicators in Higher Education [M]. London: Jessica Kingsley publisher's, 1991: 11-14.

专利数和科研质量等。教学类指标包含入学质量、学位结果、生均成本和师生比等。美国肯塔基州大学于1995年提出的绩效指标评估体系是最具有代表性的，该体系分为教育质量、经济发展与生活质量、教育机会平等、协调发展和主动性五个评价方面，25个具体评价指标，以反映高校预算工作的真实水平，科学地引导高校财务预算工作①。2014年，Cunha和Rocha基于投入产出路线对葡萄牙高等教育进行预算绩效评价，投入层面分为预算资金总投入、预算资金总支出、教师人数等②。产出层面分为专利数、科研成果数等。虽然国内学者对高校预算绩效评价指标体系的研究略晚，但也从不同角度、用不同方法构建了各具特色的高校预算绩效评价指标体系，主要方法包括投入—产出分析法、平衡计分卡法、层次分析法、德尔菲法、关键绩效指标法等。陈建国（2011）基于“投入—产出”路线，分别从资源投入、绩效产出、效益效果三个维度为新建本科院系构建预算绩效评价指标体系，通过对高校投入的人力、财力与物力资源与其教学、科研、社会服务等成果之间比例的计算，考核高校的办学效益，优化高校资源配置③。彭秋莲、杨运东（2016）将指标体系分为财务指标和业务指标，构建高校预算绩效评价指标体系④。财务指标主要评价预算编制情况、执行情况和财务管理情况，业务指标主要评价教学及学科建设、科研建设、设备购置以及人事。杨媚、杨运东等（2016）利用平衡计分卡和关键绩效指标法，建立包括财务、过程、效益、学习和成长四个方面的高校预算绩效评价指标体系。财务维度反映预算经费的配置合理情况；过程维度反映预算经费的执行效率及到位情况；效益维度反映预算经费投入的产出效益；学习与成长维度反映项目实施后对高校组织成员知识与能力的提升情况⑤。夏丹、杜国良（2019）基于层次分析法和德尔菲法，以高校职能为基础，从人才培养、教学教改、财务管理、资

---

① 肯塔基州高教委会报告．Concept Paper on Performance Funding［R］．肯塔基州：肯塔其州高教委员会，1995.

② Cunha，Rocha. Balanced Scoreboard the Performance Tool in Higher Education：Establishment of Performance Indicators［J］．The 5th World Conference on Educational Sciences，2014（16）：52－58.

③ 陈建国．地方高校院系办学绩效评价指标体系构建——以新建本科院校为例［J］．国家教育行政学院学报，2011（9）：3－7.

④ 彭秋莲，杨运东．高校预算绩效评价机制的构建［J］．财会月刊，2016（16）：13－16.

⑤ 杨媚，杨运东，刘卫民，童小玲．基于BSC与KPI理论的高校专项资金绩效评价研究［J］．会计之友，2016（12）：98－102.

源配置、社会服务五个维度构建评价指标体系，对高校预算绩效进行科学、客观的评价[①]。张帅帅（2019）基于关键绩效指标法为A大学构建了预算绩效评价指标体系，将绩效指标分为教学、学科、师资、科研和文化五个维度，并对其预算绩效进行实证研究，以验证该体系的可行性和有效性[②]。谢秋玲、戴倩（2019）通过分析目前高校预算绩效评价存在的问题，基于新政府会计制度，从科技创新、内部管理、服务对象、财务能力四个方面创建了高校预算绩效评价体系，并提出了业财一体化的预算管理系统平台[③]。

3.4 政府会计改革对绩效评价影响的研究

20世纪80年代，许多国家陆续出现严重的财政危机，人们开始对以“收付实现制”为基础的政府会计的可信度产生怀疑，这种会计基础最大的问题在于预算绩效被忽视，不利于政府的绩效管理。在这种背景下，西方各国开始历经为期几十年的政府会计改革，它们在不同程度上引入“权责发生制”，将会计核算基础从“收付实现制”向“权责发生制”进行转变。2003年，随着党的十六届三中全会引入“预算绩效评价”的理念，国内学者以及各级财政部门开始展开预算绩效的探索工作。但由于我国一直执行以“收付实现制”为基础的政府会计制度，在很大程度上限制了预算绩效评价的发挥。因此会计核算基础由“收付实现制”向“权责发生制”的政府会计改革，成为完善预算绩效评价工作的关键举措。2015年起，财政部陆续出台了一系列关于政府会计改革的政策措施，并要求包括高校在内的行政事业单位于2019年1月1日正式执行新政府会计制度。自政府会计制度改革以来，国内相关学者基于政府会计核算基础对预算绩效评价的影响进行了相关研究。赵金鑫（2018）指出以“收付实现制”为基础核算的会计信息缺乏真

---

① 夏丹，村国良．内涵式发展下高校预算绩效评价体系研究［J］．会计之友，2019（5）：104－109．

② 张帅帅．高校预算绩效管理评价指标体系研究［J］．高校财务，2019（2）：92－94．

③ 谢秋玲，戴倩．新政府会计制度下的高校预算绩效评价研究［J］．财会学习，2019（11）：19－24．

实性和全面性，导致预算单位无法进行有效的预算绩效评价，并借鉴国内外经验论述引入“权责发生制”对预算绩效管理的重要性①。徐晓雯、赵淑琪（2019）在借鉴国外政府会计改革的基础上，以我国政府会计改革和预算绩效管理为牵引，分析了“权责发生制”核算的优势，认为“权责发生制”能够更加全面地提供资金信息，在会计层面上满足预算信息的真实完整性，从而提高我国预算绩效评价水平②。高晓慧（2019）以政府会计改革为切入点，探讨了新政府会计制度对高校预算管理的影响，认为双会计核算基础不仅能够追踪预算资金的使用情况，还能对高校成本进行核算，为高校预算绩效评价打下了坚实的数据基础，提升了高校预算绩效的考核力度。新政府会计制度引入“权责发生制”的财务会计功能，补充“费用”要素，使高校成本核算逐步细化。高校成本数据更加全面精准，使成本核算工作更加便捷，满足绩效评价信息的需求③。武雷、林钢（2016）指出高校成本管理是政府会计改革的重要内容。高校成本管理的目的是以成本信息为基础，以绩效目标为指引，以绩效评价为手段，建立科学合理的费用分摊机制，控制成本，提高资金使用效益，满足高校及有关部门的成本信息需求④。吴永立、张天义、李彦立（2018）分析了原高校会计制度下以“收付实现制”核算高校成本存在的问题与弊端，并阐述了新政府会计制度下高校教育成本核算体系的理论构建⑤。黄青山、郭瑞（2019）分析了当前高校教育成本核算的现状及困境，并阐述了教育成本核算的必要性⑥。认为政府会计改革为高校教育成本的核算与公开提供了制度保障，奠定了理论基础，将成本计量和绩效评价成为改革的重心。卓越、周思维、刘秋宇（2019）通过分析高校财务管理存在的问题，探讨了政府会计改革背景下高校的改革路径，认为政府会

---

① 赵金鑫．财政总预算会计实施权责发生制的对策［J］．中国乡镇企业会计，2018（8）：86－87．

② 徐晓雯，赵淑琪．预算绩效管理引入权责发生制的思考［J］．绩效管理，2019（13）：50－56．

③ 高晓慧．政府会计制度下优化高校预算管理的策略管理研究［J］．商业会计，2019（19）：99－101．

④ 武雷，林钢．论高等教育成本管理［J］．会计之友，2016（7）：108－111．

⑤ 吴水立，张天义，李彦立．新政府会计准则制度的高校教育成本核算体系构建［J］．现代商贸工业，2018（21）：133－134．

⑥ 黄青山，郭瑞．政府会计制度下高校教育成本核算［J］．会计之友，2019（5）：91－94．

计改革在要求绩效管理的同时推动了成本管理的需求，成本管理为绩效管理提供了坚实基础，绩效管理促进了成本管理的进行①。吴洁（2019）提出新政府会计制度的实施对于高校的发展具有积极影响，因此高校应特别重视财务管理工作，建立完善的预算绩效评价体系，丰富评价内容，加入成本分析和控制内容，以增加预算的全面性和真实性，为管理决策和资金配置提供有力支持②。

3.5 文献评述

由于国家政治、经济体制不同，财政发展水平和财政管理面临的问题不同，国内外政府预算绩效管理也存在较大的差异，主要表现在制度供给的充分性上。

国外研究是建立在已有的相对成熟的相关法律和独立机构设置基础上的。发达国家经验表明，立法推动了绩效预算执行。只有逐步建立完善的法律框架，依法开展绩效预算活动，按照条件成熟情况，各项有关工作、制度安排才能有序地进行下去③。例如，美国国会通过了《政府绩效与结果法案》，将政府绩效评估纳入法制化轨道。以法律法规为依据，对绩效预算实施及其效果等展开研究，大量探索信息在绩效评估中的作用，哪些信息有助于提升绩效，进而又从较高层次上反思绩效评估，开始搜寻、塑造那些本身就意味着绩效的信息，涉及绩效的本质。以权责发生制为基础的政府会计改革和绩效审计，不断在支持着绩效预算管理改革。此外，国外的绩效测量方法灵活，其指标体系因国、因地不同，且无统一的模式和方法，适合就是最佳的。

从国外的文献研究可以看出，西方发达国家试推行绩效预算的时间比较

---

① 卓越，周思维，刘秋宇．刍议政府会计改革对地方高校财务管理影响［J］．会计研究，2019（6）：64－66.

② 吴洁．浅议政府会计改革对地方高校财务管理的影响［J］．财务学习，2019（8）：55－56.

③ 于源．先发国家政府绩效预算制度和模式研究与启示［J］．经济研究参考，2015（33）：50－55.

靠前，已研究到绩效预算立法阶段，在研究中将管理学、社会学、政治学等理论加入绩效预算中。从国内文献的研究中可以看出，中国推行预算绩效管理的时间晚于西方发达国家，大多专家学者集中研究其内涵及推行现状，然后梳理国外先进的经验做法，结合我国的实际情况提出相应的对策。中国研究与国外相比，缺少充分的制度供给，顶层制度设计明显落后，且较少涉及对现有已实施的制度效果进行检验。国家对预算绩效管理的法律法规设计不足，除了《预算法》中提及“讲求绩效”和《审计法》中“效益”词语表述外，大多是以国务院、财政部等的部门规章和地方性行政文件来具体指导绩效管理工作，主要有财政部416号文和2018年中共中央、国务院发布的《关于全面实施预算绩效管理的意见》等。这些文件充分体现了将绩效管理理念和方法融入现代预算管理，是对传统预算管理的一种创新，构成现代化财政管理的重要部分，符合中国建设高效、责任、透明政府的要求。中国面对当前经济下行压力的增加，在推行预算绩效管理的基础上，强化全面实施预算绩效管理，是提升财政管理科学化和规范化的正确选择，充分体现了制度自信和文化自信。而416号文实施后，国内学者对政策实施的执行效果的实证研究分析比较少，对政策执行存在的问题缺少调查研究，主要集中在逻辑推理分析，进行规范研究。到底何种绩效评估体制模式更具效果，目前国内外尚缺乏深刻的梳理①。随着政府全面实施预算绩效管理，财政部将开展财政预算绩效评价操作规程等部门规章的起草，加快顶层立法计划。同时，相关配套制度和组织建设也在同步进行改革。因此，一方面，目前应该由地方实践转向中央层面，寻求新的立法突破，进行顶层级别的设计；另一方面，深入绩效环节和实施操作层面，建立符合国情的政府预算绩效管理机制。

国外学者在高校预算绩效评价研究中也取得了一定的成果，其先进性值得我国借鉴，但其不足之处也需要引起高度重视。国外预算绩效评价指标体系较多地使用非财务指标和定性指标，难以量化和进行直接比较，并且评价指标体系侧重学校办学质量和教学水平等业务指标，对高校预算编制、执行、决算等方面的绩效评价内容较少，缺乏相应的财务指标。我国虽起步较

---

① 尚虎平，雷于萱. 政府绩效评估：他国启示与引申［J］. 改革，2015（11）：66－76.

晚但也取得了一定的研究成果，国内对预算绩效评价的研究主要分为三个阶段：第一阶段，总结国外发达国家关于预算绩效评价的先进思想和经验，为我国预算绩效评价提供借鉴作用。第二阶段，对预算绩效评价的概念、必要性以及评价原则的探讨，奠定了我国预算绩效评价研究的理论基础。第三阶段，对高校预算绩效评价指标体系进行构建研究，为我国预算绩效评价提供可操作的实施手段。虽然20世纪后许多学者在构建指标体系方面不断探索，财政部也陆续颁布相关指导文件，但已有的指标体系过于笼统，设置不够细化，缺少针对各事业单位特点的指标体系，另外，在指标权重和评价标准的确认上缺乏科学性的理论依据，因此，我国仍需完善高校预算绩效评价政策和指标体系的构建研究。目前，我国现有的预算绩效评价指标体系都是基于“收付实现制”基础的预算会计进行构建，还未有针对政府会计改革后高校预算绩效评价指标体系的研究。为顺应政府会计改革，本书结合新政府会计制度的“双基础”核算特点和应用型本科高校的特征，构建一套适应新制度的应用型本科高校预算绩效评价指标体系。

第4章

政府会计在预算绩效管理中应用的机理分析

为了与我国社会主义市场经济制度相适应，建立现代化的企业制度，并与国际财务报告准则趋同，2006 年我国出台了《企业会计准则》。为进一步完善我国企业会计准则体系，提高财务报表列报质量和会计信息透明度，保持我国企业会计准则与国际财务报告准则的持续趋同，2014 年伊始，财政部就出台的一系列准则，修订或新增了共 7 项会计准则、一项准则解释，这是继 2012 年会计准则修订后的又一次大规模修订。伴随着我国政治体制改革不断深入，逐渐对政府会计也产生了新的要求，原有政府会计核算和披露中存在的问题亟待解决。全国人大、理论界和实务界专家等纷纷呼吁，要求加快推进政府会计改革，建立能够真实反映“家底”的资产负债、成本费用及预算执行情况的政府会计体系。2015 年以来，财政部积极推进政府会计标准体系建设工作，制定发布了《政府会计准则——基本准则》，存货、投资等十几项具体准则和《政府会计制度——行政事业单位会计科目和报表》。它们是服务于我国全面深化财税体制改革的重要基础，也是建立统一、科学、规范的政府会计标准体系的重要内容，在我国政府会计发展进程中具有划时代的里程碑意义。《企业会计准则》和《政府会计准则》两者相辅相成，相得益彰，其发展历程如图 4－1 所示。

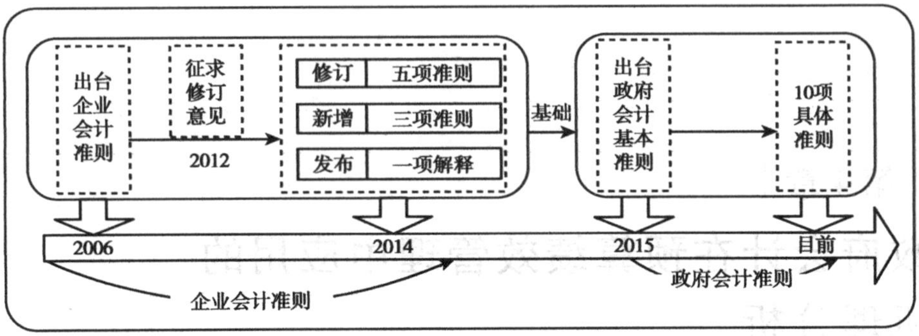

图4-1 政府会计的发展历程

4.1 新政府会计制度下预算会计和财务会计的关系分析

4.1.1 "双轨制"下的政府财务会计制度

财政部2015年10月公布《政府会计准则——基本准则》（以下简称《基本准则》），《基本准则》体现了我国多年来政府会计理论改革的重要成果，它是统驭政府会计制度和具体准则制定的"概念框架"，缓解甚至结束了以往预算会计制度体系庞杂、规定不统一的混乱复杂局面。《政府会计制度——行政事业单位会计科目和报表》（以下简称《制度》）则有机统一了现行政府单位各项会计制度，有利于系统、完整地规范各部门、各单位的会计核算。与此同时，《制度》在财务会计核算中引入权责发生制，全面反映政府资产负债、收入费用、运行成本、现金流量等信息，并通过建立预算执行与财务结果的对应关系，客观地反映了财务支出和政策目标的实现程度，为构建科学的政府绩效评价体系，全面实施绩效管理奠定了基础，有利于进一步规范政府行为、提高了政府决策能力。《制度》最大的创新在于，适度分离了预算会计与财务会计，并规定"预算收入""预算支出""预算结余"要素在预算会计体系内以收付实现制为基础进行核算，财务会计通过"资产""负债""收入""费用""净资产"基于权责发生制进行会计核算，构建了“双基础”“双功能”和“双报告”的会计核算模式。

(1) “双基础”的核算方式。

按照《政府会计制度》，单位预算会计和财务会计“平行记账”的基本规则是：单位对于纳入部门预算管理的现金收支业务，在采用财务会计核算的同时应当进行预算会计核算；对于其他业务，仅需要进行财务会计核算。财务会计应用的是权责发生制，而预算会计应用的是收付实现制。在进行经济业务的会计处理时，权责发生制和收付实现制也体现了两种核算方式的目的及侧重点。使用权责发生制，按照权利和义务把当期的收入和支出进行确认，可以明确核算出当期应产生的盈余。使用收付实现制进行预算会计的核算，可以更清楚地核算出当期资金的收入和使用情况，核算资金结余。财务会计核算和预算会计核算的区别见表 4 - 1。

表 4 - 1　　　　财务会计核算和预算会计核算的区别

内容	财务会计核算	预算会计核算
核算基础	权责发生制	收付实现制
会计要素	资产、负债、所有者权益、收入、费用	预算收入、预算支出、预算结余
会计等式	资产 - 负债 = 净资产 收入 - 费用 = 本期盈余	预算收入 - 预算支出 = 预算结余

(2) “双基础”核算下产生的差异。

政府预算会计是用于确认、计量、记录预算批准和预算执行全过程中所发生的经济活动或事项，报告预算拨款和拨款使用情况的信息系统。用于反映支出周期各个阶段所发生的财政交易情况，其主要包括拨款、承诺、核实、支付等业务。

政府财务会计是用于确认、计量、记录政府的财政交易或事项，报告政府管理国家公共事务、运用公共财务资源及受托责任履行情况的信息系统。其主要包括资产、负债、收入、费用等账户。

在政府预算会计和政府财务会计基础上形成的政府决算报告和政府财务报告在以下方面也有着较大区别：政府财务会计报告主要反映政府机构在特定期间财政交易细节的运营状况以及反映政府在特定期间财政资金收支情况

的资金流量。决算报告则主要反映预算批准情况的法定预算表、反映支出各阶段具体预算运营表以及预算资金的实际收付的收入支出表。

在信息使用者方面，政府财务报告是向各级人民代表大会常务委员会、债权人反映。而政府决算报告是向各级人民代表大会及其常务委员会和社会公众反映。在内容上，政府财务报告系统分析政府整体财务状况、运行成本和财政中长期可持续发展水平，目前在编制财务报告时还缺乏明确的数据来源。决算报告是一级政府年度预算收支执行情况的结果，其数据来源是各级预算的汇总。由于以上这些差异，决算报告采用便于公众理解的收付实现制，政府财务报告为便于准确计量资产负债情况，采用权责发生制。

财务会计和预算会计的差异原因、分类及处理方法如图4－2所示。

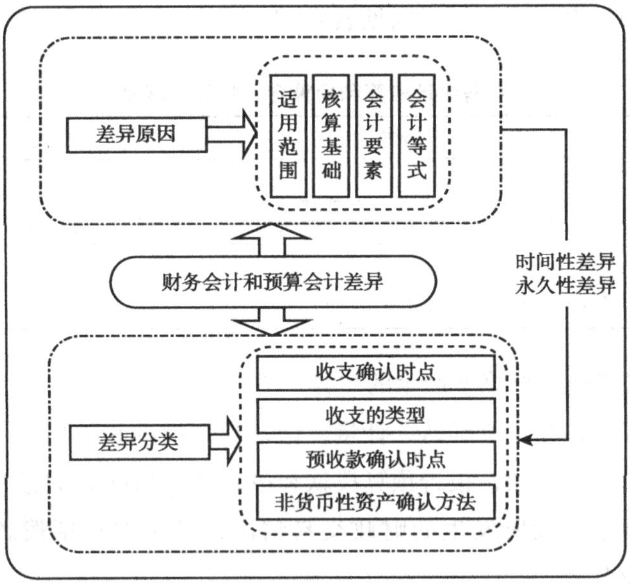

图4－2 财务会计和预算会计差异分析

（3）差异的分类。

①收支确认点不同导致的时间差异。

无论是单位的财务会计还是预算会计，都存在货币资金的流入与流出，但是在实际记账时由于两者的记账基础与原则不同，其收支确认的时间点存在一定的差异性，这样时间性的差异就会影响单位的财务管理工作。尤其是对于事业单位年末的财务核算以及管理工作来说，由于单位的财务会计以及预算会计收支工作比较繁杂，此时如果年末的预算会计和财务会计记账结果出现了严重的差异现象，就会影响整个财务管理工作的进行。事业单位的财务会计人员应该对差异进行及时分析与处理，通过合并的方式消除两者之间的时间差异。

②收支类型不同产生的差异。

通常情况下，由于收支类型不同也会导致事业单位出现差异，这样的差异性结果会直接影响事业单位的财政投资活动。由于在事业单位中，财务会计与预算会计使用的都是货币资金实现流出与流入的模式，而在实际的记账过程中，财务会计能够产生负债或者资产，而预算会计则会产生当期收入以及支出。

③预收款业务导致的差异。

当事业单位在开展日常业务活动以及进行日常营销活动中，单位在业务活动中出现了预收款项时，财务会计人员在进行财务会计核算时应该遵循权责发生制的具体要求，在记账时不能够将该笔款项确认为当期收入。然而从另一个角度上来看，由于事业单位在整个经济活动的过程中是实际收到了相关款项的，对于预算会计核算工作来说，会计人员就应该按照收付实现制的相关要求将其确定为收入款项。也就是说，在以上预收款业务的处理过程中，单位的财务会计并未确认为当期收入，但是预算会计进行核算时却会将其确认为预算收入，两者之间出现了确认差异。在这样的情况下，只有事业单位同时满足以上财务会计核算中收入确认的三个条件才能够将事业单位经济活动中预收的款项作为收入，进行直接冲减预收账款的处理，同时还能够将其确认为事业单位当期的财务收入，纳入财务收入范畴中去。如果事业单位在处理该款项时仅仅是作出了预算以及计划，但在实际的工作中并没有发生真实的款项收付，则就不用在预算会计中进行记录与处理。换句话说，尽管事业单位将其确认为预算收入，但是在这样的情况下却进行了确认处理。最终当事业单位收到预付款时，事业单位的财务管理人员就能够借记“银行存款”等，同时贷记“预收账款”，而预算会计将会借记“资金结存”等，贷记“事业预算收入”“经营预算收入”等。

④非货币性资产导致的差异。

事业单位接收捐赠的库存商品、固定资产以及无形资产的行为在会计核算中被称为接受非货币性资产捐赠行为。当事业单位业务中出现了捐赠事项时，事业单位财务人员应该对捐赠行为进行初步的判断，同时采取权责发生制的要求开展核算处理，在工作时对经济业务的内容与类型进行判断与分析，明确会计科目的确认条件之后进行价值登记，并及时确认捐赠收入。但是在这类捐赠形式及捐赠行为中并没有发生资金的流动，因此我们在预算会计核算处理中并不需要进行账务的登记与处理。在接受捐赠之后进行单位会计处理时，财务会计核算工作中应该按照受捐赠资产的实际价值进行登记与记录，但是在预算会计中则不进行账务的处理。

（4）财务会计和预算会计核算差异的处理。

《政府会计制度》中要求填制的“本年盈余与预算结余的差异情况说明”是财务会计与预算会计衔接的桥梁。通过该说明，可以将财务会计的“收入费用表”与预算会计的“预算收入支出表”连接在一起。填制“本年盈余与预算结余的差异情况说明”可以运用软件标记每张记账凭证中的差异，也可以通过对全年的经济事项分析汇总填列。

收入及支出（费用）的确认的差异包括暂时性差异和永久性差异。永久性差异产生的主要原因是确认范围不同，主要包括借款及投资以及非货币性的捐赠收入及资产损失等。暂时性差异产生的主要原因是两种制度确认时点的差异，主要包括往来款项、待摊预提、购买物资、购置固定资产（提取折旧）等。从长期来看，由权责发生制和收付实现制确认时间不一致导致的财务会计和预算会计的差异最终会相趋于统一。这种统一只是趋势上的，因为两者的差异在不断地产生，可能在任何时间点财务会计和预算会计都是存在差异的。但是，其中因某一事项产生的暂时性差异，经过时间的变化，都达到了两种核算方式的确认条件，该差异可以自然消失。

4.1.2 “双轨制”下会计核算的钩稽关系

财务报表与预算会计报表之间存在钩稽关系。通过编制“本期预算结余与本期盈余差异调节表”并在附注中进行披露，反映单位财务会计和预算会计因核算基础和核算范围不同所产生的本年盈余数（即本期收入与费用之间的差额）与本年预算结余数（本年预算收入与预算支出的差额）之间的差异。从而揭示财务会计和预算会计的内在联系。这种会计核算模式兼顾了现行部门决算报告制度的需要，又能满足部门编制权责发生制财务报告的要求，对于规范政府会计行为，夯实政府会计主体预算和财务管理基础，强化政府绩效管理具有深远的影响。

政府会计制度要求对政府部门和事业单位的经济活动，需要同时进行财务会计核算以及预算会计核算。

政府会计制度对于两者核算基础也进行了明确的规定，分别为权责发生制以及收付实现制。在这样的政府规范下，对于同一项经济业务来说，财务会计和预算会计势必会出现确认时间点的不同，这样一来就会导致两种记账结果出现一定的差异性。在原先的政府会计制度下，如果事业单位中出现了经济业务并引起了会计要素的变化，单位的财务会计人员就会根据经济项目的原始凭证开展简单的会计处理，并对业务进行如实的登记，甚至在编制会计凭证时都只需要编制一笔会计分录即可。但是新政府会计制度出台之后，其内容中明确要求单位会计主体应当同时对财务会计信息以及预算会计信息进行全面反映。也就是说，如果事业单位中出现了一笔经济业务，此经济业务不仅影响了单位财务会计要素的变化，同时还导致了预算信息会计要素的变化，此时就应该实施平行记账。所谓的平行记账指的是当政府会计主体发生的现金收支业务在纳入部门预算管理时导致了财务会计要素的变化，则应当实施财务会计账务处理，同时编制财务会计分录。

由于事业单位的预算会计要素也受到了影响，发生了相应的变化，财务会计人员同样需要进行预算会计的账务处理，同时编制预算会计分录，也就是实施双分录记账模式。尽管平行记账的模式能够较好地反映出会计主体不同经济要素的变化情况，但同时也存在一个问题，由于财务会计与预算会计的核算基础不同、记账原则不同，在实际记账的过程中就会出现收入以及预算收入的款项，在费用以及预算支出之间出现不同的差异项，而差异项的登记与处理就成为财务会计人员在执行新政府会计制度时的一项重要工作。

4.1.3 预算绩效管理与高校管理工作融合的机制

一是紧紧围绕预算管理的流程和环节、构建并落实各参与主体的责任体系，具体来说，财务和绩效管理部门负责审核预算和绩效目标，批复预算和绩效目标，监管资金使用和跟踪绩效目标，组织开展评价和管理，对结果进行应用反馈；预算单位是预算绩效管理的第一责任人，对本部门的预算绩效管理工作负总责，负责审核和申报绩效目标，配合开展绩效跟踪、绩效评价，督促开展自评工作，依据结果进行整改。

二是将预算绩效管理与预算管理、财务管理和项目管理相融合。如在预算编制环节，将预算编制与目标设计相结合，特别是要探索从编制目标到编制预算的预算改革。预算环节同时与项目的立项管理相结合；在预算执行环节将预算绩效跟踪与项目过程管理相结合；在项目执行的计划、责任关系中，明确各参与主体的绩效责任；最终，项目实施单位对产出负责，而项目管理部门则对项目效果负责。

三是充分应用信息化等手段，将日常管理与绩效管理相结合。现在各种考核管理很多，绩效管理信息化建设应以绩效指标和标准为核心，通过全过程预算绩效管理，将财务信息和部门信息、项目信息等有机结合起来，构建面向各管理部门、教学部门、教辅和后勤部门的数据关系。绩效管理自然也是所有管理的核心，日常管理需要的信息和手段，绩效管理可以从理念、方法、路径等方面提供全面支持。

4.2 预算绩效管理的目标和作用

预算绩效是将绩效融入预算，它是财政部结合当前的财政管理水平提出来的，具有“中国特色”。财政部 2011 年发布了 416 号文，提到“预算绩效是指预算资金所达到的产出和结果”。它是在现阶段财政管理方式下引入的一种新型预算机制，将绩效理念和方法逐步渗入预算管理的各个阶段，以取代传统的预算管理模式，待时机成熟时将政策予以制度化，成为一种利益相关方遵守的正式规则。

绩效管理也是管理者通过有效的绩效衡量标准和有用的绩效信息，在效率、有效性和问责性方面实现绩效目标的一系列活动。财政部 416 号文中还指出“预算绩效管理是一个由绩效目标管理、绩效运行跟踪监控管理、绩效评价实施管理、绩效评价结果反馈和应用管理共同组成的综合系统”。预算绩效管理使政府预算建立在可衡量的绩效基础上，根据绩效目标制订预算分配方案，监测预算实施情况，评价预算施行结果，并将评价结果与绩效目标比较，关注支出成本和预期绩效成果的比较。

预算绩效又是通过对资金的绩效管理去衡量资金投入的产出结果，作为政府绩效的一种表现方式，本质上所反映的是各级政府、各部门的工作绩效，绩效信息在预算资源分配中发挥的作用是弱有效或无效的。可见，预算绩效是绩效预算的低级阶段，绩效预算是预算绩效发展的目标。但从长远发展来看，实现绩效预算是中国预算绩效发展的方向。

4.3　政府预算绩效管理的必要性

“十四五”将是开启我国现代化建设新征程的第一个五年之期。财政改革与发展将面临比过去更加复杂的环境，将承担比过去更加繁重的任务和社会期待。“十四五”时期，要进一步强化绩效观，全面建设绩效财政，“花钱必有效、有效必问责”的绩效观要贯穿、体现在每一分财政资金之上。要在已取得的预算绩效评价、管理的基础上，推动转向更加严格、更加科学的绩效预算管理。

近年来，我国在实施全面预算绩效方面成效显著，主要表现是绩效评价的范围不断扩大，财政支出效益有所提升。“十四五”时期，应当在已经取得成绩的基础上，进一步深化全面预算绩效管理。要提升绩效评价的层次，从现在的项目评价为主扩展到对政策、部门进行评价，以从源头上提升科学决策的水平，保证财政支出确有绩效。要切实将绩效评价的事后结果与事前的预算资金分配起来。要加大绩效评价结果的公开透明程度，将项目、政策乃至部门的绩效评价结果向社会公开。

4.4 政府会计数据与绩效评价的关系

绩效评价是预算绩效管理的关键环节，预算绩效信息离不开政府会计的支持，政府会计权责发生制为政府绩效管理提供基础条件。以权责发生制为基础的政府会计制度对当前行政事业单位会计核算模式、核算理念进行了根本性变革，部门要编制政府部门财务报告，政府要编制综合财务报告，顺应了当前世界政府会计改革的趋势。新会计制度通过资产计提折旧同时满足财务会计和预算会计核算要求，以及按照功能和经济分类等会计技术对政府经济活动进行了更为精细化的核算，进而提供了更加准确、完整、全面的政府资产、负债、收入、费用和预算收入支出信息，为全面实施预算绩效管理奠定了基础。

我国政府会计的目标，可以划分为终极目标和具体目标。终极目标是在促进国家治理能力现代化的总体要求下设定，具体可以表述为：通过成本信息的提供，全面反映公共受托责任，为政府成本信息使用者提供决策有用的信息，进而推动国家治理能力的提升；具体目标根据成本信息使用者的需求来确定，将具体目标表述为向政府项目管理者提供相关、可靠的产出或作业成本的信息，同时基于相关、可靠的成本信息的提供，帮助相关决策者做出资源分配、项目授权或修改以及项目绩效评估的决策。

预算绩效管理最终输出绩效信息，并作为预算管理的依据。政府会计信息为公共支出绩效评价提供了可靠的成本信息，便于成本效益分析法的应用。政府会计以及政府综合财务报告的绩效导向逐渐达成共识。政府会计作为一种货币化的经济系统，提供了定量的预算信息，为政府开展绩效评价提供强有力的数据支持，在会计的反映和监督职能基础上，扩展了政府会计的职能即对公共部门的绩效评价和对官员的激励约束，建议建立与绩效预算制度、政府会计制度和政府绩效评价体系的衔接机制。缺乏政府会计信息的支撑，会导致政府绩效评价的内容不完整、整体不客观和结果不真实，降低政府绩效评价的科学性和准确性，权责发生制政府会计实现预算与绩效的直接连接，保证了绩效信息与财务信息的完整性和可靠性，从而激励更好的管理绩效，政府会计的改革始终是以政府绩效评价为导向进行的，它为新时代全面实施绩效管理提供了更为科学的管理理念和重要的信息保证。

4.5　政府会计和绩效评价数据的融合

4.5.1　政府会计数据对绩效评价的支撑

目前政府绩效评价的基础是在双轨制下，以预算会计和财务会计核算为基础，以资产、负债、净资产、收入、费用提供的核算数据信息为依据，从投入、产出、效益三个方面来评价政府预算绩效。政府会计在“双轨制”下，权责发生制下的财务会计和收付实现制下的预算会计科目使用情况如图4－3所示。

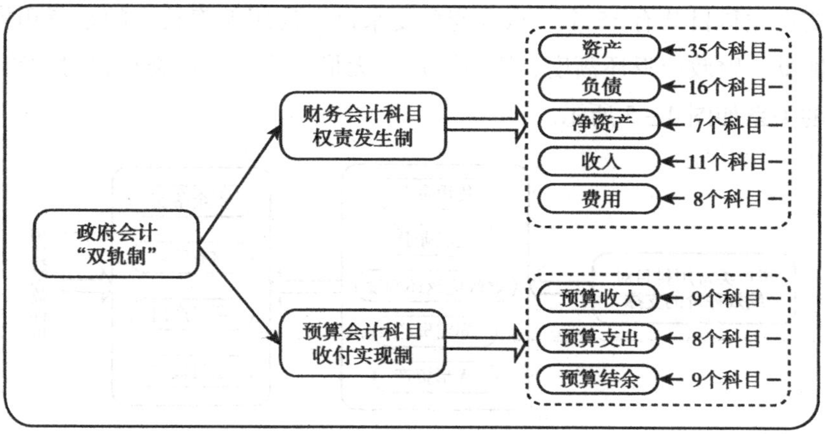

图4－3　“双轨制”会计科目使用情况

2019年我国第一次全面实施政府会计准则制度过程中，核算的准确与否关系到我国政府绩效评价的效果。财务会计制度下资金来源和去向流程如图4－4所示。

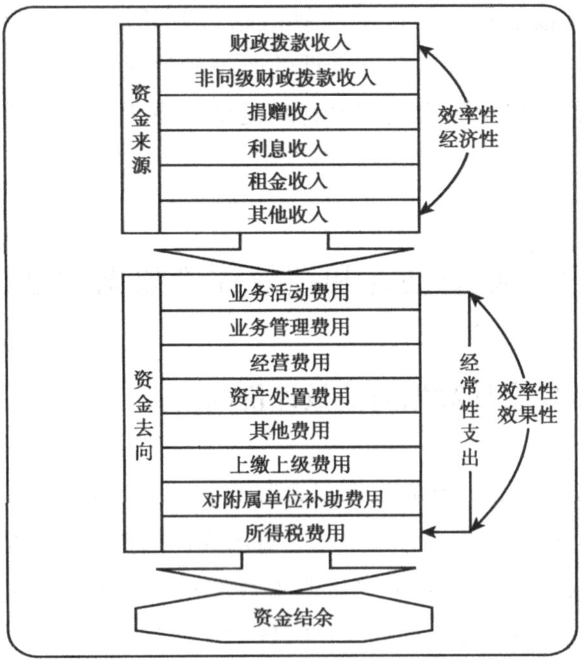

图4-4 财务会计制度下资金来源和去向流程

资产类科目共有35个，从政府角度来讲，使用频率较高的是货币资金、应收账款、财政应返还额度、固定资产、无形资产。资产类科目对预算绩效评价的关系如图4-5所示。

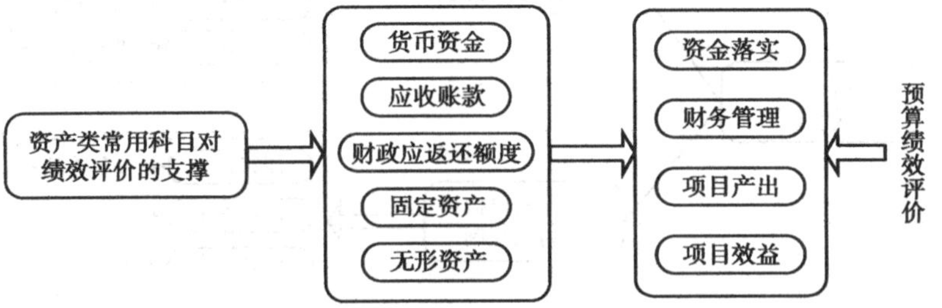

图4-5 资产类科目对预算绩效评价的关系

以货币资金为例。货币资金核算的是政府或国有事业单位收到或支付的款项。经常性项目如差旅费、购买商品服务、业务开展收支出等。

从政府部门和事业单位角度，其资金来源主要是财政拨款和非税收入，具体部门和收入来源以河南省为例，如表4-2所示。

表 4－2　　　　　　　　政府部门和事业单位货币资金来源

单位		政府组成单位	内容 货币资金来源
政府部门	党委	党委办公厅、机要局、信访局、组织部、老干部局、宣传部、统战部、台湾工作办公室、政法委员会、委政策研究室、机构编制委员会办公室、农村工作办公室、委直属机关工作委员会	财政拨款
	省政府组成部门	发展和改革委员会、教育厅、科学技术厅、工业和信息化厅、民族宗教事务委员会、公安厅、民政厅、司法厅、财政厅、人力资源和社会保障厅、自然资源厅、生态环境厅、住房和城乡建设厅、交通运输厅、水利厅、农业农村厅、商务厅、文化和旅游厅、卫生健康委员会、退役军人事务厅、应急管理厅、审计厅	非税收入 （1）专项收入 （2）行政事业性收费收入 （3）罚没收入 （4）国有资源（资产）有偿使用收入 （5）其他收入 中央补助收入 （1）返还性收入 （2）一般性转移支付收入 （3）专项转移支付收入 其他收入项目
		税务局	税收收入 （1）增值税 （2）企业所得税 （3）资源税（水资源税） （4）环境保护税 （5）城市维护建设税 （6）其他税种
	省属特设机构	人民政府国有资产监督管理委员会	非税收入 （1）专项收入 （2）行政事业性收费收入 （3）罚没收入 （4）国有资源（资产）有偿使用收入 （5）其他收入 中央补助收入 （1）返还性收入 （2）一般性转移支付收入 （3）专项转移支付收入 其他收入项目
	省政府直属机构	市场监督管理局、广播电视局、体育局、统计局、粮食和物资储备局、医疗保障局、机关事务管理局、人民防空办公室、地方金融监督管理局、人民政府研究室、扶贫开发办公室、信访局、大数据局、能源局、监狱管理局、林业局、文物局	

续表

单位		政府组成单位	内容
			货币资金来源
学校	中小学	小学，初中	财政拨款
	高中		财政拨款 + 学费 + 住宿费 + 考务费
	中专技校	中专，技校	财政拨款 + 住宿费 + 考务费
	高等院校		财政拨款 + 学费 + 住宿费 + 项目经费 + 捐赠 + 经营收入 + 培训收入 + 科研管理收入 + 考务费 + 教材费 + 利息收入 + 补贴收入

货币资金的核算分为财务会计和预算会计，其开展业务的核算方法有所不同，其差异如表 4 -3 和表 4 -4 所示。

表 4 -3　　库存现金在财务会计和预算会计经常性项目核算差异

1001　库存现金

		财务会计	预算会计
差旅费	职工出差等借出现金	借：其他应收款 　贷：库存现金	—
	出差人员报销差旅费	借：业务活动费用/单位管理费用等［实际报销金额］ 　库存现金［实际报销金额小于借款金额的差额］ 　贷：其他应收款 或： 借：业务活动费用/单位管理费用等［实际报销金额］ 　贷：其他应收款 　　库存现金［实际报销金额大于借款金额的差额］	借：行政支出/事业支出等［实际报销金额］ 　贷：资金结存——货币资金
其他涉及现金的业务	因开展业务等其他事项收到现金	借：库存现金 　贷：事业收入/应收账款等	借：资金结存——货币资金 　贷：事业预算收入等
	因购买服务、商品或其他事项支出现金	借：业务活动费用/单位管理费用/其他费用/应付账款等 　贷：库存现金	借：行政支出/事业支出/其他支出等 　贷：资金结存——货币资金
	对外捐赠现金资产	借：其他费用 　贷：库存现金	借：其他支出 　贷：资金结存——货币资金

表 4 -4　　银行存款在财务会计和预算会计经常性项目核算差异

1002　银行存款

		财务会计	预算会计
将款项存入银行或其他金融机构		借：银行存款 　贷：库存现金/事业收入/其他收入等	借：资金结存——货币资金 　贷：事业预算收入/其他预算收入等
提现		借：库存现金 　贷：银行存款	—
支付款项		借：业务活动费用/单位管理费用/其他费用等 　贷：银行存款	借：行政支出/事业支出/其他支出等 　贷：资金结存——货币资金
银行存款账户	收到银行存款利息	借：银行存款 　贷：利息收入	借：资金结存——货币资金 　贷：其他预算收入
	支付银行手续费等	借：业务活动费用/单位管理费用等 　贷：银行存款	借：行政支出/事业支出等 　贷：资金结存——货币资金
外币业务	以外币购买物资、劳务等	借：在途物品/库存物品等 　贷：银行存款［外币账户］/应付账款等［外币账户］	借：事业支出等 　贷：资金结存——货币资金
	以外币收取相关款项等	借：银行存款［外币账户］/应收账款等［外币账户］ 　贷：事业收入等	借：资金结存——货币资金 　贷：事业预算收入等
	期末，根据各外币账户按照期末的即期汇率调整后的人民币余额与原账面人民币余额的差额，作为汇兑损益	借：银行存款/应收账款/应付账款等 　贷：业务活动费用/单位管理费用等［汇兑收益］ 借：业务活动费用/单位管理费用等［汇兑损失］ 　贷：银行存款/应收账款/应付账款等	借：资金结存——货币资金 　贷：行政支出/事业支出等［汇兑收益］ 借：行政支出/事业支出等［汇兑损失］ 　贷：资金结存——货币资金

4.5.2 预算绩效管理与成本管理耦合机制

4.5.2.1 成本管理是预算绩效管理有效性的重要保障

首先，成本管理可以为预算绩效管理提供比较准确的成本数据。在预算绩效管理中，需要设置各种指标才能进行绩效测评。而项目的投入成本是评价绩效的基础和重要指标。如果无法准确取得完成各项目所支付的成本，那么绩效测评后所得出的结果也只能是模糊的，其在绩效管理中的可信度不可避免地受到影响。完善的成本管理可以提供精确的项目成本信息，进而提高绩效测评的准确性，使绩效评价更加的合理、科学。其次，完善成本管理，使项目成本核算有完整的会计资料、有精确的数据记录，对政府决策评价能提供数据支持，一方面能促使执政者在决策时更为谨慎，另一方面也能督促他们在立项后更加努力地完成预先设置的绩效目标。因此，实行成本管理是预算绩效管理有效性的重要保障。

4.5.2.2 预算绩效管理必须与成本管理紧密结合才能更好地发挥作用

预算绩效管理分为事前设置绩效目标、事中监控运行情况及事后绩效评价、反馈与改进等过程。绩效管理过程中的任一环节缺了成本管理都将使绩效管理起不到应有的作用。在设置绩效目标时，需要进行成本—效益分析，根据预计达到的效益合理设置投入成本，使目标效益最大化，从而使绩效目标设置更为合理。在项目实施过程中，要实时监控投入成本，当成本与预算偏离时进行分析，根据实际情况进行修正——若是预算目标不合理应该修正预算目标；若项目实施过程中投入过大应予纠正，避免资源浪费。实施实时成本核算管理还可以避免因过于谨慎而造成绩效目标无法达成的情况发生。在事后绩效评价反馈时，进行成本—效益分析总结，总结预算执行不足的地方，也可以为其他项目进行绩效预算目标设置提供经验，提高预算准确性。

目前我国政府会计正处于预算会计制度到完善准则体系的过渡阶段，在《基本准则》的框架下，我国的预算会计制度开始进行新一轮修订，例如，财政部于 2017 年 11 月发布，2019 年正式实施的《政府会计制度——行政事业单位会计科目和报表》，正是在《基本准则》的指导下制定的，采用“平行记账”的方式重构了政府会计核算模式，解决了“双分录”模式下虚提固定资产折旧等的问题，例如，单位通过财政授权支付方式购买固定资产时，借记“固定资产”会计科目，贷记“零余额账户用款额度”会计科目，这笔分录在政府财务会计下进行记录；同时，还应当在预算会计下，贷记“资金结存”的相关科目，借记相关支出科目。所购入的固定资产后续计量仅需要进行财务会计处理，如计提折旧时，借记相关费用科目，贷记“累计折旧”科目。通过对政府财务会计功能的强化，能够增强政府财务状况记录的科学性，对正确反映政府运行成本有重要的意义。因此，政府绩效预算管理必须与成本管理紧密结合才能更好地发挥它的作用。

（1）虽然政府财务会计对反映政府运行成本有一定的意义，但无法准确核算出政府成本或政府所提供的公共产品和服务的总成本和单位成本，也无法明晰分配成本、费用的具体流程，更难以提供准确的成本信息以辅助相关决策，无法单纯依靠财务会计组织精细地开展政府成本核算工作。

然而，成本在政府绩效评价中是不可或缺的重要组成，成本在绩效管理中涉及的会计信息和重要性如图 4－6 所示。

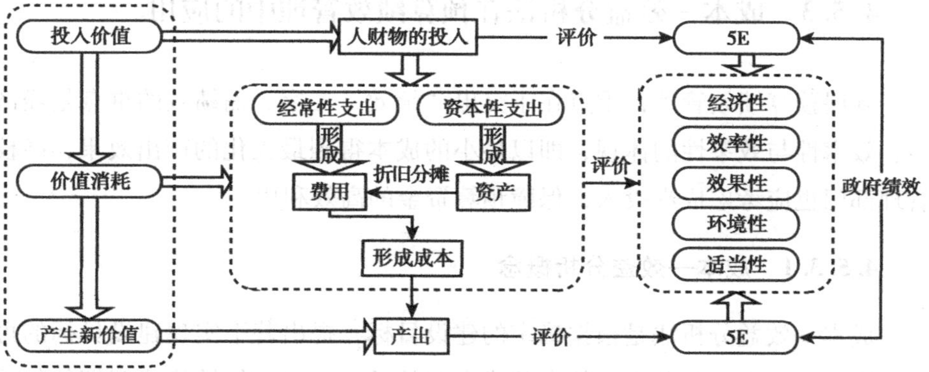

图 4－6　政府投入—产出—政府绩效结构

理论界主要赞同的是基于经济性、效率性、效果性、环境性和适当性的“5E 原则”。所谓经济性是指政府要以最低的投入达到最终的目标，如在购买公共产品时没有浪费，严格控制实际支出等；效率性，即产出与投入之间的关系，包括以最小的投入取得一定的产出或者是以一定的投入取得最大的产出；效果性，指的是政府部门决策执行之后在多大程度上达到预定的政策目标、经营目标和预期结果，除此以外，值得我们好好关注的是适当性和环境性原则；适当性，是指审查在社会利润分配方面是否适当及其对社会秩序的影响，如公共资源的分配、居民收入的分配是否出现差距过大而有失公平的现象；环境性，是指审查政府对自然资源的有效利用和对生态平衡的维护情况。

（2）政府成本信息在绩效评价的融合关系如图4－7所示。

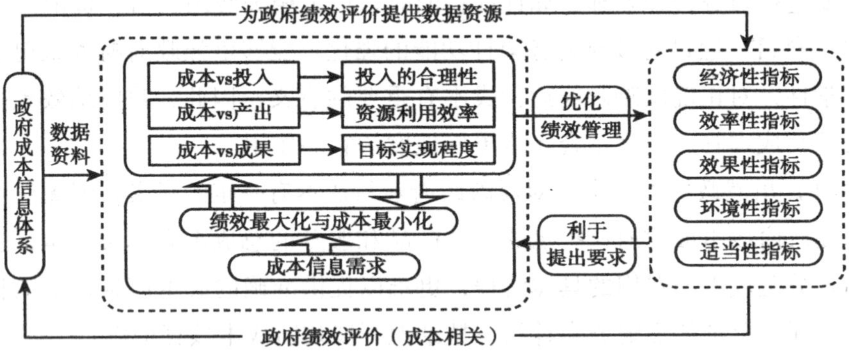

图4－7　政府成本信息在绩效评价的融合关系

4.5.3　成本—效益分析法在预算绩效管理中的应用

开展预算绩效管理，重点在于突出“绩效”二字，而绩效的重点是经济性、效率性与效果性的体现，即以最小的成本得到最大化的产出效果，高校管理部门也应考虑成本投入，保障预算资金的高效利用。

4.5.3.1　成本—效益分析概念

成本—效益分析法是根据确定的建设目标，提出若干实现建设目标的可行方案，详细列出各种方案的全部成本和效益，并将它们转换成现期的货币价值，然后依据决策标准，通过比较分析，选择出净效益最大的方案。

4.5.3.2　成本—效益分析的步骤和要求

（1）分析步骤。

公共支出的成本—效益分析不是一个单纯的技术问题，而是一个事前有缜密的设计、执行中有正确的技巧、事后有明确的结论的过程。一般来说包括五个步骤：①确定问题并提出一系列可供选择的方案；②设计具体的分析方法；③确定每种方案所需要的投入量和产出量；④测算和分析各种备选方案和备选项目的成本和效益；⑤将结果列表供决策者选择。其中，前三项是准备工作，第四项是成本效益分析本身，是最为关键的部分。

（2）成本—效益分析的要求。

成本—效益分析分为定量分析和定性分析两部分。其中，定量分析主要是根据经济理论，运用原始资源数据，采取科学方法，对成本和效益进行估计、鉴定和比较，最后评定项目的社会价值。成本—效益分析中不能进行定量分析的可进行定性分析，定性分析通常称为社会影响分析，主要是对非经济效应的考察，在这部分分析中，一切非数量化的效应均须尽可能明确地列出，并说明可能的影响。

成本—效益分析以定量为主，分析过程对于量化有严格的要求，归纳起来有下列几点：①分析应基于大量的统计资料。②分析应具有较大的深广度。③分析应尽量运用数量，凡是有货币价值的，应运用价值分析；凡无货币价值而有实物数量的，尽可能做数量分析；凡无价值与数量的，尽可能列出效益与成本的项目，并做出定性的说明。

4.5.3.3　成本—效益分析在预算绩效管理中的应用

成本—效益分析在预算绩效管理中发挥着重要作用。对于事前行为，通过成本—效益分析可以对公共政策或支出决策做出指导；对于事后行为，通过成本—效益分析，可以分析已有行为，比较现有行为的成本效益，指导后续投入。无论事前还是事后分析，分析思路与目标是一致的。

4.6　构建预算绩效评价体系的意义

预算绩效评价属于预算绩效管理的一个关键环节，起着承上启下的作用，不但是衡量绩效目标实现程度、绩效跟踪结果的工具，还是绩效评价结果应用的依据。没有绩效评价的绩效管理，根本无法付诸实践。预算绩效评价关注的是绩效结果的测量，结果不仅仅指政府提供的公共产品和公共服务的数量，还有政府支出所要实现某种既定的目标，更强调用科学的绩效指标和绩效方法去测量预算绩效的产出，对绩效水平做出定量或定性的公正判断，使结果具有可比性。它不但应用于对政策和项目完成后，对预算资金使用情况的评价，也用于对公共部门整体支出的绩效评价。

4.6.1 构建预算绩效评价体系的作用

（1）实施绩效监控。

绩效监控是一种围绕特定的指标系统收集相关数据，进而向绩效管理者及主要利益相关者提供绩效目标实现进度以及分配的资金使用状况信息的持续性活动。监控活动贯穿于项目或预算执行的全过程，检查与绩效目标的偏离度。

（2）进行事后考核评估。

考核评估分析主要是针对产出的成效、服务质量、客户满意度等方面进行监控，将指标采集的数据进行计算汇总，与部门、单位或政策项目预算支出的绩效目标进行对比，看是否完成预期的目标，如果没有完成，要对差异情况做出说明。报告文本形式上可以列表来反映，将前期收集的目标和指标数据对比汇总而成，可以清晰地反映出目标完成情况。

4.6.2 构建预算绩效评价系统的特点

（1）全面的考核内容。

建议依据项目支出绩效管理办法规定，加强对资金事前、事中、事后全生命周期绩效评价。研究制订分行业、分领域、分层级绩效评价指标体系，统一规范和评价“量尺”，实施项目绩效评价高质量发展。进一步健全体系，强化预算部门和单位自评价为主体，财政再评价是关键，第三方评价为补充，探索制订一套符合具体国情民意的预算绩效评价系统，使其规范化，才能推行建设高效、透明、责任的政府。

（2）科学的考核指标。

设置科学合理的绩效指标可以准确衡量预算资金使用绩效，事关绩效评价结果质量可靠性高低。

（3）高效的管理途径。

评价结果应主要应用在完善政府管理、支持政府决策，依据结果进行绩效问责、人员考核晋升及其绩效薪酬等方面，将工作业绩与个人利益相挂钩，使激励与问责并存。

（4）强化的成本管理。

政府会计信息为政府预算绩效评价提供了可靠的成本信息，便于成本在绩效评价中的应用。

（5）透明的绩效考核。

各个部门、单位、机构和人员各司其职，内部和外部评价相结合，形成统一的年度或专项绩效评价结果，对外公开透明，通过信息公开，依法加强人大监管、财政监督、审计监督和社会监督，提高公众满意度和可信度。

（6）开放的评价系统。

在大数据时代背景下，国家治理体系和治理能力现代化与信息化是密不可分的，政府预算绩效管理与现代化信息技术辅助相结合，政府信息数据的开放和共享助推绩效管理工作，向公众和利益相关者展示绩效目标完成和运行情况，保证绩效信息反馈的客观性、安全性和及时性。

4.6.3　构建预算绩效评价系统的价值

（1）全局掌控目标和进展。

全面的绩效考核管理体系，完整地用全方位、全过程和全覆盖来诠释"全面"的含义。全过程是各部门各单位做好事前绩效评估、绩效目标管理、绩效运行监控、绩效评价和结果运用等管理链条；全方位是将各级政府收支预算、部门和单位预算收支、政策和项目全部纳入绩效管理；全覆盖是建立一般公共预算绩效管理体系，除了一般公共预算外，还将政府性基金预算、国有资本经营预算、社会保险基金预算全部纳入绩效管理。

（2）工作更透明便于监督。

透明的绩效评价制度，使政府信息对外公开，便于公众的监督。

（3）科学的决策支持工作。

通过运用现代化信息技术，为政府决策提供强有力的数据支持。

(4) 提高政府工作积极性。

通过绩效考核，建立明确的奖惩制度，提高政府工作人员的积极性（见图4－8）。

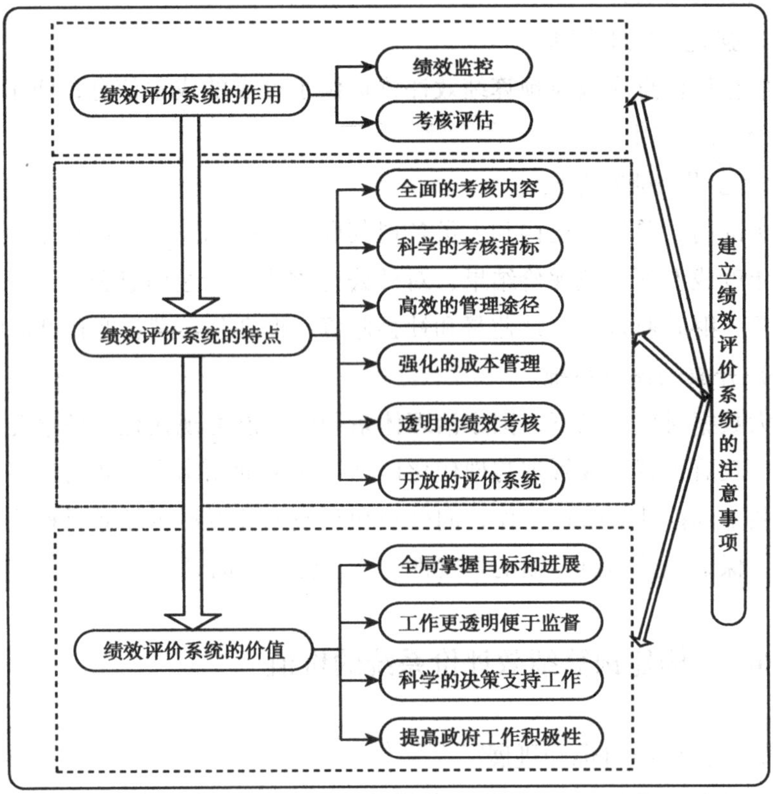

图4－8　构建绩效评价系统的思路

4.7　实现绩效评价的路径分析

近年来，随着社会主义市场经济体制的建立和完善，政治体制改革也不断深入，公共管理领域也发生着深刻的变革。我国各级政府借鉴西方的改革经验，纷纷组织内部人员参与部门内部绩效评价指标的研究和探索。例如，山东省烟台市的“社会服务承诺制”、福建省漳州市的“机关效能建设”、河北省的“干部实绩考核制度”、青岛市的“目标管理绩效考核”、南京市及珠海市的“万人评政府”、厦门市思明区的“公共部门绩效评估”以及甘肃省的“非公有制企业评价政府部门”等活动都相继开展。各地根据评价的性质与行政发展的需要对评价结果不同程度地加以运用。从各地实施绩效评价的情况来看，主要是将评价结果作为考核部门和单位领导绩效的重要依据，实施“末位淘汰制”。但是，我国政府绩效评价体系尚处在雏形阶段，主要是对政府的政绩考核。政绩考核实质上既是落实地方政府经济和社会发展战略的重要手段，也是推动体制创新的重要工具，政绩考核目标已成为左右地方政府首脑和部门首脑执行决策的基本依据。但是，对政府进行政绩考核只说明政府职能的一方面，不能真实反映政府绩效的全部。因此，应借鉴世界各国的绩效评价指标，联系我国的国情，设立具有中国特色的政府绩效评价指标体系。

4.7.1　绩效评价指标数据来源和财务数据的相关性分析

根据中央部门预算绩效运行监控管理暂行办法财预〔2019〕136号精神，对预算资金的预算执行情况和绩效目标实现程度开展的监督、控制和管理活动。绩效目标完成情况包括以下三个方面：一是预计产出的完成进度及趋势，包括数量、质量、时效、成本等；二是预计效果的实现进度及趋势，包括经济效益、社会效益、生态效益和可持续影响等；三是跟踪服务对象满意度及趋势。一级指标和二级指标是固定指标，三级指标或四级指标可由评价单位根据实际业务情况自行设计，其评价数据来源应根据国家和单位政府以及财务会计数据分析填写，如表4－5所示。

表4－5　　绩效指标数据来源和财务数据的关系

一级指标	二级指标	和财务数据关系	填写说明
立项决策	项目立项	无	根据国家政策分析填列
	绩效目标	无	根据绩效指标的设置合理性分析填列
项目管理过程	资金管理	有	根据收入项目和资金余额分析填列
	业务管理	无	根据机构设置的合理性分析填列
	财务管理	无	根据财务制度和资金使用合理性分析填列

续表

一级指标	二级指标	和财务数据关系	填写说明
产出指标	数量指标	无	根据项目产出数量分析填列
	质量指标	无	根据项目产出质量分析填列
	时效指标	有	根据收入项目、项目完成情况等分析填列
	成本指标	有	根据成本费用指标分析填列
效益指标	社会效益	有	根据对社会责任贡献等分析填列
	经济效益	有	根据投入和产出分析填列
	生态指标	无	根据生态环境状况分析填列
	可持续指标	有	根据生态和人才支持项目分析填列
满意度	满意度指标	无	根据调查表填报

4.7.2 单位绩效评价体系构建

（1）以业务活动为目标的绩效评价体系分析。以单位业务活动为目标构建评价体系，是指把一个单位所有的业务活动归为一个整体，然后进行分类整理，归纳出相同的业务，对该项业务所涉及的业务活动进一步分析，对其成本构成进行对比分析，为了更清晰反映投入和产出结果，还可设计三级甚至是四级指标，按照绩效评价指标体系进行分析填写。这种评价方法适用于业务活动比较单一的单位，如体育部门。

（2）以单位为目标的绩效评价体系分析。以单位为评价目标构建评价体系，是指把一个部门作为一个评价单位，根据管理活动和资金支出去向和结果进行细分，执照绩效评价指标的一级和二级指标进行归类整理，分析填写其评价内容。这种方法适用于政府部门的绩效评价。

（3）以业务活动和单位相结合的绩效评价体系分析。以业务活动和单位绩效评价相结合的绩效评价模式，是既以业务活动为目标进行评价也有部门为目标进行评价。采用这些方法的原因是因为有些部门涉及的业务比较多，其管理活动范围也比较广，如果仅按照管理部门进行评价，就不包括其业务活动，评价的结果则不能包括准确反映其绩效；如果按照业务活动进行评价，该单位的比较复杂的管理活动就不能完全涵盖其中。这种评价方法适用于管理部门和业务活动部门相对均衡的单位，如高校。

高校的管理部门和政府管理部门不同。高校总的来说包括行政管理部门和教学单位，行政管理部门的业务不仅有单独的行政管理，如校长办公室，还有科研服务、教学服务和后勤保障部门，如社科处、教务处和信息中心等，其业务活动有极大的不同，所以不能把业务活动归集在一起进行评价，可对其进行单独评价。

肩负着对国家人才培养的高校教学单位，其活动也有其独特性，高校教学单位不仅有对教师和学生日常的教学管理活动，也有培养学生动手能力的实习实践活动和比赛活动，还有培养学生思想政治素养的党团活动，以及培养学生科研能力的科研活动和针对学生的学术讲座。所以针对教学部门的绩效评价可以根据不同的业务活动进行分期评价。

| 第 5 章 |

政府会计在应用型本科高校预算绩效管理中的应用现状

5.1 预算绩效管理中的业务活动分类与成本构成

本部分的研究内容从绩效导向与业务活动动因的角度出发，梳理出各类业务活动之间的关系，进而明确相关业务活动的费用支出、成本标准和成本构成，为绩效指标的设计奠定基础，从而构建出业务活动贯穿预算申报、预算监控、预算绩效评价三个环节的整个链条体系，有助于教学院部和行政管理部门对业务活动进行绩效评价，从而提升教学和管理成效。

5.1.1 应用型本科高校业务活动分类

教学、科研、社会服务是高校的三大核心职能。按照职能大类，可以将高校的职能活动分为：(1) 教学活动，主要是各个教学院部所开展的业务活动；(2) 行政管理活动，主要是党办、校办、组织部、宣传部、工会、人事处等部门的所开展的业务活动；(3) 教学管理（服务）活动，主要是教务处、科研处、发展规划处、学生处、招生就业处等部门所开展的业务活动；(4) 后勤保障及教辅活动，主要是后勤保障服务中心、图书馆、学报、信息中心、工训中心等部门所开展的业务活动。

(1) 教学活动分类。

为了体现费用支出与业务活动之间的关系，体现以业务活动为出发点的预算管理理念，我们根据费用支出的去向和功能分类，将高校各项经费支出按照业务活动进行划分。结合财务处提供的政府会计核算数据和信息资料，院部的教学活动可以分为日常管理、教学业务活动、实习实验活动、党团及学生管理活动、科研活动等五大类活动，具体的业务活动分类如图 5－1 和图 5－2 所示。

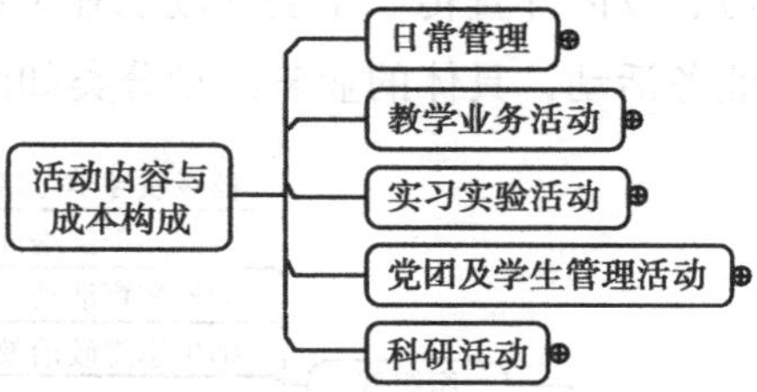

图 5－1　教学活动的五大分类

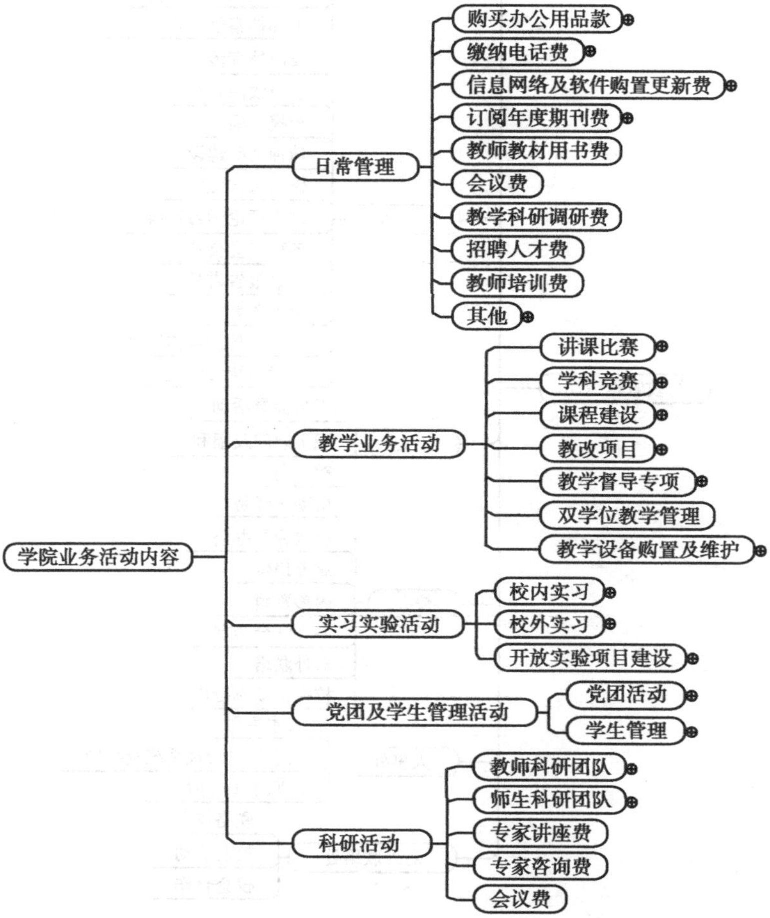

图 5－2　教学活动的具体业务活动分类

(2) 行政管理活动分类。

结合财务处提供的政府会计核算数据和信息资料，行政管理活动主要包括培训学习、思想政治教育活动、基层党组织建设、精神文化建设、校园文化建设、政治理论学习、校内外宣传、工会活动、业务招待、对外联络、人才招聘、校友活动等业务活动，具体的业务活动分类如图5－3所示。

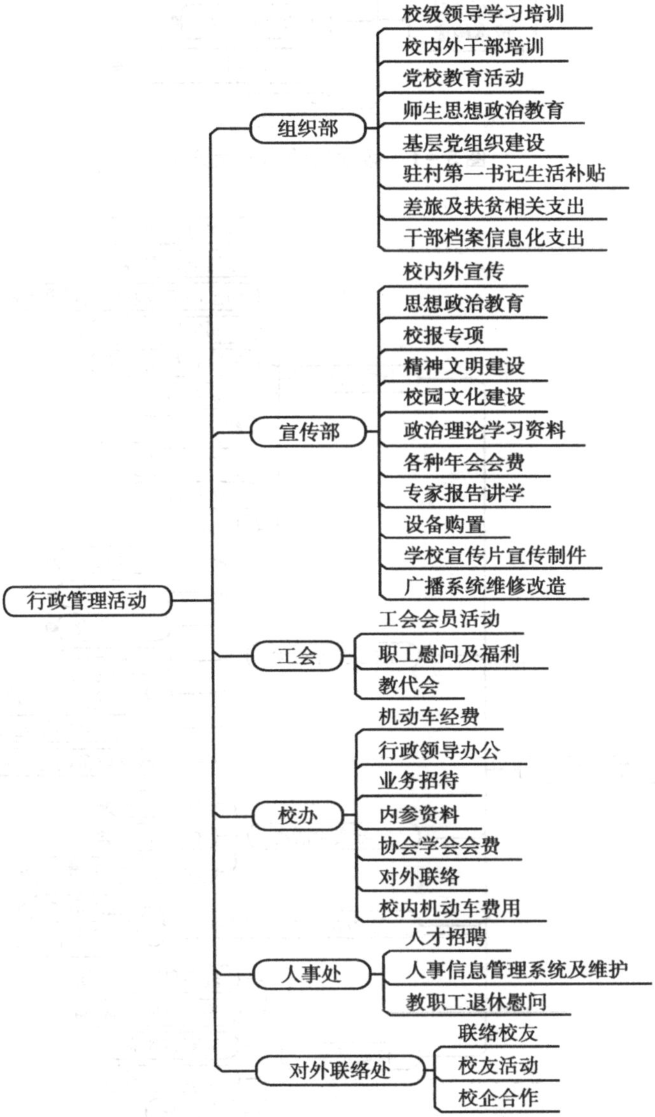

图5－3　行政管理活动的具体业务活动分类

(3) 教学管理(服务)活动。

结合财务处提供的政府会计核算数据和信息资料，教学管理(服务)活动主要包括学生考试、教师教学技能培训、开放实验、教学改革、课程建设、教学督导、新申专业、申硕、招生宣传、入学教育、奖助困补发放、创新创业培训、第二课堂、学生实践活动、心理辅导、就业指导、课题申报、立项结项办理、开展科研讲座、教学审核评估、双万计划的推进等业务活动，具体的业务活动分类如图5-4所示。

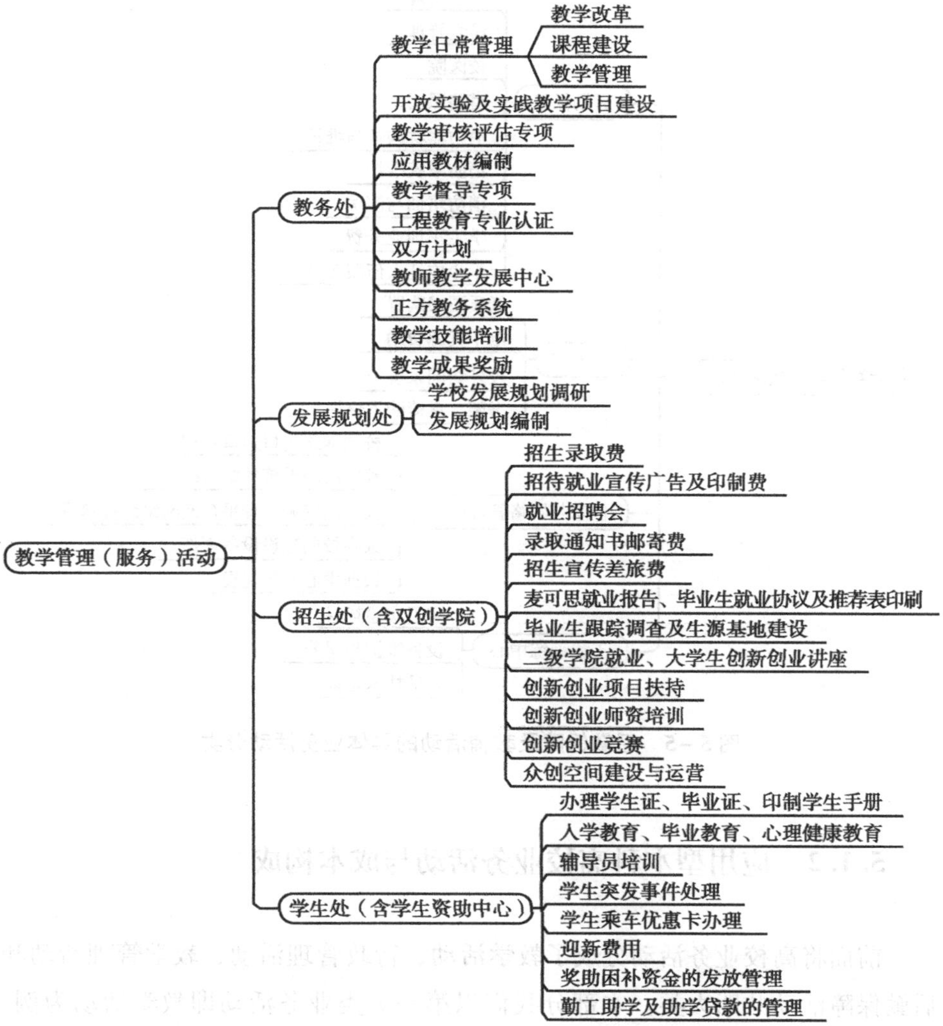

图5-4　教学管理（服务）活动的具体业务活动分类

（4）后勤保障及教辅活动。

结合财务处提供的政府会计核算数据和信息资料，后勤保障及教辅活动主要包括水电气暖供应、宿舍管理、食堂管理、医疗卫生、保洁绿化、安全培训与演练、图书购置与管理、电子平台构建、教学设施维护、网络设施维护、数字校园建设、工程实训等业务活动，具体的业务活动分类如图 5 –5 所示。

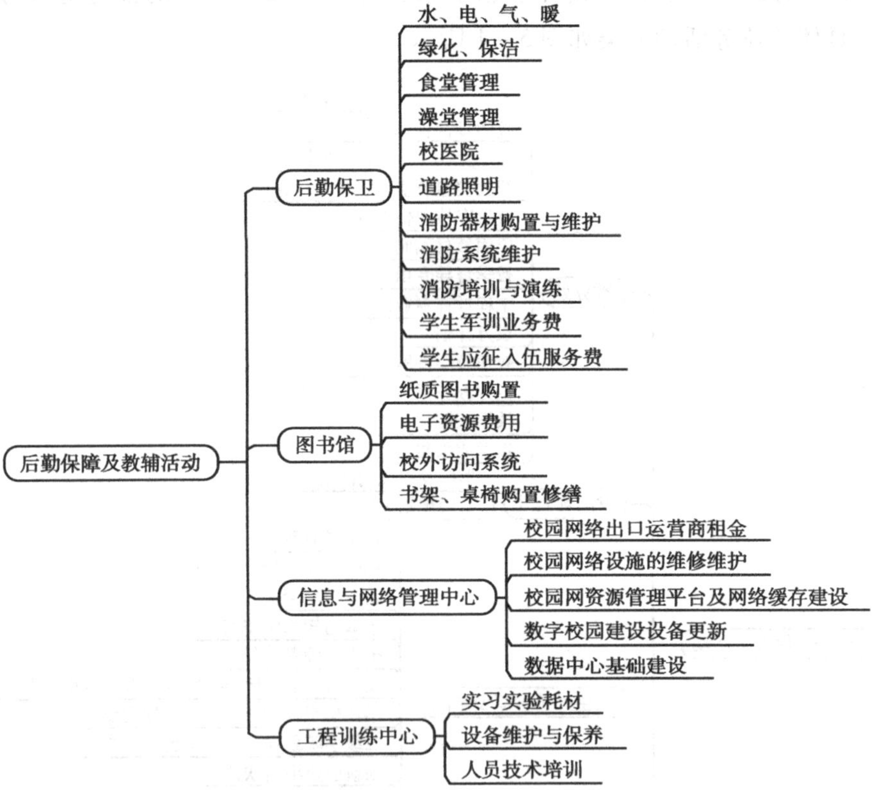

图 5 –5　后勤保障及教辅活动的具体业务活动分类

5.1.2　应用型本科高校业务活动与成本构成

前面将高校业务活动分成了教学活动、行政管理活动、教学管理活动和后勤保障活动共四大类。本部分我们以第一大类业务活动即教学活动为例，来详细剖析教学活动及其成本构成。教学活动主要是指各个教学院部所开展的业务活动，通过对A高校24个教学院部的调研和访谈，梳理各个教学院部的业务活动内容及工作重点，整理出教学活动主要涉及的业务为：日常管理活动、教学业务活动、实习实验活动、党团及学生管理活动和科研管理活动等五个部分。因此，以下业务活动与成本构成分析主要围绕以上五个核心业务活动展开分析。

（1）日常管理活动的业务活动及其成本构成。由表5－1可知，教学活动中的日常管理活动主要分为购买办公用品、制作展板条幅、文件整理、订阅、调研培训等业务活动，这些业务活动引起的费用支出计入业务活动费用（5001）科目下面的教育费用（500101）。进一步来讲，这些业务活动的成本构成主要是办公费、邮电费、会议费、差旅费、培训费等直接计入成本的费用支出，以及办公资产折旧费、无形资产摊销费等分摊计入成本的资本性支出。

表5－1　　日常管理活动及其成本构成

业务活动		成本构成	
日常管理	购买办公用品	办公费	
	制作办公室橱窗	办公费	
	制作教学展板条幅	办公费	
	教学资料的打印复印	办公费	
	缴纳电话费	邮电费	电话通讯费
	邮寄文件	邮电费	邮寄费
	购置信息网络及软件购置更新	办公费	
	订阅年度期刊	办公费	
	购教师教材用书	办公费	
	参加会议	会议费	
	教学科研调研	差旅费	
	招聘人才	差旅费	
	教师培训	培训费	短期培训与进修
	其他，如防疫物资等	其他商品服务支出	

（2）教学业务活动的具体业务活动及其成本构成。由表5－2可知，教学活动中的教学业务活动主要分为组织讲课比赛、学科竞赛、课程建设、教研教改、教学督导、教学设备购置及维护等业务活动，这些业务活动引起的

费用支出计入业务活动费用（5001）科目下面的教育费用（500101）。进一步来讲，这些业务活动的成本构成主要是办公费、劳务费、会议费、差旅费、培训费、督导费、维修（护）费、邮电费、专用材料费、专项业务费等直接计入成本的费用支出，以及固定资产折旧费、无形资产摊销费等分摊计入成本的资本性支出。

表 5－2　　　　教学业务活动及其成本构成

<table>
<tr><th colspan="4">业务活动</th><th colspan="2">成本构成</th></tr>
<tr><td rowspan="26">教学业务活动</td><td rowspan="9">讲课比赛</td><td rowspan="5">国家级/省级</td><td>资料</td><td>办公费</td><td></td></tr>
<tr><td>交通</td><td>其他交通费</td><td>市内出租车费用</td></tr>
<tr><td>差旅</td><td>差旅费</td><td></td></tr>
<tr><td>伙食</td><td>差旅费</td><td></td></tr>
<tr><td>专家指导</td><td>劳务费</td><td>其他</td></tr>
<tr><td rowspan="4">校级</td><td>资料</td><td>办公费</td><td></td></tr>
<tr><td>交通</td><td>其他交通费</td><td>市内出租车费用</td></tr>
<tr><td>伙食</td><td>办公费</td><td></td></tr>
<tr><td>专家指导</td><td>劳务费</td><td>其他</td></tr>
<tr><td rowspan="7">学科竞赛</td><td colspan="2">住宿</td><td>差旅费</td><td></td></tr>
<tr><td colspan="2">市内比赛交通</td><td>其他交通费</td><td>市内出租车费用</td></tr>
<tr><td colspan="2">市外比赛交通</td><td>差旅费</td><td></td></tr>
<tr><td colspan="2">伙食</td><td>差旅费</td><td></td></tr>
<tr><td colspan="2">专家讲座</td><td>劳务费</td><td>其他</td></tr>
<tr><td colspan="2">宣传制作</td><td>专项业务费</td><td>学生活动费</td></tr>
<tr><td colspan="2">参赛服装</td><td>专项业务费</td><td>学生活动费</td></tr>
<tr><td rowspan="10">课程建设</td><td rowspan="5">校级课程建设</td><td>课程录制</td><td>专项业务费</td><td>课程建设</td></tr>
<tr><td rowspan="2">调研</td><td>差旅费</td><td></td></tr>
<tr><td>会议费</td><td></td></tr>
<tr><td>资料</td><td>专用材料费</td><td>资料费</td></tr>
<tr><td>交通</td><td>其他交通费</td><td>市内出租车费用</td></tr>
<tr><td rowspan="4">省级课程建设</td><td rowspan="2">调研</td><td>差旅费</td><td></td></tr>
<tr><td>会议费</td><td></td></tr>
<tr><td>资料</td><td>专用材料费</td><td>资料费</td></tr>
<tr><td>交通</td><td>其他交通费</td><td>市内出租车费用</td></tr>
</table>

续表

<table>
<tr><th colspan="4">业务活动</th><th colspan="2">成本构成</th></tr>
<tr><td rowspan="14">教学业务活动</td><td rowspan="8">教改项目</td><td colspan="2">资料</td><td>专用材料费</td><td>资料费</td></tr>
<tr><td colspan="2">培训</td><td>培训费</td><td>短期培训与进修</td></tr>
<tr><td colspan="2">会议</td><td>会议费</td><td></td></tr>
<tr><td colspan="2">课程录制</td><td>专项业务费</td><td>课程建设</td></tr>
<tr><td colspan="2">版面</td><td>专项业务费</td><td>版面费</td></tr>
<tr><td colspan="2">邮寄</td><td>邮电费</td><td>邮寄费</td></tr>
<tr><td rowspan="2">调研</td><td>差旅</td><td>差旅费</td><td></td></tr>
<tr><td>会议</td><td>会议费</td><td></td></tr>
<tr><td rowspan="2">教学督导专项</td><td colspan="2">校级督导</td><td>督导费</td><td></td></tr>
<tr><td colspan="2">院级督导</td><td>督导费</td><td></td></tr>
<tr><td>双学位教学专项</td><td colspan="2"></td><td>绩效工资</td><td>课时费</td></tr>
<tr><td rowspan="3">教学设备购置及维护</td><td colspan="2">设备购置</td><td>资本性支出</td><td></td></tr>
<tr><td colspan="2">室内改造</td><td>维修（护）费</td><td>房屋维修</td></tr>
<tr><td colspan="2">设备维护</td><td>维修（护）费</td><td>教学仪器设备维修</td></tr>
</table>

（3）实习实验活动的具体业务活动及其成本构成。由表5-3可知，教学活动中的实习实验活动主要分为校内实习、校外实习、开放实验等，主要有购置实训设备、购买电子类耗材、纸质耗材、讲座、实习指导等业务活动，这些业务活动引起的费用支出计入业务活动费用（5001）科目下面的教育费用（500101）。进一步来讲，这些业务活动的成本构成主要是专项业务费中的实习试验费（校内实训）、实习试验费（校外实训）、劳务费、材料费、专用工器具等直接计入成本的费用支出，以及固定资产折旧费、无形资产摊销费等分摊计入成本的资本性支出。

表5-3　　　　实习实验活动及其成本构成

<table>
<tr><th colspan="3">业务活动</th><th colspan="2">成本构成</th></tr>
<tr><td rowspan="4">实习实验活动</td><td rowspan="4">校内实习</td><td>购置实训专用设备</td><td>专用工器具</td><td></td></tr>
<tr><td>电子类耗材</td><td>专项业务费</td><td>实习试验费（校内实训）</td></tr>
<tr><td>纸质耗材</td><td>专项业务费</td><td>实习试验费（校内实训）</td></tr>
<tr><td>外聘教师讲座</td><td>专项业务费</td><td>实习试验费（校内实训）</td></tr>
</table>

续表

业务活动			成本构成	
实习实验活动	校外实习	学生保险	专项业务费	实习试验费（校外实训）
		校外实习导师指导	专项业务费	实习试验费（校外实训）
	开放实验项目建设	实验材料		实验材料费
		学生劳务		劳务费
		教师指导		

（4）党团及学生管理活动的具体业务活动及其成本构成。由表5－4可知，教学活动中的党团及学生管理活动主要分为购买学习资料、外出考察学习、学科竞赛、专家讲座、外出比赛、校内赛事、毕业典礼、迎新活动、学生文体活动等业务活动，这些业务活动引起的费用支出计入业务活动费用（5001）科目下面的教育费用（500101）。进一步来讲，这些业务活动的成本构成主要是专项业务费中的学生活动费、差旅费、劳务费、资料费、宣传费等直接计入成本的费用支出，以及固定资产折旧费、无形资产摊销费等分摊计入成本的资本性支出。

表5－4　　党团及学生管理活动及其成本构成

业务活动				成本构成	
党团及学生管理活动	党团活动	教师学习资料		专用材料费	资料费
		学生学习资料		专项业务费	学生活动费
		外出学习	市内交通	其他交通费	市内出租车费用
			市外交通	差旅费	
			伙食	差旅费	
			宣传	其他商品和服务支出	宣传费
		竞赛	打印、印刷	专项业务费	学生活动费
			奖品	专项业务费	学生活动费
		专家讲座		劳务费	其他
	学生管理	学生活动	市内交通	其他交通费	市内出租车费用
			市外交通	差旅费	
			印刷	专项业务费	学生活动费
			宣传	专项业务费	学生活动费
			用品	专项业务费	学生活动费

续表

业务活动				成本构成	
党团及学生管理活动	学生管理	参赛服装租赁		专项业务费	学生活动费
		比赛奖品		专项业务费	学生活动费
		宣传制作		专项业务费	学生活动费
		特色赛事用品购置	中兴杯		
		毕业典礼	毕业奖品	专项业务费	学生活动费
			档案邮寄	专项业务费	学生活动费
			印刷	专项业务费	学生活动费
		迎新活动	印刷	专项业务费	学生活动费
			宣传制作	专项业务费	学生活动费
			伙食	专项业务费	学生活动费
			服装购置	专项业务费	学生活动费
			交通	专项业务费	学生活动费

（5）院部科研管理活动的具体业务活动及其成本构成。由表 5－5 可知，教学活动中的科研管理活动主要分为专家讲座、专家咨询、参加会议、培训、调研等业务活动，这些业务活动引起的费用支出计入业务活动费用（5001）科目下面的教育费用（500101）。进一步来讲，这些业务活动的成本构成主要是专家劳务费、会议费、差旅费等直接计入成本的费用支出，以及固定资产折旧费、无形资产摊销费等分摊计入成本的资本性支出。

表 5－5　　　　科研管理活动及其成本构成

业务活动			成本构成	
科研活动	教师科研团队	专家讲座	劳务费	其他
		专家咨询	劳务费	其他
		会议	会议费	
	师生科研团队	专家讲座	劳务费	其他
		专家咨询	劳务费	其他
		会议	会议费	
	专家讲座		劳务费	其他
	专家咨询		劳务费	其他
	会议		会议费	

5.2 政府会计在预算绩效管理中的现状及存在的问题

5.2.1 政府会计科目设置

A高校（河南省一所应用型本科高校）有32个职能部门和24个学院。目前，学校财务处对校内各职能部门、院系采取统一核算管理，即由职能部门和院系收集、审核票据后，报送至财务处复核、记账，账务核算及年终决算报表统一由财务处负责，预算申报及决算分析由各单位负责。在政府会计的科目设置方面，费用类科目主要包括业务活动费用及单位管理费用等。业务活动费用主要核算教学单位为实现教学目标，开展教学活动发生的各项费用；单位管理费用主要核算行政及后勤管理部门开展管理活动发生的各项费用。本章主要对业务活动费用和单位管理费用进行分析研究，目前业务活动费用和单位管理费用核算明细科目设置，包括工资福利支出、商品和服务支出、对个人和家庭的补助、固定资产折旧费及无形资产摊销费等，具体内容如图5-6和图5-7所示。

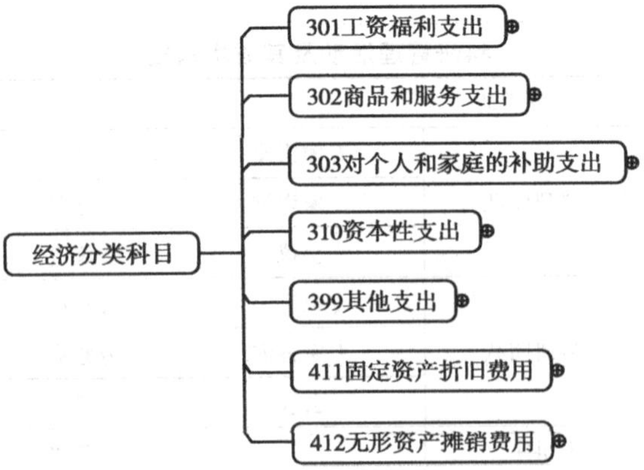

图5-6 高校业务活动费用和单位管理费用明细科目结构

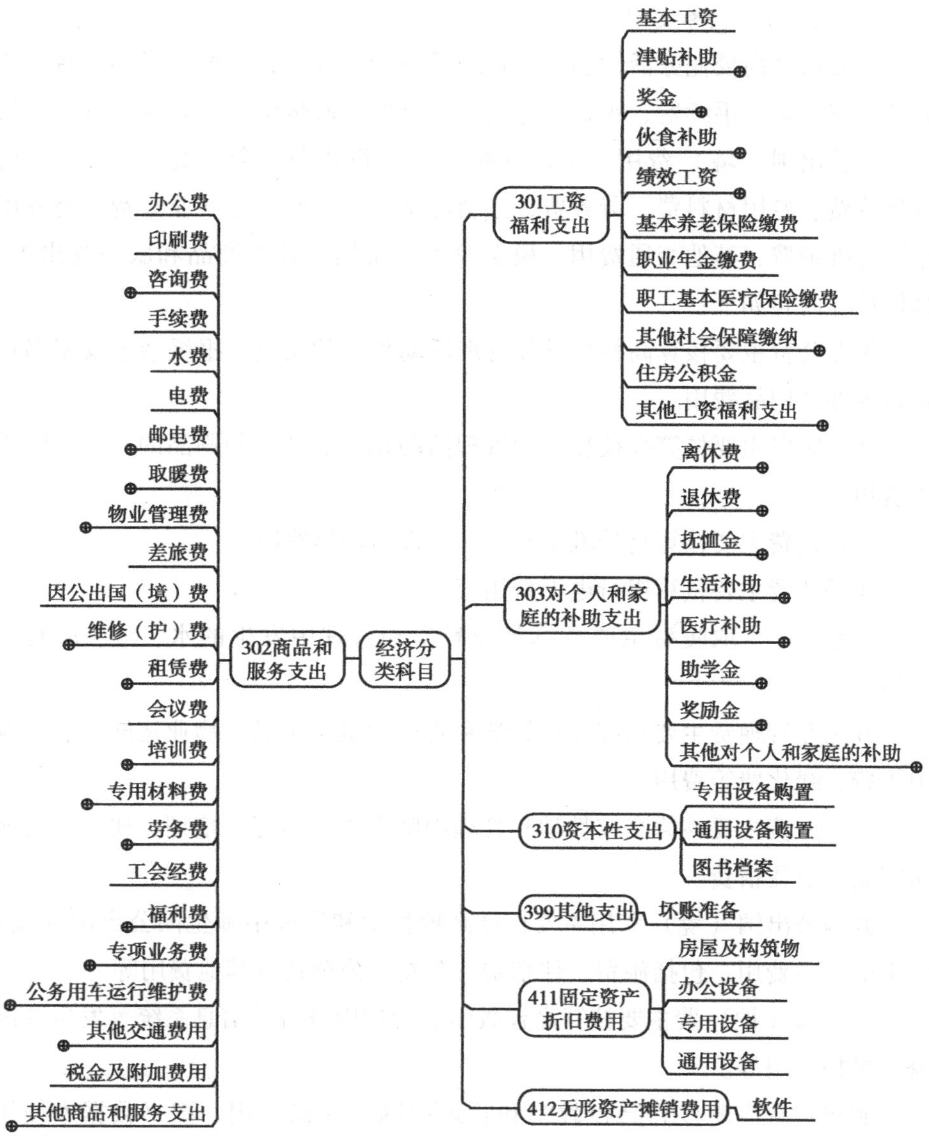

图5-7　明细科目结构

（1）工资福利支出。

本科目核算在编和聘用制教职工的基本工资、津贴补贴、奖金、绩效工资、基本养老保险缴费、职业年金缴费、职工基本医疗保险缴费、其他社会保障缴费等。

（2）商品和服务支出。

主要核算高校业务活动和各类管理活动费用开支，主要包括办公费、印刷费、咨询费、手续费、水费、电费、邮电费、取暖费、物业管理费、差旅费、因公出国（境）费用、维修（护）费、租赁费、会议费、培训费、公务接待费、专用材料费、劳务费、工会经费、福利费、专项业务费、公务用车运行维护费、其他交通费用、税金及附加费用、其他商品和服务支出等。具体核算内容如下：

①办公费主要核算高校教学和管理活动相关的文具、报纸杂志及图书资料费等办公用品费用。

②印刷费主要核算高校教学和管理活动相关的纸张印刷品的打印、印刷等费用。

③咨询费主要核算高校教学和管理咨询活动等费用。

④手续费主要核算银行电汇费用等。

⑤水、电、取暖费主要核算高校教学和管理中发生的水、电、取暖等费用。

⑥物业管理费主要核算高校教学和管理中卫生工具、物业运转费、物业卫生费、绿化费等费用。

⑦差旅费主要核算高校教学和管理中师生外出学习、培训、比赛等的城市间旅费及住宿费。

⑧因公出国（境）费用主要核算高校教学和管理中师生因公出国（境）发生的各项费用，包括旅费、住宿费、食费、公杂费及其他费用等。

⑨维修（护）费主要核算高校教学和管理中设备及信息系统等发生的维修、维护费用等。

⑩租赁费主要核算高校教学和管理中网络通讯费用、图书数据库使用费等。

⑪会议费主要核算高校教学和管理中举办的各种会议所发生的费用等。

⑫培训费主要核算高校教学和管理中的培训费用，如学位学费、短期培训与进修费等。

⑬公务接待费主要核算高校教学和管理中与外来交流人员的接待费，包括旅费、住宿费、伙食费及其他费用等。

⑭专用材料费主要核算高校教学和管理中采购专用材料等发生的支出，包括资料费、专用工器具、实验材料等。

⑮劳务费主主要核算高校教学和管理中所需外聘相关人员的劳务费，包括临时工工资、外聘工资、返聘人员工资、实习工厂工资等。

⑯工会经费主要核算高校教学和管理中提取的工会费用。

⑰福利费主要核算高校教学和管理中为教职工支付的福利相关费用支出。

⑱专项业务费主要核算高校教学和管理中的招生就业费、体育维持费、培训班、军训费用、本专科业务费、版面费、查新费、出版编审费、专利费、校方责任险、课程建设等费用。

⑲公务用车运行维护费主要核算公务用车燃料费、过路费、保养费、保险费、维修费等费用。

⑳其他交通费用主要核算高校教学和管理中的租车费用、市内出租车费用、其他燃料、保险、维修费等。

㉑税金及附加费用主要核算横向项目所发生的相关费用。

㉒其他商品和服务支出主要核算高校教学和管理中的宣传费、会员费、诉讼费、离退休人员公用经费、扶贫专项费用等。

（3）对个人和家庭的补助。

主要核算发放给教职工的抚恤金外，还有生活补助、医疗费补助、助学金、奖励金、其他对个人和家庭的补助等。其中抚恤金主要指抚恤金、丧葬费；生活补助主要是指遗属补助、医疗费补助主要是指学生医疗费；助学金主要指校内奖学金、勤工助学、励志奖学金、国家奖学金、国家助学金、冬季困难补助等；奖励金主要是指独生子女补助；其他对个人和家庭的补助主要是指安家费。

（4）资本性支出主要核算图书档案的购置支出。

（5）其他支出主要指坏账准备的计提。

（6）固定资产折旧费主要核算房屋及构筑物、办公设备、专用设备、通用设备等折旧费用。

（7）无形资产摊销费主要指软件的摊销。

5.2.2 预算申报方面存在的问题

（1）在预算申报方面，目前该校使用的财务系统和软件，只是用于事后的财务核算、财务报销，缺少预算申报模块的设置。各个职能部门和教学院部申报预算，基本上是参照以往年度的历史痕迹，而不是以学校的发展目标、以要开展的业务活动为导向，因此预算申报环节具有“盲目性”、不能反映其申报预算资金的动因（具体活动、人员数量、成本标准等）。

（2）预算申报与业务活动、会计科目相脱离。预算申报前应先考虑学校的战略发展目标是什么，进而围绕学校的战略发展目标、本部门的发展目标以及要开展的业务活动有哪些，要开展相关的业务活动相应的资金使用应该是多少，这些资金的使用去向应填报到哪些具体的会计科目中，进而汇总核算出每项业务活动的资金预算，再进而核算出本部门的预算。遗憾的是，目前的预算申报与业务活动、会计科目这一逻辑链条关系基本不存在。而且，目前的政府会计科目设置应再具体和细化，至少细化至五级明细科目。

（3）预算申报环节缺少成本标准。例如，要做学科竞赛的预算申报，其中的差旅费、专项材料费、劳务费、补助支出等，应按照多大的金额核算标准进行预算填报，目前缺少相应的成本标准和填报依据，因此也不能反映出业务活动或者部门填报的预算金额是否合理。再如，专用材料费和专项业务费，种类多样，无法统一核定。专用材料费主要指资料费、专用工器具、实验材料费等；专项业务费主要指实习实验费、学生活动费、招生就业费、培训班、军训费用检测测试试验费、版面费、查新费、出版编审费、专利费、校方责任险、课程建设。这些费用之间差异较大，需要各自设置成本核定标准，不能完全统一口径。

5.2.3 预算监控方面存在的问题

（1）在预算监控方面，由于财务系统中没有预算申报模块，因此预算监控无法通过系统直接关联，也无法通过会计科目的金额变化来进行有效的预算监控。各职能部门和教学院部目前主要观测的是收支预算安排情况、收入支出预算执行情况、与上级预算对比情况、本年度预算执行情况分析、与上年度预算执行数对比分析等。少有从功能分类的角度进行收入支出结构分析，即从业务活动角度进行分析。

（2）预算监控是事中监控而非事后监控，也就是预算监控是在年末之前定期进行若干次，以及时纠偏。但学校目前基本不存在预算监控体系，从政府会计科目金额的变化、在会计科目间设计勾稽指标进行预算监控更是无从谈起。前面我们已提及，预算申报是围绕战略发展目标和业务活动进行填报，随着业务活动的有序开展，预算资金也在不断支出，预算监控不仅仅监控的是资金的支出情况，也要监控业务活动，资金的支出进度与业务活动的进度是否相匹配，业务活动的执行是否合法、合规、合理，预算资金的支出使用是否合法、合规、合理，因此设计一套既包含会计指标又包含业务指标的指标监控体系，才有助于及时发现问题、及时纠偏，使预算资金的花费更有质量、更有效益，有利于最终绩效目标的实现。

（3）预算监控应具有一定的周期性，如一个季度是一个周期，或者半年是一周期，预算监控结果有路径反馈，用于改进下一周期的绩效管理工作。学校目前缺少相关的运行分析与监控机制，未从行政管理和院系部门的维度进行收支情况分析，无法分析各单位的成本管理水平，未从“成本绩效”角度分析资金支出进度，无法分析各部门成本支出的效益水平，未从业务活动动因角度分析支出的合理性，进而无法为成本管控提供数据支持。对行政管理和院系部门尚无系统的监控机制，预算执行情况无法为以后的预算绩效评价和预算批复提供有效的参考依据。

5.2.4　预算绩效评价存在的问题

（1）在预算绩效的评价方面，目前存在的严重问题是为了实现绩效目标不顾成本支出，不考虑成本支出与产出之间的匹配关系，造成了成本投入与产出的严重失衡，进而无法提供绩效导向的“战略目标—业务活动—成本支出”管理信息，也无法准确评估业务活动的“投入—产出”的绩效水平。对于高校管理来讲，目前改革的方向转为成本管控而非一味的绩效评价，更有利于实现绩效管理。因此，如何降低管控成本，并完成高质量的业务活动，是预算绩效改革的重要目标。

（2）高校绩效管理面临成本分类不合理、成本数据相关性不强、成本核算与成本分析不匹配等问题。这些情况既制约了高校成本核算的真实性、成本分析的科学性，又制约了对高校投入产出的客观评价，更阻碍了高校的持续健康发展。参考“作业成本法”方法论，业务消耗活动（作业），活动（作业）消耗资源，活动（作业）是核心。成本管理是以活动为核心，通过“为什么开展活动（动因分析）”及“活动的绩效如何（绩效分析）”的具体分析，建立高校成本管理模式，提高成本管控的有效性。结合前面预算申报和预算监控的问题分析，以业务活动为核心打通和建立“事前（预算申报）、事中（预算监控）、事后（预算绩效评价）”全链条、全闭环的成本管控模式。

（3）目前的预算绩效评价体系基本是业务指标居多，少有财务类指标的运用，运用预算会计指标较多，对财务会计数据应用较少。随着政府会计准则制度的全面实施，政府综合财务报告和政府会计有了大量反映财务状况、运营情况的信息。如何挖掘、分析、使用这些数据信息，使财政工作决策更加科学准确，是目前面临的问题。绩效目标要能清晰反映资金的预期产出和效果，成本预算绩效评价是全面实施预算绩效管理的重中之重，评价结果应当清晰反映成本和效益之间的紧密对应关系，从投入成本、产出质量、效益效果等维度建立成本预算绩效评价指标体系，在业务指标的基础上融入财务类指标突出导向性、可测量性、相关性、合理性，以实现预算安排核成本、资金使用有规范、综合考评讲绩效的预算管理模式，将决算情况及绩效评价情况作为下一年度预算编制和申报的参考依据的管理机制。因此，从绩效导向与业务活动动因的角度，提高高校成本管控水平和绩效管理水平，具有非常重要的现实意义和前瞻性意义。

| 第 6 章 |

应用型本科高校预算绩效指标设计

政府会计为全面实施绩效管理提供了更为科学的管理理念和重要的信息保证，是以科学地进行政府绩效评价为导向的。因此，政府会计是制定科学、合理和全面的预算绩效指标的基础。本书遵循“政府会计—业务活动—预算绩效管理”的设计思路，通过应用型本科高校业务活动将政府会计与预算绩效指标进行关联。重点从教学活动、行政管理活动、教学管理（服务）活动和后勤保障活动四大业务活动设计绩效指标。

6.1 预算绩效指标设计的原则

一是依据明确。指标体系建设要有明确的文件、资料、数据作为支撑。没有明确文件规定的，应经过专家论证，并经部门领导研究同意。

二是内容完整。指标数量能够反映项目全貌，做到关键、核心指标不遗漏，指标之间不重叠，尽量细化，又不过于烦琐。

三是力求量化。项目产出、效益目标要尽量量化，绝对值与相对值均可。确实无法量化，需要进行定性分析的，要合理设置赋分阶梯。

四是科学合理。一方面，绩效目标要具有先进性，充分发挥对实际工作的引领作用，不能低于目前已经达到的目标；另一方面，又要具有合理性，是多数地方、单位经过努力能够达到的目标。

五是便于使用。指标解释简便易懂，数据资料容易搜集，易于操作，便于各方理解和使用。

6.2 基于政府会计的预算绩效指标设计思路

如前面理论分析，目前政府会计与预算绩效管理存在脱离现象，政府会计的信息系统功能未能发挥出来，预算绩效管理也停留在表面，因此本章从政府会计核算内容进行梳理，找到政府会计与预算绩效管理的连接点，为预算绩效管理提供有价值的信息。本章遵循“政府会计—业务活动—预算绩效管理”的设计思路，通过业务活动将政府会计与预算管理进行连接，政府会计是对各项业务活动的确认、计量、记录和报告，预算管理是对各项业务活动投入—产出的管理。因此，本章以业务活动为纽带，将政府会计数据与预算绩效管理进行有机的联系，并以业务活动为基础设计绩效评价指标。

具体来说，从政府会计核算的角度入手，由于政府会计包括预算会计和财务会计，而长期以来预算管理是以预算会计的现金收付制为基础进行编制，财务会计的信息供给作用并未发挥出来，而成本会计更是财务会计中的重要构成。在作业成本法下，业务活动是成本核算的驱动力。预算绩效管理涉及预算编制、预算监督以及预算评价等环节，而绩效指标是各个环节的核心，同时，绩效指标的又是基于各种业务活动的投入而形成的指标。因此，业务活动是构成政府会计与预算绩效管理的纽带，其逻辑如图 6－1 所示。

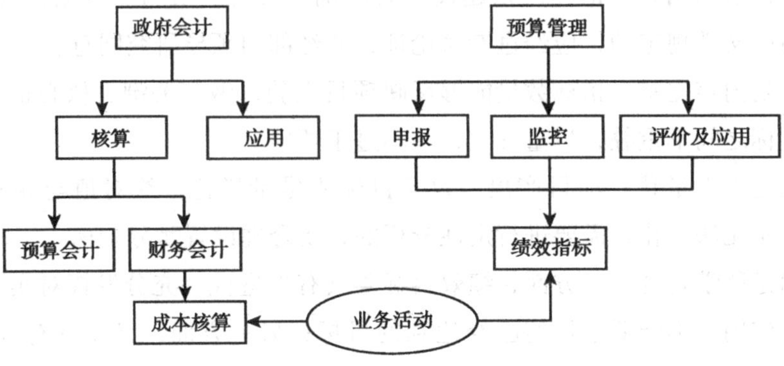

图 6－1　政府会计与预算绩效管理逻辑

6.3　应用型本科高校预算绩效指标设计

应用型本科高校的业务活动主要涉及教学活动、行政管理活动、教学管理（服务）活动和后勤保障活动等内容。本节主要以结果为导向，围绕上述四个核心业务活动设计绩效指标。其中，一级指标和二级指标依据财预〔2020〕10号和河南省《项目支出绩效评价管理办法》进行设计，包括产出指标（数量指标、质量指标、时效指标、成本指标等）、效益指标（经济效益指标、社会效益指标、生态效益指标、可持续影响指标等）和满意度指标（反映服务对象或项目受益人的认可程度的指标），三级指标针对教学活动、行政管理活动、教学管理（服务）活动和后勤保障活动等四大业务活动进行设计，具体指标如下。

6.3.1　教学活动绩效指标设计

6.3.1.1　教学单位主要业务介绍

A高校教学单位共计24个，理工学院共计12个，文科学院共计12个，如表6－1所示。

表6－1　　　　　　　　　　　教学单位

院系类别	院部名称			
理工学院	纺织工程学院	资源与安全工程学院	化工与印染工程学院	环境与生物工程学院
	机械工程学院	电气信息工程学院	土木工程学院	计算机学院
	理学院	管理工程学院	材料工程学院	软件学院
文科学院	服装学院	商学院	会计学院	经济贸易学院
	艺术设计学院	人文政法学院	外语学院	马克思主义学院
	体育教学部	创新创业学院	国际教育学院	继续教育学院

通过对24个教学单位调研和访谈，虽然各个教学单位教学内容以及重点不同，但是涉及的核心工作存在共同点，主要涉及业务包括：日常教

学管理、教学业务活动、实习实验活动、党团及学生管理活动科研管理活动等五部分。另外，根据学院预算编制制度、职能部门以及核心业务活动，因此，对教学单位绩效评价指标的设计主要围绕以上五个核心业务活动进行（见图6－2）。

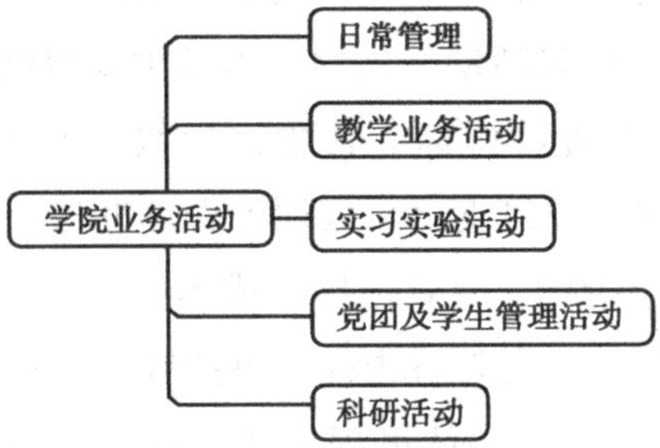

图6－2　学院业务活动内容

6.3.1.2　日常管理绩效指标设置

教学单位是高等学校实施教书育人的核心和基层单位，其日常管理业务也主要围绕院部各种教学、科研、党团以及学生活动等业务的开展提供基础性的服务和统筹工作，是日常教学科研管理的支持，其涉及的日常业务如图6－3所示。因此，相关活动的绩效重点在于工作效率与质量，其绩效指标体系如表6－2所示。

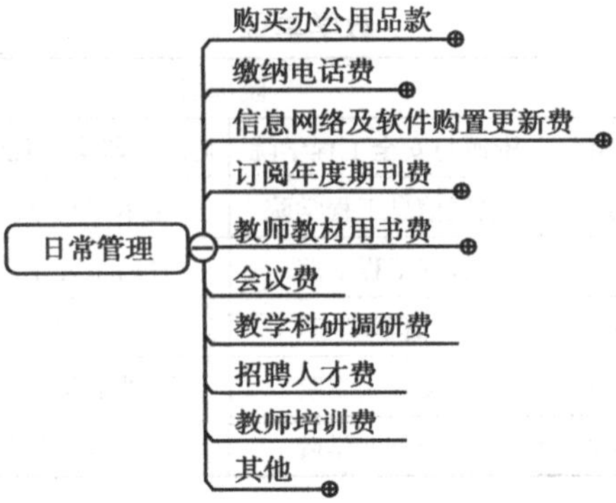

图6－3　学院日常管理业务活动

绩效指标的设置是以业务活动为基础，反映投入产出情况，因此本绩效指标的设置针对院部日常管理业务活动设计绩效指标，如表6－2所示。值得说明的是，由于部门业务不能完全体现出来所有产出指标、效益指标和满意度等全部信息，因此，表6－2在设计时未将其列示，仅列示出可指标化的指标。

表6－2　　日常管理业务绩效指标

一级指标	二级指标	三级指标	指标值	指标说明
产出指标	数量指标	期刊数量	册	购置期刊数量
		参加会议次数	次	实际会议次数
		培训次数	次	实际参加培训次数
		资产增加量	万元	预算年度新增资产价值
	质量指标	期刊借阅率	%	借出期刊数量/期刊总数量
		参加会议规格	等级	反映参加会议等级（省级、厅级以及校级培训）
		教师实践培训规格	等级	反映参加培训等级（省级、厅级以及校级培训）
	成本指标	人均办公经费	人/元	办公经费总额/教师人数
		办公经费占比	%	办公经费/总预算支出
		成本合理节约率	%	本期实际人均办公经费/上期人均实际办公经费
满意度	服务对象满意度	教师满意度分值	级别	按满意、基本满意、不满意3个档级
		学生满意度分值	级别	按满意、基本满意、不满意3个档级

6.3.1.3　教学管理活动绩效指标设置

（1）教学管理业务活动（见图6－4）。

（2）教学管理业务绩效指标。

基于图6－4的教学管理业务活动，设计教学管理活动绩效指标如表6－3所示。

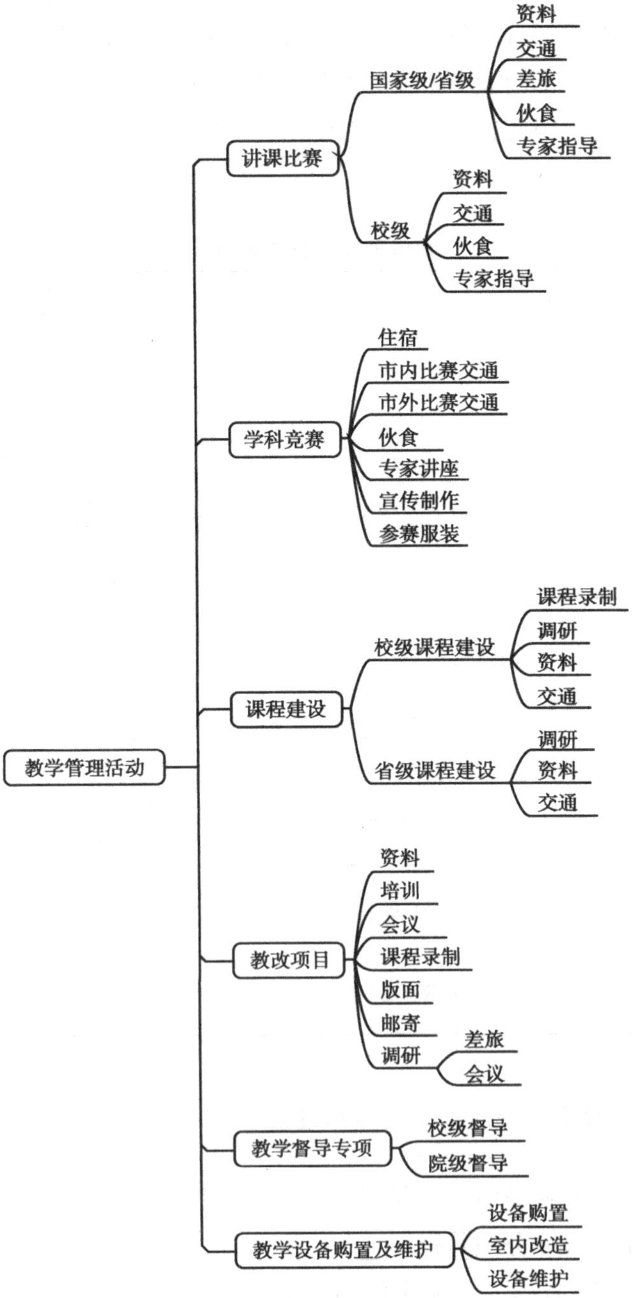

图 6－4　教学管理活动内容

表6－3　　教学管理活动绩效指标

一级指标	二级指标	三级指标	指标值	指标说明
产出指标	数量指标	讲课比赛人数	人	参加讲课比赛教师人数
		讲课比赛次数	次	讲课比赛总次数
		申报一流课程数量	门	申报一流专业课程数量
		校企开发课程数量	门	校企开发课程数量
		教改项目申报数量	项	申报教改项目数量（包括省级、厅级和校级）
		学生竞赛人数	人	参加科学竞赛学生人数
		学生竞赛次数	次	参加科学竞赛次数
		教研论文数量	篇	发表教研论文篇数
		编写教材数量	册	编写教材总数量
	质量指标	国家/省级讲课比赛获奖实现程度	%	国家级（省级）讲课比赛获奖数量/申报讲课比赛数量
		校级讲课比赛获奖实现程度	%	校级讲课比赛获奖数量/申报讲课比赛数量
		国家级/省级一流课程获批数量占比	%	国家级（省级）一流课程获批数量/国家级（省级）一流课程申报数量
		校企开发课程开课率	%	校企开发课程开课门数/校企开发课程数量
		国家级教改项目立项率	%	国家级教改项目立项数/国家级教改项目申报数
		省级家级教改项目立项率	%	省级教改项目立项数/省级教改项目申报数
		校级教改项目立项率	%	校级教改项目立项数/校级教改项目申报数
		国家/省级学科竞赛获奖实现率	%	国家（省级）学科竞赛获奖数/国家（省级）学科竞赛申报数
		校级学科竞赛获奖实现率	%	校级学科竞赛获奖数/校级学科竞赛申报数
		规划教材立项率	%	规划教材立项数/规划教材申报数

续表

一级指标	二级指标	三级指标	指标值	指标说明
产出指标	质量指标	核心教研论文发表率	%	核心教研论文发表数/教研论文总发表数
		教师参加企业实训培训的人数占比	%	教师参加企业实训培训的人数/学院教师总人数
	社会效益	教改课程应用数	门	教改课程在开课
		教学成果奖数量	项	教学成果获奖数量
		课程思政建设数	门	课程思政课程数量
		学生课外实践竞赛获奖	项	学生课外实践竞赛获奖数量
		大学生创业数量	人	大学生创业数量
满意度	服务对象满意度	教师满意度分值	级别	按满意、基本满意、不满意3个档级
		学生满意度分值	级别	按满意、基本满意、不满意3个档级
		上级主管部门满意度	级别	按满意、基本满意、不满意3个档级

6.3.1.4 实习实验活动绩效指标设置

(1) 实习实验活动业务。

根据访谈和调研，院部实习实验活动涉及内容如图6-5所示。

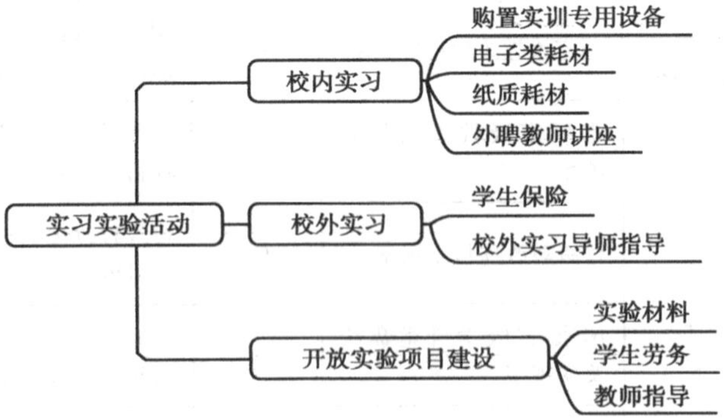

图6-5 实习实验活动

(2) 实习实验活动绩效指标。

根据实习实验活动业务内容，设计绩效指标如表6-4所示。

表 6-4　　实习实验活动绩效指标

一级指标	二级指标	三级指标	标准值	指标解释
产出指标	数量指标	校内实训课程数	门	开设的校内实训课程数
		校内实训学生人数	人	参加校内实训学生的人数
		校外实训学生人数	人	参加校外实训学生的人数
		校内教学仪器增加量	台/人	校内实训实验教学仪器增加数/校内实训实验学生人数
		开放实验课程次数	次	开放实验课程的次数
		实验教学平台数量	个	实验教学平台应用的数量
		智慧实验室	个	智慧实验室应用的数量
		开展社会调查次数	次	开展社会调查的次数
		校外实训基地学生接待人次	人/次	校外实训基地学生接待人数/接待次数
		外聘教师讲座数	次	外聘教师讲座总次数
	质量指标	毕业设计选题来自社会实践占比	%	毕业设计选题来自社会实践数量/总毕业设计数量
		学生专利数	个	学生申报专利数量
		学生参与教师横向科研项目的占比	%	参与教师横向科研项目学生人数/学生总人数
		毕业生在本专业相关领域就业的人数比例	%	毕业生在本专业相关领域就业的人数/毕业生总人数
		校外实习实训人数完成率	%	实际校外实习实训人数/计划校外实习实训人数
		行业优秀专家占比	%	实习实验指导教师中行业优秀专家人数/实习实验指导教师总人数
	时效指标	校外实习实训及时率	%	实际校外实习实训总时长/计划校外实习实训总时长
	成本指标	生均材料耗费	元/生	实习（实验）材料耗费/实习（实验）学生人数
		生均实习设备消耗	元/生	实习（实验）设备耗费/实习（实验）学生人数
		生均实习（实验）仪器设备值	元/生	实习（实验）仪器设备价值/实习（实验）学生人数

续表

一级指标	二级指标	三级指标	标准值	指标解释
满意度	服务对象满意度	学生对实习实训满意度	等级	按满意、基本满意、不满意3个档级
		教师对实习实训满意度	等级	按满意、基本满意、不满意3个档级
		实习单位对实习实训满意度	等级	按满意、基本满意、不满意3个档级
		就业单位对毕业生的满意度	等级	按满意、基本满意、不满意3个档级

6.3.1.5 学生党团活动业务绩效指标设置

（1）学生党团活动业务。

根据访谈和调研，并充分结合相关部门职能文件，学生党团活动涉及内容如图6－6所示。

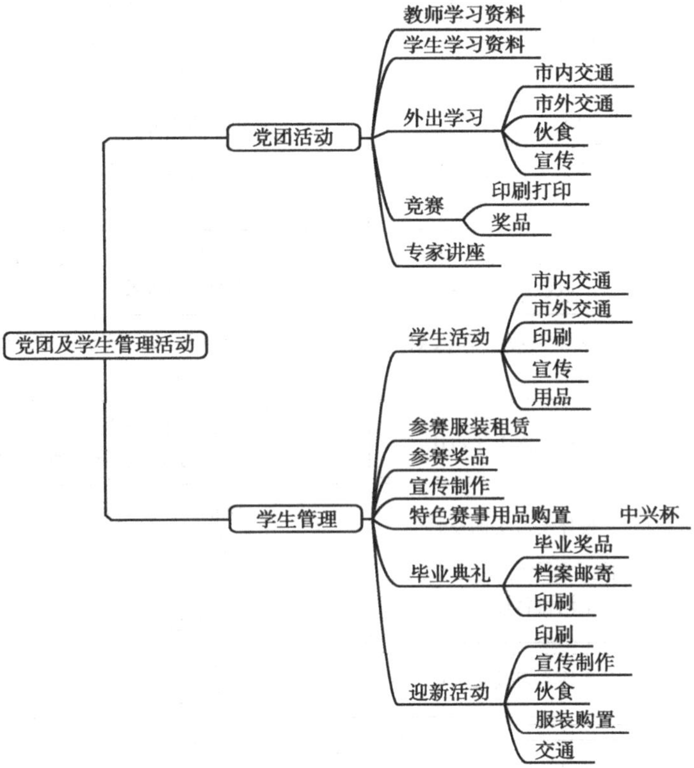

图6－6 学生党团活动业务

（2）学生党团活动业务绩效指标。

根据学生党团活动内容，设计党团活动绩效指标如表 6 - 5 所示。

表 6 - 5　　学生党团活动绩效指标

一级指标	二级指标	三级指标	指标值	指标说明
产出指标	数量指标	党团书籍数	册	采购党团书籍数量
		专家讲座次数	次	专家党团讲座次数
		竞赛次数	次	学生参加党团竞赛次数
		学生参赛人数	人	学生参加党团竞赛人数
		党团微课数	个	党团微课建设数量
		心理辅导次数	次	学生心理辅导次数
		师生党性教育实地考察（参观）数	次	师生党性教育实地考察（参观）次数
	质量指标	学生获奖数	人	学生参加党团竞赛获奖人数
		优秀团干部人数	人	获得优秀团干部称号的学生人数
		优秀学生部人数	人	获得优秀学生部称号的学生人数
		优秀学生党员人数	人	获得优秀学生党员称号的学生人数
		优秀基础党组织数	个	获得优秀基础党组织称号的个数
		厅级及以上荣誉称号数	个	获得厅级及以上荣誉称号的个数
		心理健康康复率	%	心理健康康复学生人数/被列入心理健康有问题学生总数
	成本指标	生均党团经费	元/人	党员经费总量/学生总人数
满意度	服务对象满意度	学生对党团活动满意度	等级	按满意、基本满意、不满意 3 个档级
		教师对党团活动满意度	等级	按满意、基本满意、不满意 3 个档级
		上级主管部门对党团活动满意度	等级	按满意、基本满意、不满意 3 个档级

6.3.1.6　科研活动业务绩效指标设置

（1）科研活动业务。

根据访谈和调研，并充分结合相关部门职能文件，学院科研活动内容如

图 6－7 所示。

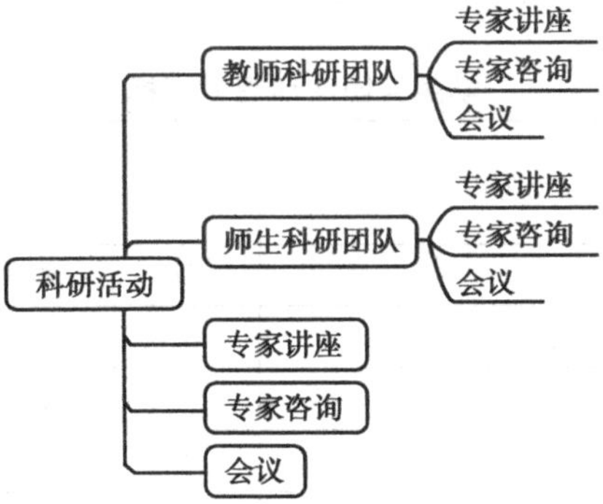

图 6－7　科研活动业务

（2）科研活动业务绩效指标。

根据院部科研活动内容，设计科研活动绩效指标如表 6－6 所示。

表 6－6　科研活动绩效指标

一级指标	二级指标	三级指标	指标值	指标说明
产出指标	数量指标	专家讲座次数	次	外请专家科研讲座次数
		科研团队数量	个	组建校内科研团队数量
		论文发表数量	篇	学院教师论文发表数量
		举办会议次数	次	学院举办会议次数
		申报省部级课题数	项	教师申报省部级课题数量
		申报厅级课题数	项	教师申报厅级课题数
		专利数	数	学院申报专利数
		产学研项目数	数	学院产学研项目申报数量
		学生参与教师科研团队数量	人	参与教师科研团队的学生人数
		学生发表论文数	篇	学生发表论文篇数
	质量指标	核心论文发表数	篇	教师核心论文发表篇数
		厅级以上科研团队数	个	学院厅级以上科研团队数量
		省部级课题立项率	%	省部级课题立项数量/省部级课题申报数量

续表

一级指标	二级指标	三级指标	指标值	指标说明
产出指标	质量指标	厅级课题立项率	%	厅级课题立项数量/厅级课题申报数量
		专利引用次数	次	发明专利被引用次数
		学生发表核心论文数	篇	学生发表核心论文篇数
	时效指标	专家讲座及时率	%	实际专家讲座次数/计划专家讲座次数
		会议完成时限	%	实际会议进度/计划会议进度
	成本指标	师均科研经费		科研经费总量/学院教师人数
	社会效益	厅级科研获奖数	数	获得厅级科研奖励的数量
		省部级科研获奖数	数	获得省部级科研奖励的数量
		实现成果转化的课题数	数	科研成果转化数量
		研究成果中的对策、建议被采纳率	%	被采纳的课题研究数/课题研究总数
满意度	服务对象满意度	学生对科研活动满意度	等级	按满意、基本满意、不满意3个档级
		教师对科研活动满意度	等级	按满意、基本满意、不满意3个档级
		上级主管部门对科研活动满意度	等级	按满意、基本满意、不满意3个档级

6.3.2　行政管理活动绩效指标设计

6.3.2.1　行政管理活动

根据调研和访谈，本校的行政管理活动主要涉及组织管理业务、宣传管理业务、职工管理业务、人事管理业务以及对外联络业务等，主要涉及的部门如图6－8所示。本小节主要针对以上业务涉及绩效指标。

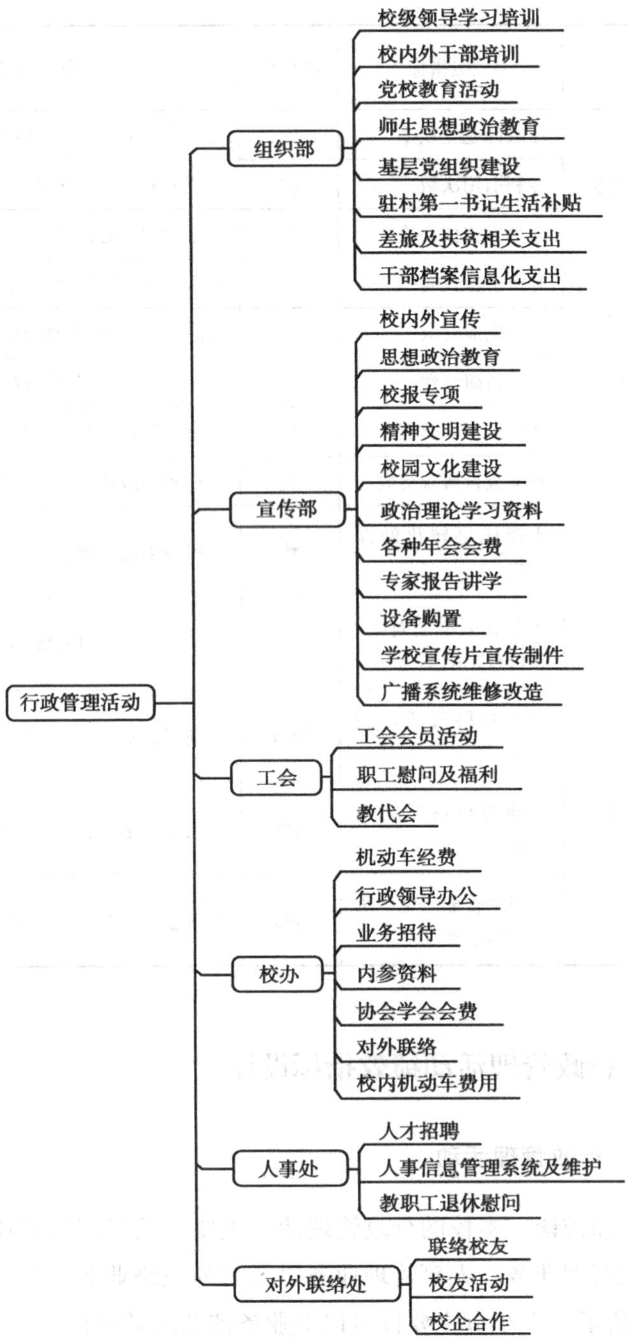

图 6－8　行政管理活动业务

6.3.2.2　行政管理活动绩效指标设计

依据图6－8主要行政管理部门的业务活动，设计不同业务部门的绩效评价指标，如表6－7、表6－8、表6－9所示。

表6－7　　　　　　　　　校长办公室预算绩效指标

一级指标	二级指标	三级指标	指标值	指标说明
产出指标	数量指标	会议数量	次	举办会议的数量
		会议天数	天	举办会议的天数
		参会人数	位	参加会议人数
		外出考察	次	包括国内外的考察次数
		制定的文件	个	讨论（发布）的文件数
		接待的考察数量	次	接待的考察数量
		班车发车次数	次	班车发车次数
	质量指标	召开校级会议实现程度	%	实际召开的会议次数/计划召开的会议次数
		举办省级会议实现程度	%	实际举办的会议次数/计划举办的会议次数
		班车准点率	%	班车准时到达次数/班车发车次数
	成本指标	举办会议的实际参与会议的比率	%	实际参会人员/计划参会人员
		机动车经费使用率	%	实际班车经费/计划下拨费用
		校内机动车使用率	%	校级领导用车费/计划下拨费用
		“三公经费”节约率	%	节约的“三公经费”/计划下拨的三公经费
		业务招待费	元	业务招待费
		宣传费	元	宣传费
满意度指标	服务对象满意度指标	教师对校长办公会决意的满意度	等级	按满意、基本满意、不满意3个档级
		教师对班车满意度	等级	满意，基本满意，不满意3个档级
		三公经费节约率	等级	满意，基本满意，不满意3个档级

表 6－8　　　　人事处预算绩效指标

一级指标	二级指标	三级指标	指标值	说明
产出指标	数量指标	引进人才人数	人	引进人才人数
		在职培养博士人数	人	在职培养博士人数
		人事代理人数	人	人事代理人数
		人才选拔考核次数	次	人才选拔考核次数
		职称申报人数	人	职称申报人数
		年度教工体检人数	人	年度教工体检人数
		教师到业界实践、挂职人次	人	教师到业界实践、挂职人次
		办理新入职教师人数	人	办理新入职教师人数
		对新入职教师培训次数	次	对新入职教师培训次数
	质量指标	引入应用技术型人才占比	%	引入应用技术型人才数/引入人才数
		专业骨干教师到应用型高校和企业访学人次	次	专业骨干教师到应用型高校和企业访学人次
		在职博士培养毕业率	%	在职博士培养毕业人数/在职博士培养总人数
		双师双能型教师比例	%	双师双能型教师人数/教师总人数
		校级优秀教师、模范教师人数	人	获得校级优秀教师、模范教师人数
		省级优秀教师、模范教师人数	人	获得省级优秀教师、模范教师人数
	时效指标	在职博士人均培养年限	%	在职博士培养总年限/在职博士毕业人数
		年职称晋级人数	人	当年职称晋升人数
	成本指标	在职博士培养人均成本	%	在职博士培养总支出/在职博士毕业人数
		教工体检年度人均成本	%	教工体检总成本/教师人数
		年均人事信息管理系统及维护成本	%	人事信息管理系统及维护成本/教师人数
		人均招聘成本	%	招聘成本/招聘人数
		新入职教师人均培训成本	%	新入职教师培训成本/新入职教师人数
		年度考核优秀的教师奖励支出	元	年度考核优秀的教师奖励总成本

续表

一级指标	二级指标	三级指标	指标值	说明
满意度指标	服务对象满意度指标	教师对职称评审管理的满意度	等级	按满意、基本满意、不满意 3 个档级
		对办理入职效率的满意度	等级	按满意、基本满意、不满意 3 个档级
		用人部门对引进人才的满意度	等级	按满意、基本满意、不满意 3 个档级
		用人部门对在职培养博士的满意度	等级	按满意、基本满意、不满意 3 个档级

表 6-9　组织部、宣传部、工会、对外合作交流预算绩效指标

一级指标	二级指标	三级指标	指标值	指标说明
产出指标	数量指标	领导干部培训次数	次	领导干部培训次数
		党代会决议数量	个	党代会决议数量
		教代会决议数量	个	教代会决议数量
		党团活动比赛次数	次	党团活动比赛次数
		工会会员活动比赛次数	次	工会会员活动比赛次数
		新购置文娱活动设备和设施数量	个	新购置文娱活动设备和设施数量
		参加暑期调研人数	人	参加暑期调研人数
		工会福利发放次数	次	工会福利发放次数
		校友会外联次数	次	校友会外联次数
		宣传片制作数量	次	宣传片制作数量
		信访接待人次	人次	信访接待人次
		思政教学活动次数	次	思政教学活动次数
	质量指标	文娱活动设备和设施使用率	%	实际使用时间/整个学期周时
		机关党员之家使用率	%	实际使用时间/整个学期周时
		优秀基层党组织占比	%	优秀基层党组织数/基层党组织数
		优秀党员占比	%	优秀党员数/党员数
		党代会决议落实率	%	党代会后落实的决议数/党代会决议数
		教代会决议落实率	%	教代会后落实的决议数/教代会决议数
		比赛获奖比率	%	比赛获奖人次/参赛人次

续表

一级指标	二级指标	三级指标	指标值	指标说明
产出指标	时效指标	党代会决议落实及时性	%	实际落实时间/计划落实时间
		教代会决议落实及时性	%	实际落实时间/计划落实时间
	成本指标	机关党员之家建设成本	元	机关党员之家建设成本
		新增文娱活动设备和设施成本	元	新增文娱活动设备和设施成本
		比赛支出成本	元	比赛支出成本
		人均福利费用支出	%	福利费用支出/教工人数
		人均政治理论学习资料支出	元/人	政治理论学习资料支出/教工人数
		人均思政工作经费	元/人	思政工作经费/教工人数
		年均广播系统维护费用	元	每年广播系统维护费用
		人均工会活动经费	元/人	工会活动经费/教工人数
		年均校友会费用	元	每年平均校友会费用支出
效益指标	社会效益指标	年均扶贫经费支出	元	每年平均扶贫经费支出
		驻村第一书记人次	人	驻村第一书记人次
满意度指标	服务对象满意度指标	教师对思政工作满意度	等级	满意，基本满意，不满意 3 个档级
		教师对党代会决议执行情况的满意度	等级	满意，基本满意，不满意 3 个档级
		教师对教代会决议执行情况的满意度	等级	满意，基本满意，不满意 3 个档级
		服务对象对扶贫工作的满意度	等级	满意，基本满意，不满意 3 个档级
		服务对象对驻村第一书记的满意度	等级	满意，基本满意，不满意 3 个档级
		教师对工会活动的满意度	等级	满意，基本满意，不满意 3 个档级
		教师对工会福利的满意度	等级	满意，基本满意，不满意 3 个档级

6.3.3 教学管理（服务）活动绩效指标设计

6.3.3.1 教学管理（服务）活动

教学管理（服务）活动是指除去院部主要教学活动外的，其他所涉及的教学管理活动、学院发展规划活动、招生活动、学生管理活动以及科研管理活动等内容，如图6－9所示。

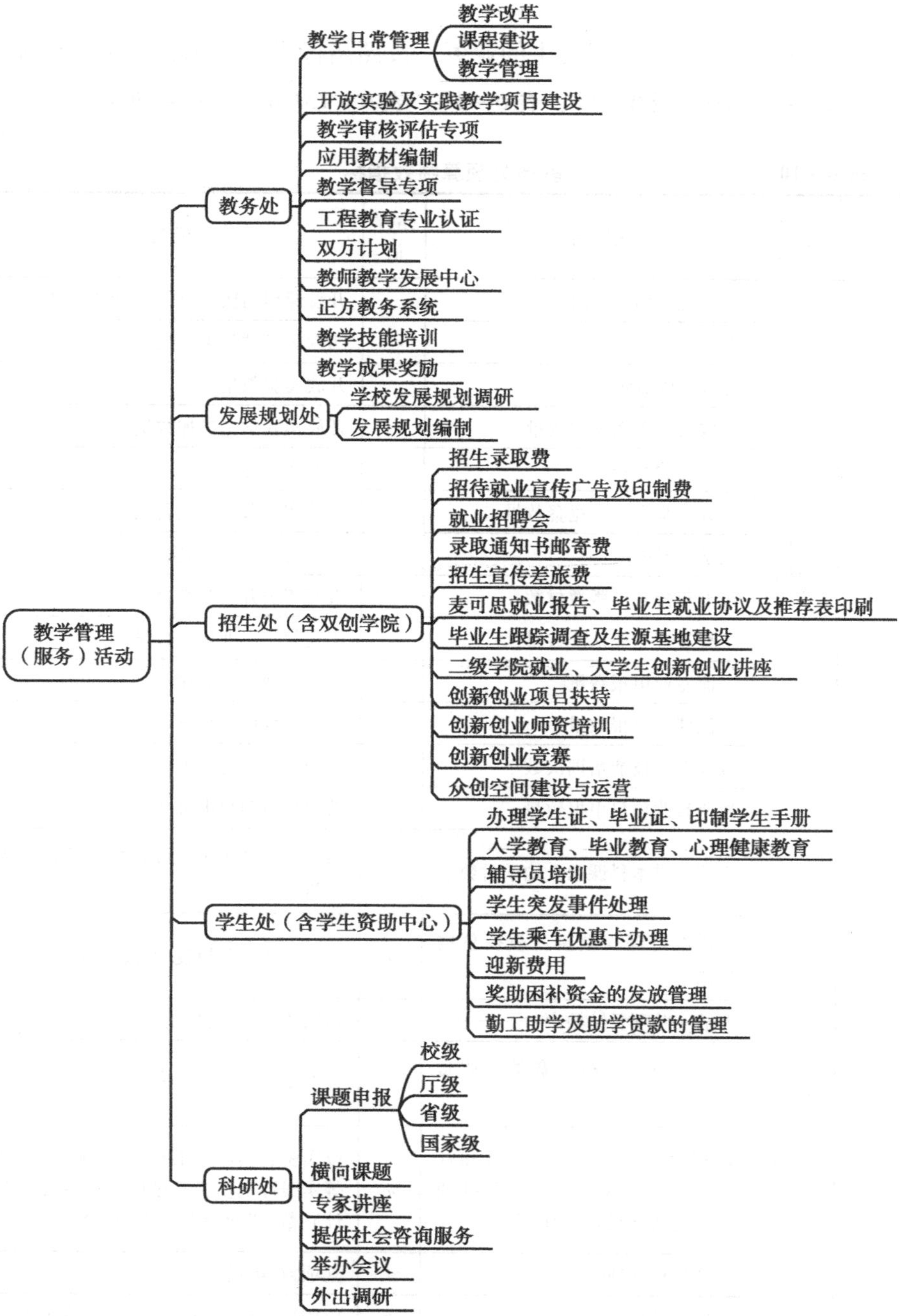

图6－9　教学管理（服务）活动业务

6.3.3.2 教学管理（服务）活动绩效指标设计

针对以上四个核心部门发生的业务，按照指标设计原则，分别设计绩效指标，如表6-10、表6-11、表6-12、表6-13和表6-14所示。

表6-10 教务处预算绩效指标

一级指标	二级指标	三级指标	指标值	说明
产出指标	数量指标	本科生生均课程门次		开设课程门次/本科生在校生人数
		四六级考试学生人数		四六级考试学生人数
		开放实验数量		开放实验数量
		开放实验学生参加数量		开放实验学生参加数量
		开放实验经费		开放实验经费
		开放实验服务于竞赛数量		开放实验服务于竞赛数量
		教学督导率		听课门次/开课门次
		近五年公开出版教材数		近五年公开出版教材数
		工程教育专业认证数量		工程教育专业认证数量
		一流专业申报数量		一流专业申报数量
		一流课程申报数量		一流课程申报数量
		教师教学技能培训次数		教师教学技能培训次数
		教研教改项目申报数量		教研教改项目申报数量
	质量指标	教授主讲本科课程人均学时数		教授主讲本科课程课时数/开课总课时数
		主讲本科课程教授占教授总数比例	%	主讲本科课程教授/教授总数
		开放实验项目结项率	%	结项数量/开放数量
		社会实践、学科竞赛类开放实验占比	%	社会实践、学科竞赛类数/开放实验数
		以实验、实习、工程实践和社会调查等实践性工作为基础的毕业论文（设计）比例	%	以实验、实习、工程实践和社会调查等实践性工作为基础的毕业论文（设计）数/毕业论文（设计）数
		规划教材立项率	%	立项数/申报数
		应用型教材占比数	%	应用型教材/近五年公开出版教材数

续表

一级指标	二级指标	三级指标	指标值	说明
产出指标	质量指标	通过认证（评估）的专业占比	%	通过认证（评估）的专业/专业总数
		一般教改立项率	%	立项数/申报数
		一流专业立项率	%	立项数/申报数
		一流课程立项率	%	立项数/申报数
		国家级教改项目立项率	%	立项数/申报数
		省级家级教改项目立项率	%	立项数/申报数
		校级家级教改项目立项率	%	立项数/申报数
		具有行业背景的专家培训占比	%	具有行业背景的专家培训次数/教师教学技能培训次数
		日常教学事故数量	次	教学事故发生次数
		组织考试事故率	%	事故次数/组织考试次数
		教务系统运行无故障率	%	故障次数/运行天数
		四六级考试通过率	%	通过人数/参加考试人数
	成本指标	生均期末考试成本	元	期末考试成本支出/在校生人数
		生均本科实验经费	元	实验成本支出/在校生人数
		生均本科实习经费	元	实习成本支出/在校生人数
		生均教学仪器设备值	元	教学仪器设备值/在校生人数
		年均教学仪器设备维修保养费	元	教学仪器设备维修保养费/在校生人数
		生均教务系统运行服务学生费	元	正方教务系统运行成本/在校生人数
效益指标	社会效益指标	校级教学成果奖数量	项	校级教学成果奖数量
		省级及以上教学成果奖数量	项	省级及以上教学成果奖数量
		课程思政示范课程数量	门	课程思政示范课程数量
		课程思政教学示范研究中心数量	个	课程思政教学示范研究中心数量
		课程思政教学名师数量	人	课程思政教学名师数量
		课程思政教学团队数量	个	课程思政教学团队数量
满意度	服务对象满意度指标	新进教师培训教师满意度	等级	满意，基本满意，不满意3个档级
		学生选用教材满意度	等级	满意，基本满意，不满意3个档级
		上级部门对教学改革的满意度	等级	满意，基本满意，不满意3个档级

表 6 – 11　　　　发展规划处预算绩效指标

一级指标	二级指标	三级指标	指标值	说明
产出指标	数量指标	申报新本科专业	个	申报新专业的数量
		硕士点申报专业	个	申报硕士点的专业
		硕士导师受聘数量	位	硕士导师受聘数量
		联合培养硕士数量	位	联合培养硕士数量
		宣传视频制作数量时长	个/分钟	宣传视频制作数量时长
		外出调研数量	次	外出调研数量
		发展规划编制数量	个	发展规划编制数量
		举办会议次数	次	举办会议次数
	质量指标	优秀硕士毕业生率	%	优秀硕士毕业生/硕士毕业生
		新增本科专业个数	个	新增本科专业个数
		当年执行的规划率	%	执行的规划数/计划的规划数
		获批硕士点个数	个	获批硕士点个数
	时效指标	研究生按时毕业率	%	研究生毕业数量/应毕业研究生数量
		硕士点获批时间完成率	%	实际完成进度/计划完成进度
		本科专业获批时间完成率	%	实际完成进度/计划完成进度
	成本指标	联合培养研究生资助费用	元	生均培养费用
		会议费	元	召开会议费
		宣传费	元	宣传费
		日常办公费	元	日常办公费
		人力资源费用	元	人力资源费用
效益指标	社会效益指标	毕业论文源自企业管理占比	%	60%以上的选题来自行业企业的实际需要
	可持续影响指标	毕业生就业情况	%	就业率
满意度指标	服务对象满意度指标	教师对发展履职效能的满意度	等级	满意，基本满意，不满意 3 个档级
		上级主管部门的满意度	等级	满意，基本满意，不满意 3 个档级

表6－12　　　　　　　　　　招生处预算绩效指标

一级指标	二级指标	三级指标	指标值	说明
产出指标	数量指标	参与招生宣传人数	人	参与招生宣传人数
		宣传册印刷数	册	宣传册印刷数
		录取通知书印刷数	册	录取通知书印刷数
		录取通知书邮寄数	次	录取通知书邮寄数
		毕业生就业协议印刷数	次	毕业生就业协议印刷数
		毕业生推荐表印刷数	份	毕业生推荐表印刷数
		毕业生跟踪调查次数	次	毕业生跟踪调查次数
		创新创业讲座次数	次	创新创业讲座次数
		就业讲座次数	次	就业讲座次数
		创新创业培训次数	次	创新创业培训次数
		创新创业竞赛次数	次	创新创业竞赛次数
	质量指标	新生报到率	%	新生报到人数/录取人数
		本科生相关专业领域就业率	%	本科生相关专业领域就业人数/本科毕业生人数
		应届本科生初次就业率	%	应届本科生初次就业/本科毕业生人数
		参加创新创业实践活动人数占比	%	参加创新创业实践活动人数/在校生人数
		创新创业竞赛获奖人次	人	参加创新创业竞赛获奖人数
		“互联网＋”创新创业大赛获奖数	项	“互联网＋”创新创业大赛获奖数量
	时效指标	众创空间服务学生比率	%	实际服务学生人次/计划服务学生人次
	成本指标	生均招生成本	元/人	招生成本/录取人数
		众创空间年均运营成本	元	众创空间每年经营运营成本
效益指标	社会效益指标	本科生以第一作者获批专利数	项	本科生以第一作者获批专利数量
		本科生以第一作者或通讯作者公开发表期刊论文数	篇	本科生以第一作者或通讯作者公开发表期刊论文数
满意度指标	服务对象满意度	学生对就业培训指导的满意度	等级	满意，基本满意，不满意3个档级
		学生对创新创业培训指导的满意度	等级	满意，基本满意，不满意3个档级
		用人单位满意度	等级	满意，基本满意，不满意3个档级

表 6－13　　学生处预算绩效指标

一级指标	二级指标	三级指标	指标值	说明
产出指标	数量指标	办理学生证次数	次	办理学生证次数
		学生手册印刷数	本	学生手册印刷数
		毕业证印刷数	套	毕业证、证书皮
		入学教育次数	次	入学教育次数
		毕业教育次数	次	毕业教育次数
		心理健康教育次数	次	心理健康教育次数
		心理健康辅导次数	次	心理健康辅导次数
		辅导员培训次数	次	辅导员培训次数
		学生突发事件处理次数	次	学生突发事件处理次数
		学生乘车优惠卡办理次数	次	学生乘车优惠卡办理次数
		奖助困补发放人数	人	奖助困补发放人数
		获得助学贷款学生人数	人	获得助学贷款学生人数
		勤工助学岗位数量	个	勤工助学岗位数量
		参加社会实践人数	人	参加社会实践人数
		科技创新活动举办次数	次	科技创新活动举办次数
		第二课堂开展次数	次	开设第二课堂门次
	质量指标	心理辅导成效	%	心理辅导受益人数/心理辅导人数
		助学贷款率	%	获得助学贷款人数/申请助学贷款人数
		勤工助学获批率	%	获得勤工助学人数/申请人数
		勤工助学岗位实现率	%	勤工助学学生人数/学生人数
	时效指标	处理突发事件及时性	天	每次处理时间
	成本指标	迎新活动费用使用率	%	实际活动发生费用/计划发生费用
		心理健康平均辅导时长	%	总时长/辅导次数
		人均社会实践成本支出	%	社会实践成本/参加学生人数
满意度指标	服务对象满意度	学生对辅导员的满意度	等级	满意，基本满意，不满意 3 个档级
		学生对心理辅导的满意度	等级	满意，基本满意，不满意 3 个档级
		学生对处理突发事件的满意度	等级	满意，基本满意，不满意 3 个档级
		学生对办理助学贷款的满意度	等级	满意，基本满意，不满意 3 个档级
		学生对第二课堂的满意度	等级	满意，基本满意，不满意 3 个档级

表6-14　科研处预算绩效指标

一级指标	二级指标	三级指标	指标值	指标说明
产出指标	数量指标	专家讲座次数	次	邀请专家讲座的次数
		博士基金申报数量	项	博士基金申报数量
		厅级课题申报数量	项	厅级课题申报数量
		省级课题申报数量	项	省级课题申报数量
		国家级课题申报数量	项	国家级课题申报数量
		签署横向课题数量	项	签署横向课题数量
		提供社会咨询服务次数	次	提供社会咨询服务次数
		举办会议次数	次	举办会议次数
		宣传次数	次	宣传次数
		调研次数	次	调研次数
	质量指标	博士基金申报立项率	%	立项数量/申报数
		厅级课题申报立项率量	%	立项数量/申报数
		省级课题申报立项率	%	立项数量/申报数
		国家级课题申报立项率	%	立项数量/申报数量
		横向课题成果转化率	%	横向课题成果/横向课题
		教师申请专利数量	项	教师申请专利数
	成本指标	年科研奖励金额	元	全年科研奖励金额
满意度指标	服务对象满意度	教师对科研讲座的满意度	等级	满意，基本满意，不满意3个档级
		教师对课题申报辅导的满意度	等级	满意，基本满意，不满意3个档级
		社会服务对象的满意度	等级	满意，基本满意，不满意3个档级

6.3.4　后勤保障及教辅活动绩效指标设计

6.3.4.1　后勤保障及教辅活动

学校后勤保障及教辅活动虽然不是学校的核心业务，但是对学校的正常运行起到了重要的保障作用，也是学校活动业务重要构成之一。该业务活动涉及的主要部门以及具体业务活动如图6-10所示。

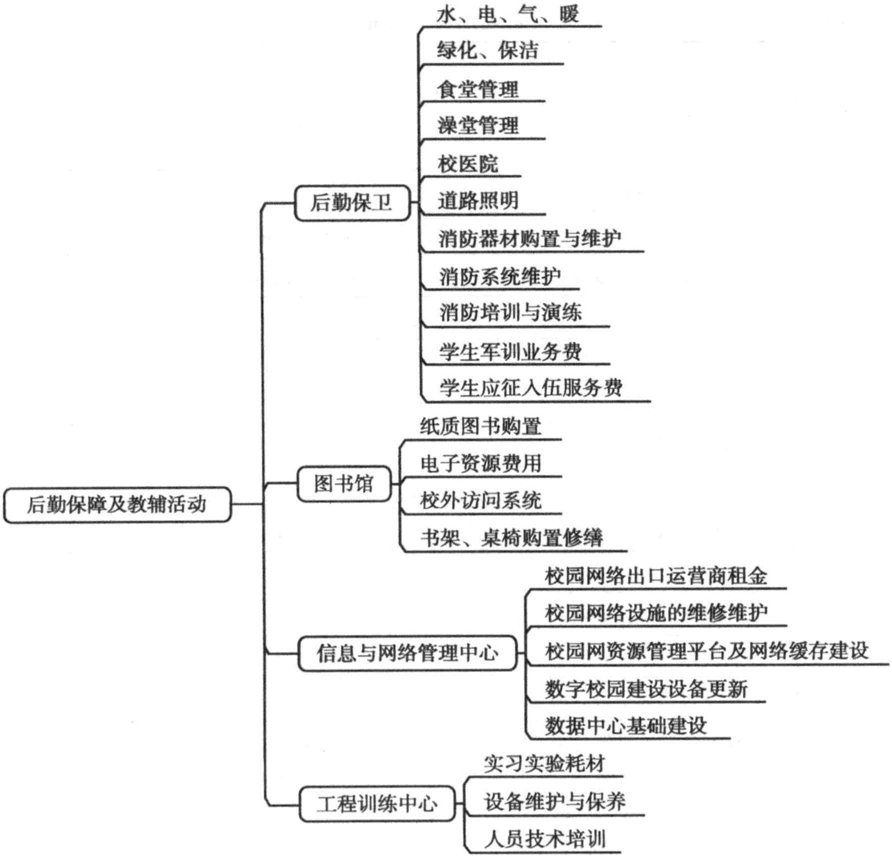

图 6－10　后勤保障及教辅活动业务

6.3.4.2　后勤保障及教辅活动

针对上述业务内容，针对后勤保障服务中心、保卫处、图书馆、信息中心、工训中心、测试中心等部门设计绩效指标，如表 6－15 所示。

表 6－15　　　　　　　后勤保障及教辅活动绩效指标

一级指标	二级指标	三级指标	指标值	指标说明
产出指标	数量指标	宿舍管理人员数量	人	负责宿舍管理的人员数量
		医护人员数量	人	校医院医护人员数量
		纸质图书购置数量	册	纸质图书购置数量

续表

一级指标	二级指标	三级指标	指标值	指标说明
产出指标	数量指标	电子资源平台数量	个	图书馆电子资源平台数量
		消防设施配置数量	个	消防设施配置数量
		消防培训与演练次数	次	消防培训与演练次数
		安全教育培训人次	人	安全教育培训人次
		年应征入伍学生数量	人	年应征入伍学生数量
		教室多媒体软、硬件维修（护）次数	次	教室多媒体软、硬件维修（护）次数
		学生工训实习人次	人	学生工训实习人次
	质量指标	水、电、暖、照明供应故障率	%	已发生故障次数
		校园绿化覆盖率	%	校园绿化覆盖面积/校园总面积
		生均图书册数	册/人	图书册数/学生人数
		生均阅览座位数量	位/册	图书馆座位数/学生人数
		应征入伍指标完成情况	%	实际应征入伍学生数/计划应征入伍学生数
	时效指标	故障维修及时性	%	抢修实际时间/计划时间
		食堂供餐的及时性	%	实际时间/计划时间
		多媒体软、硬件维修（护）及时性	%	维修时长/报修时长
	成本指标	年均水、电、暖、照明维修（护）费用	元	平均每年水、电、暖、照明维修（护）费用
		年均绿化、保洁成本支出	元	平均每年绿化、保洁成本支出
		人均医疗费用支出	元/人	医疗费用支出/医护人员总数
		年均图书馆设备维修（护）支出	元	平均每年图书馆设备维修（护）支出
		年均教室多媒体软、硬件维护支出	元	平均每年教室多媒体软、硬件维护支出
		生均军训成本支出	元/人	军训成本/军训人数
		生均工训实习成本	元/人	工训实习成本/实习人数
		平均公共机房计算机维护费用	元	公共机房计算机维护费用/公共机房计算机台数

续表

一级指标	二级指标	三级指标	指标值	指标说明
满意度指标	服务对象满意度指标	对水、电、暖、照明满意度	等级	满意，基本满意，不满意3个档级
		对绿化、保洁满意度	等级	满意，基本满意，不满意3个档级
		学生对宿舍管理的满意度	等级	满意，基本满意，不满意3个档级
		学生对食堂就餐的满意度	等级	满意，基本满意，不满意3个档级
		学生对安全培训的满意度	等级	满意，基本满意，不满意3个档级
		学生对图书资源的满意度	等级	满意，基本满意，不满意3个档级
		学生对入伍政策宣传的满意度	等级	满意，基本满意，不满意3个档级
		教师对多媒体软、硬件维修（护）的满意度	等级	满意，基本满意，不满意3个档级
		学生对工训实习的满意度	等级	满意，基本满意，不满意3个档级

| 第 7 章 |

绩效指标在应用型本科高校预算绩效管理中的应用设计

本书设计思路遵循“政府会计—业务活动—预算绩效管理”这一链条，第 6 章通过业务活动将政府会计与预算管理进行了连接，设置了各类业务活动的绩效指标。本章将这些绩效指标在预算申报、预算监控、预算绩效评价中进行应用设计，以呈现政府会计促进预算绩效管理的完整链条，并体现以业务活动为基础的绩效指标体系。

我们在上述章节已梳理出业务活动的分类，按活动类别设定了绩效指标，为各业务部门提供填报参考，扎实预算绩效评价管理的基础工作。根据绩效指标构建原则，结合横向和纵向的对比分析需求、预算资金管理服务的目标等，将绩效指标分为教学活动类、行政管理活动类、教学管理（服务）活动类、后勤保障及教辅活动类等四大类。这些业务活动的绩效指标是一个基本框架，为保证绩效指标的普遍适用性，在具体申报和执行过程中，各资金使用单位可依据业务具体情况自行选取使用和调整指标，通过对绩效指标的细化和量化，赋予各项指标相应的权重，构建预算绩效评价体系。

7.1 绩效指标在预算申报中的应用设计

7.1.1 绩效目标的设定要求

根据预算绩效管理要求，提高绩效指标填报的规范性，保障同类业务活动的可比性，针对四大类业务活动涉及的具体业务活动，从绩效指标库中选取指标加以细化，作为该类业务绩效指标的必选项，形成以业务活动为基础的绩效指标填报模板。为保证绩效指标的可操作性，在具体申报和实施过程中，各资金使用单位可依据具体情况自行增加使用指标。

按照“谁申请资金，谁设定目标”的原则，绩效目标是预算安排的重要依据，按要求设定绩效目标才能申请预算资金。设定的绩效目标应符合以下要求：（1）指向明确。符合国民经济和社会发展规划、部门职能及事业发展规划等要求，并与相应的预算支出内容、范围、方向、效果等紧密相关。（2）细化量化。绩效目标应当从数量、质量、成本、时效以及经济效益、社会效益、生态效益、可持续影响、满意度等方面进行细化，尽量进行定量表述。不能以量化形式表述的，可采用定性表述，但应具有可衡量性。（3）合理可行。设定绩效目标时要经过调查研究和科学论证，符合客观实际，能够在一定期限内如期实现。（4）相应匹配。绩效目标要与计划期内的任务数或计划数相对应，与预算确定的投资额或资金量相匹配。

因此，绩效目标要能清晰反映预算资金的预期产出和效果，并以相应的绩效指标予以细化和量化，细化和量化后的绩效指标主要包括产出指标（数量指标、质量指标、时效指标、成本指标等）、效益指标（经济效益指标、社会效益指标、生态效益指标、可持续影响指标等）和满意度指标（反映服务对象或项目受益人的认可程度的指标）等。

7.1.2 政府会计和绩效指标在预算申报中的体现

本小节以第一大类业务活动即教学活动为例，将政府会计科目和绩效指标设计和应用到预算申报中。借鉴作业成本法，业务消耗活动（作业），活动（作业）消耗资源，活动（作业）是核心。教学活动主要是指各个教学院部所开展的业务活动，包括日常教学管理（见表 7 - 1）、教学业务活动（见表 7 - 2）、实习实验活动（见表 7 - 3）、党团及学生管理活动（见表 7 - 4）、科研管理活动（见表 7 - 5）五个方面。

在政府会计的科目设置方面，费用类科目主要包括业务活动费用及单位管理费用等。本章主要对业务活动费用和单位管理费用进行分析研究，目前业务活动费用和单位管理费用核算明细科目设置，包括工资福利支出（301）、商品和服务支出（302）、对个人和家庭的补助（303）、资本性支出（310）、其他支出（399）、固定资产折旧费（411）及无形资产摊销费（412）等。与业务活动有关的费用支出基本都计入了商品和服务支出（302）下面的明细科目如办公费、差旅费、会议费、培训费、劳务费、咨询费、专项材料费等。

在预算申报环节，绩效目标的设定是第一步，继而考虑围绕绩效目标需要开展哪些业务活动。对高校而言，预算申报时：（1）应先考虑学校的战略发展目标是什么；（2）围绕学校的战略发展目标、本部门的发展目标以及要开展的业务活动和重点业务活动是什么；（3）根据成本标准和申报依据，核算出每一项业务活动的资金需要量M；（4）每一项业务活动的资金需要量M是由资料费（M_1）、劳务费（M_2）、培训费（M_3）等具体的成本会计科目构成，这代表了业务活动资金的使用方向；（5）正是通过这些具体的成本会计科目的填报，才汇总核算出每一项业务活动的资金预算；（6）围绕绩效目标，对每一项业务活动设计具体的、可量化、合理可行的绩效指标。

因此，预算申报环节的关键点有五个：业务活动、成本构成、成本标准、申报依据、绩效指标，从而可以从“成本绩效”角度分析成本支出的效益水平，从业务活动动因角度分析支出的合理性，进而为成本管控和绩效管理提供数据支持。具体如表7-1至表7-7所示。

表7-1　绩效指标在预算申报中的应用设计（日常管理活动）

业务活动		成本会计科目	绩效指标	申报依据	成本标准依据
日常管理	购买办公用品	办公费	人均办公经费 办公经费占比 成本节约率	人数、天数	根据《中华人民共和国政府采购法》及其实施条例、《中华人民共和国招标投标法》及其实施条例、《政府采购货物和服务招标投标管理办法》、《政府采购非招标采购方式管理办法》、河工院国资〔2019〕203号-《河南工程学院招投标与采购管理办法（试行）》
	制作办公室橱窗	办公费	资产增加量	面积	省物价局、财政厅核定的政府公开信息收费标准
	制作教学展板条幅	办公费		活动规模、活动次数	省物价局、财政厅核定的政府公开信息收费标准

续表

业务活动		成本会计科目		绩效指标	申报依据	成本标准依据
日常管理	教学资料的打印复印	办公费			人数	省物价局、财政厅核定的政府公开信息收费标准
	缴纳电话费	邮电费	电话通讯费		人数、通话时长	河南省邮电局、财政厅、物价局核定的通讯收费管理办法
	邮寄文件	邮电费	邮寄费		次数	省邮政管理局发布的《邮政普遍服务标准》
	购置信息网络及软件购置更新	办公费			硬软件数	根据《中华人民共和国政府采购法》，河工院国资〔2019〕203号
	订阅年度期刊	办公费		期刊数量 期刊借阅率	期刊量	参考各期刊杂志社收费标准
	购教师教材用书	办公费			人数	教材定价
	参加会议	会议费		参会次数 参会规格 培训次数 培训规格	人数、天数	参照会议举办方会议要求
	教学科研调研	差旅费				参照河工院财〔2019〕169号
	招聘人才	差旅费				参照河工院财〔2019〕169号
	教师培训	培训费	短期培训与进修			参照培训方收费要求
	其他，如防疫物资等	其他商品服务支出			人数	参照物价局防疫物质标准

表7－2　绩效指标在预算申报中的应用设计（教学业务活动）

业务活动				成本会计科目		绩效指标	申报依据	成本标准依据
教学业务活动	讲课比赛	国家级/省级	资料	办公费		讲课比赛人数 讲课比赛次数 讲课比赛获奖实现程度	人数、天数	省物价局、财政厅核定的政府公开信息收费标准
			交通	其他交通费	市内出租车费用			省物价局出租汽车行业管理办法
			差旅	差旅费				参照河工院财〔2019〕169号
			伙食	差旅费				参照河工院财〔2019〕169号
			专家指导	劳务费	其他		人数、次数	河工院社科〔2019〕151号

续表

业务活动				成本会计科目		绩效指标	申报依据	成本标准依据
教学业务活动	讲课比赛	校级	资料	办公费		讲课比赛人数 讲课比赛次数 讲课比赛获奖实现程度	人数、天数	省物价局、财政厅核定的政府公开信息收费标准
			交通	其他交通费	市内出租车费用			省物价局出租汽车行业管理办法
			伙食	办公费				河工院校办〔2019〕2 号、河工院财〔2019〕169 号
			专家指导	劳务费	其他		人数、次数	参照河工院财〔2019〕169 号
	学科竞赛	住宿		差旅费		学生竞赛人数 学生竞赛次数 国家级学科竞赛获奖实现率 省级学科竞赛获奖实现率 校级学科竞赛获奖实现率 学生课外实践竞赛获奖数量 大学生创新创业情况	人数、天数	河工院财〔2019〕169 号
		市内比赛交通		其他交通费	市内出租车费用			省物价局出租汽车行业管理办法
		市外比赛交通		差旅费				河工院财〔2019〕169 号
		伙食		差旅费				河工院财〔2019〕169 号
		专家讲座		劳务费	其他		人数、次数	河工院社科〔2019〕151 号
		宣传制作		专项业务费	学生活动费		活动规模、活动次数	省物价局、财政厅核定的政府公开信息收费标准
		参赛服装		专项业务费	学生活动费			省物价局、财政厅核定的政府公开信息收费标准
	课程建设	校级课程建设	课程录制	专项业务费	课程建设	申报一流课程数量 校企开发课程数量 编写教材数量 一流课程立项率 校企开发课程开课率 规划教材立项率 教师参加企业实训培训的人数占比	课程数	参照政府采购及双方合同
			调研	差旅费			人数、天数	河工院财〔2019〕169 号
				会议费				参照会议举办方会议要求
			资料	专用材料费	资料费		课程数	省物价局、财政厅核定的政府公开信息收费标准
			交通	其他交通费	市内出租车费用		人数、天数	省物价局出租汽车行业管理办法
		省级课程建设	调研	差旅费			人数、天数	河工院财〔2019〕169 号
				会议费				参照会议举办方会议要求
			资料	专用材料费	资料费		课程数	省物价局、财政厅核定的政府公开信息收费标准
			交通	其他交通费	市内出租车费用		人数、天数	省物价局出租汽车行业管理办法

续表

<table>
<tr><th colspan="4">业务活动</th><th colspan="2">成本会计科目</th><th>绩效指标</th><th>申报依据</th><th>成本标准依据</th></tr>
<tr><td rowspan="14">教学业务活动</td><td rowspan="8">教改项目</td><td colspan="2">资料</td><td>专用材料费</td><td>资料费</td><td rowspan="8">教改项目申报数量
教研论文数量
国家级教改项目立项率
省部级教改项目立项率
校级教改项目立项率
核心教研论文发表率
教改项目应用推广率
教学成果奖数量</td><td>人数</td><td>省物价局、财政厅核定的政府公开信息收费标准</td></tr>
<tr><td colspan="2">培训</td><td>培训费</td><td>短期培训与进修</td><td rowspan="2">人数、天数</td><td>参照培训方收费要求</td></tr>
<tr><td colspan="2">会议</td><td>会议费</td><td></td><td>参照会议举办方会议要求</td></tr>
<tr><td colspan="2">课程录制</td><td>专项业务费</td><td>课程建设</td><td>录制数</td><td>参照政府采购及双方合同</td></tr>
<tr><td colspan="2">版面</td><td>专项业务费</td><td>版面费</td><td>篇数</td><td>省物价局、财政厅核定的政府公开信息收费标准</td></tr>
<tr><td colspan="2">邮寄</td><td>邮电费</td><td>邮寄费</td><td>次数</td><td>省邮政管理局发布的《邮政普遍服务标准》</td></tr>
<tr><td rowspan="2">调研</td><td>差旅</td><td>差旅费</td><td></td><td rowspan="2">人数、天数</td><td>河工院财〔2019〕169 号</td></tr>
<tr><td>会议</td><td>会议费</td><td></td><td>参照会议举办方会议要求</td></tr>
<tr><td rowspan="2">教学督导专项</td><td colspan="2">校级督导</td><td>督导费</td><td></td><td></td><td></td><td></td></tr>
<tr><td colspan="2">院级督导</td><td>督导费</td><td></td><td></td><td></td><td></td></tr>
<tr><td>双学位教学专项</td><td colspan="2"></td><td>绩效工资</td><td>课时费</td><td></td><td></td><td></td></tr>
<tr><td rowspan="3">教学设备购置及维护</td><td colspan="2">设备购置</td><td>资本性支出</td><td></td><td rowspan="3">教学设备购置数量
教学设备使用率
教学设备增长率</td><td>个数</td><td></td></tr>
<tr><td colspan="2">室内改造</td><td>维修（护）费</td><td>房屋维修</td><td>改造面积</td><td>省物价局、财政厅核定的政府公开信息收费标准</td></tr>
<tr><td colspan="2">设备维护</td><td>维修（护）费</td><td>教学仪器设备维修</td><td>设备个数</td><td>省物价局、财政厅核定的政府公开信息收费标准</td></tr>
</table>

表 7－3　绩效指标在预算申报中的应用设计（实习实验活动）

<table>
<tr><th colspan="3">业务活动</th><th colspan="2">成本会计科目</th><th>绩效指标</th><th>申报依据</th><th>成本标准依据</th></tr>
<tr><td rowspan="9">实习实验活动</td><td rowspan="4">校内实习</td><td>购置实训专用设备</td><td>专用工器具</td><td></td><td rowspan="4">校内实训课程数
校内实训学生人数
校内实习仪器增加量
实验教学平台数量
智慧实验室数量
外聘教师讲座数
学生专利数
生均实习材料耗费
生均实习设备消耗
生均实习仪器设备值
学生对实习实训的满意度
教师对实习实训的满意度</td><td>台数</td><td rowspan="3">根据《中华人民共和国政府采购法》，河工院国资〔2019〕203 号，省物价局、财政厅核定的政府公开信息收费标准</td></tr>
<tr><td>电子类耗材</td><td>专项业务费</td><td>实习试验费（校内实训）</td><td rowspan="2">人数</td></tr>
<tr><td>纸质耗材</td><td>专项业务费</td><td>实习试验费（校内实训）</td></tr>
<tr><td>外聘教师讲座</td><td>专项业务费</td><td>实习试验费（校内实训）</td><td>人数、次数</td><td>河工院社科〔2019〕151 号</td></tr>
<tr><td rowspan="2">校外实习</td><td>学生保险</td><td>专项业务费</td><td>实习试验费（校外实训）</td><td rowspan="2">校外实训学生人数
开展社会调查次数
校外实训基地学生接待人数
毕业设计选题来自社会实践占比
学生专利数
毕业生在实习单位就业人数
行业优秀专家占比
校外实习实训及时率
学生对实习实训的满意度
实习单位对实习生的满意度</td><td>人数</td><td>参照保险合同</td></tr>
<tr><td>校外实习导师指导</td><td>专项业务费</td><td>实习试验费（校外实训）</td><td>人数、次数</td><td>河工院社科〔2019〕151 号</td></tr>
<tr><td rowspan="3">开放实验项目建设</td><td>实验材料</td><td></td><td>实验材料费</td><td rowspan="3">开放实验课程次数
开展社会调查次数
毕业设计选题来自社会实践占比
学生专利数
学生参与教师横向科研项目的占比</td><td rowspan="3">人数、次数</td><td rowspan="3">同上</td></tr>
<tr><td>学生劳务</td><td></td><td>劳务费</td></tr>
<tr><td>教师指导</td><td></td><td></td></tr>
</table>

表 7－4　绩效指标在预算申报中的应用设计（党团及学生管理活动）

业务活动				成本会计科目		绩效指标	申报依据	成本标准依据
党团及学生管理活动	党团活动	教师学习资料		专用材料费	资料费	党团学习资料数量 党团微课数 党性教育基地考察次数 优秀党员人数 优秀基层党组织数量 生均党团经费 师生对党团活动满意度	人数、次数	省物价局、财政厅核定的政府公开信息收费标准
		学生学习资料		专项业务费	学生活动费			省物价局、财政厅核定的政府公开信息收费标准
		外出学习	市内交通	其他交通费	市内出租车费用		人数、天数	省物价局出租汽车行业管理办法
			市外交通	差旅费				河工院财〔2019〕169 号
			伙食	差旅费				河工院财〔2019〕169 号
			宣传	其他商品和服务支出	宣传费		活动规模、活动次数	省物价局、财政厅核定的政府公开信息收费标准
		竞赛	打印、印刷	专项业务费	学生活动费	竞赛次数 学生参赛人数 党团竞赛获奖人数	人数、次数	省物价局、财政厅核定的政府公开信息收费标准
			奖品	专项业务费	学生活动费			省物价局、财政厅核定的政府公开信息收费标准
		专家讲座		劳务费	其他			河工院社科〔2019〕151 号
	学生管理	学生活动	市内交通	其他交通费	市内出租车费用	竞赛次数 学生参赛人数 优秀团干部人数 优秀学生干部人数 优秀学生党员人数 厅级及以上荣誉称号数量 学生参加活动的满意度	人数、天数	省物价局出租汽车行业管理办法
			市外交通	差旅费				河工院财〔2019〕169 号
			印刷	专项业务费	学生活动费		活动规模、活动次数	省物价局、财政厅核定的政府公开信息收费标准

续表

<table>
<tr><th colspan="4">业务活动</th><th colspan="2">成本会计科目</th><th>绩效指标</th><th>申报依据</th><th>成本标准依据</th></tr>
<tr><td rowspan="13">党团及学生管理活动</td><td rowspan="13">学生管理</td><td rowspan="2">学生活动</td><td>宣传</td><td>专项业务费</td><td>学生活动费</td><td rowspan="5">竞赛次数
学生参赛人数
优秀团干部人数
优秀学生干部人数
优秀学生党员人数
厅级及以上荣誉称号数量
学生参加活动的满意度</td><td rowspan="2">活动规模、活动次数</td><td>省物价局、财政厅核定的政府公开信息收费标准</td></tr>
<tr><td>用品</td><td>专项业务费</td><td>学生活动费</td><td>省物价局、财政厅核定的政府公开信息收费标准</td></tr>
<tr><td colspan="2">参赛服装租赁</td><td>专项业务费</td><td>学生活动费</td><td>活动规模、活动次数</td><td>省物价局、财政厅核定的政府公开信息收费标准</td></tr>
<tr><td colspan="2">比赛奖品</td><td>专项业务费</td><td>学生活动费</td><td>人数、次数</td><td>省物价局、财政厅核定的政府公开信息收费标准</td></tr>
<tr><td colspan="2">宣传制作</td><td>专项业务费</td><td>学生活动费</td><td>活动规模、活动次数</td><td>省物价局、财政厅核定的政府公开信息收费标准</td></tr>
<tr><td rowspan="3">毕业典礼</td><td>毕业奖品</td><td>专项业务费</td><td>学生活动费</td><td rowspan="3">优秀毕业生人数
毕业生满意度</td><td rowspan="3">人数</td><td rowspan="3">省物价局、财政厅核定的政府公开信息收费标准</td></tr>
<tr><td>档案邮寄</td><td>专项业务费</td><td>学生活动费</td></tr>
<tr><td>印刷</td><td>专项业务费</td><td>学生活动费</td></tr>
<tr><td rowspan="5">迎新活动</td><td>印刷</td><td>专项业务费</td><td>学生活动费</td><td rowspan="5">迎新活动参加人数
迎新活动天数
学生及家长对迎新组织的满意度</td><td rowspan="5">人数、天数</td><td rowspan="4">省物价局、财政厅核定的政府公开信息收费标准</td></tr>
<tr><td>宣传制作</td><td>专项业务费</td><td>学生活动费</td></tr>
<tr><td>伙食</td><td>专项业务费</td><td>学生活动费</td></tr>
<tr><td>服装购置</td><td>专项业务费</td><td>学生活动费</td></tr>
<tr><td>交通</td><td>专项业务费</td><td>学生活动费</td><td>省物价局出租汽车行业管理办法</td></tr>
</table>

表 7-5　　绩效指标在预算申报中的应用设计（科研管理活动）

<table>
<tr><th colspan="3">业务活动</th><th colspan="2">成本会计科目</th><th>绩效指标</th><th>申报依据</th><th>成本标准依据</th></tr>
<tr><td rowspan="9">科研活动</td><td rowspan="3">教师科研团队</td><td>专家讲座</td><td>劳务费</td><td>其他</td><td rowspan="3">专家讲座次数
专家讲座及时率
科研团队数量
论文发表数量
举办会议次数
会议完成时限
申报课题数量
专利数量
产学研项目数量
核心论文发表数
厅级以上科研团队数
省部级课题立项率
厅级科研获奖数量
省部级科研获奖数量
科研成果转化数量
研究成果被采纳数量</td><td rowspan="3">人数、次数</td><td>河工院社科〔2019〕151 号</td></tr>
<tr><td>专家咨询</td><td>劳务费</td><td>其他</td><td>河工院社科〔2019〕151 号</td></tr>
<tr><td>会议</td><td>会议费</td><td></td><td>参照会议举办方会议要求</td></tr>
<tr><td rowspan="3">师生科研团队</td><td>专家讲座</td><td>劳务费</td><td>其他</td><td rowspan="3">专家讲座次数
师生团队数量
参与学生人数
学生发表论文数量
学生发表核心论文数量
学生满意度</td><td rowspan="3">人数、次数</td><td>河工院社科〔2019〕151 号</td></tr>
<tr><td>专家咨询</td><td>劳务费</td><td>其他</td><td>河工院社科〔2019〕151 号</td></tr>
<tr><td>会议</td><td>会议费</td><td></td><td>参照会议举办方会议要求</td></tr>
<tr><td>专家讲座</td><td colspan="2">劳务费</td><td>其他</td><td rowspan="3">专家讲座次数
专家讲座及时率
举办会议次数
会议完成时限
师均科研经费
教师满意度</td><td rowspan="3">人数、次数</td><td>河工院社科〔2019〕151 号</td></tr>
<tr><td>专家咨询</td><td colspan="2">劳务费</td><td>其他</td><td>河工院社科〔2019〕151 号</td></tr>
<tr><td>会议</td><td colspan="2">会议费</td><td></td><td>参照会议举办方会议要求</td></tr>
</table>

7.1.3　业务活动预算申报与教学部门预算申报体系设计

根据应用型本科院校的发展要求和高等学校的五大职能，并充分结合政府会计制度的“双基础”核算特点，从教学建设、科研建设、人才培养、社会服务以及就业创新等五个职能维度，分别构建以业务活动为主体、以教学院部为主体的预算申报体系。以业务活动主体的预算申报体系如表 7-6 所示，以教学院部为主体的预算申报体系如表 7-7 所示。

表 7－6　　基于目标导向的业务活动预算资金申报表

基于目标导向的业务活动预算申报表										
院部名称及代码							年度			
业务活动资金（万元）					资金总额预算：		年度资金预算：			
					其中：财政拨款		其中：财政拨款			
					其他资金		其他资金			
绩效目标	（长期）战略目标						年度目标			
	目标 1： 目标 2： ……						目标 1： 目标 2： ……			
绩效指标	一级指标	二级指标	三级指标		四级指标	业务活动目标值	业务活动预算资金	成本科目构成	申报依据	成本标准依据
	产出指标	教学建设	教学活动	数量指标	编写教材数量	3 门				
					校企开发课程数量	2 门				
					……	……				
				质量指标	规划教材立项数量	1 门				
					校企开发课程开课率	2 门				
					……	……				
				成本指标	编写教材成本预算		×××万元	资料费、劳务费、出版费……	本数、人数、天数、个数……	根据《中华人民共和国政府采购法》及其实施条例、《中华人民共和国招标投标法》及其实施条例、《政府采购货物和服务招标投标管理办法》、《政府采购非招标采购方式管理办法》、河工院国资〔2019〕203 号－《河南工程学院招投标与采购管理办法（试行）》

续表

	一级指标	二级指标	三级指标		四级指标	业务活动目标值	业务活动预算资金	成本科目构成	申报依据	成本标准依据
绩效指标	产出指标	教学建设	教学活动	成本指标	校企开发课程成本预算		×××万元	差旅费、调研费、培训费、劳务费、专用材料费、专用业务费……	门数、人数、天数、次数、个数……	省物价局、财政厅核定的政府公开信息收费标准、河工院财〔2019〕169号、河工院社科〔2019〕151号、培训方收费要求、政府采购及双方合同等
					……					
				时效指标	教材编写预计时间	6月、7月、9月				
					校企开发课程预计时间	6月、10月				
					……					
			实习实训	数量指标	指标1：					
					指标2：					
					……					
				质量指标	指标1：					
					指标2：					
					……					
				成本指标	指标1：					
					指标2：					
					……					

续表

	一级指标	二级指标	三级指标		四级指标	业务活动目标值	业务活动预算资金	成本科目构成	申报依据	成本标准依据
绩效指标	产出指标	教学建设	实习实训	时效指标	指标 1：					
					指标 2：					
					……					
		人才培养	教学活动	数量指标	指标 1：					
					指标 2：					
					……					
				质量指标	指标 1：					
					指标 2：					
					……					
				成本指标	指标 1：					
					指标 2：					
					……					
				时效指标	指标 1：					
					指标 2：					
					……					
			实习实训	数量指标	……					
				质量指标	……					
				成本指标	……					
				时效指标	……					

续表

	一级指标	二级指标	三级指标		四级指标	业务活动目标值	业务活动预算资金	成本科目构成	申报依据	成本标准依据
绩效指标	产出指标	人才培养	党团活动	数量指标	……					
				质量指标	……					
				成本指标	……					
				时效指标	……					
			科研活动	数量指标	……					
				质量指标	……					
				成本指标	……					
				时效指标	……					
		就业创业	教学活动	数量指标	……					
				质量指标	……					
				成本指标	……					
				时效指标	……					
			实习实训	数量指标	……					
				质量指标	……					
				成本指标	……					
				时效指标	……					
			党团活动	数量指标	……					
				质量指标	……					
				成本指标	……					
				时效指标	……					

续表

	一级指标	二级指标	三级指标		四级指标	业务活动目标值	业务活动预算资金	成本科目构成	申报依据	成本标准依据
绩效指标	产出指标	就业创业	科研活动	数量指标	……					
				质量指标	……					
				成本指标	……					
				时效指标	……					
		科研建设	教学活动	数量指标	……					
				质量指标	……					
				成本指标	……					
				时效指标	……					
			实习实训	数量指标	……					
				质量指标	……					
				成本指标	……					
				时效指标	……					
			党团活动	数量指标	……					
				质量指标	……					
				成本指标	……					
				时效指标	……					
			科研活动	数量指标	……					
				质量指标	……					
				成本指标	……					
				时效指标	……					

续表

	一级指标	二级指标	三级指标		四级指标	业务活动目标值	业务活动预算资金	成本科目构成	申报依据	成本标准依据
绩效指标	产出指标	社会服务	教学活动	数量指标	……					
				质量指标	……					
				成本指标	……					
				时效指标	……					
			实习实训	数量指标	……					
				质量指标	……					
				成本指标	……					
				时效指标	……					
			党团活动	数量指标	……					
				质量指标	……					
				成本指标	……					
				时效指标	……					
			科研活动	数量指标	……					
				质量指标	……					
				成本指标	……					
				时效指标	……					
	效益指标	教学建设	教学活动	经济效益指标	……					
				社会效益指标	……					

续表

	一级指标	二级指标	三级指标		四级指标	业务活动目标值	业务活动预算资金	成本科目构成	申报依据	成本标准依据
绩效指标	效益指标	教学建设	教学活动	生态效益指标	……					
				可持续影响指标	……					
			实习实训	经济效益指标	……					
				社会效益指标	……					
				生态效益指标	……					
				可持续影响指标	……					
			党团活动	经济效益指标	……					
				社会效益指标	……					
				生态效益指标	……					
				可持续影响指标	……					

续表

	一级指标	二级指标	三级指标		四级指标	业务活动目标值	业务活动预算资金	成本科目构成	申报依据	成本标准依据
绩效指标	效益指标	教学建设	科研活动	经济效益指标	……					
				社会效益指标	……					
				生态效益指标	……					
				可持续影响指标	……					
		人才培养	教学活动	经济效益指标	……					
				社会效益指标	……					
				生态效益指标	……					
				可持续影响指标	……					
			实习实训	经济效益指标	……					
				社会效益指标	……					

续表

	一级指标	二级指标	三级指标		四级指标	业务活动目标值	业务活动预算资金	成本科目构成	申报依据	成本标准依据
绩效指标	效益指标	人才培养	实习实训	生态效益指标	……					
				可持续影响指标	……					
			党团活动	经济效益指标	……					
				社会效益指标	……					
				生态效益指标	……					
				可持续影响指标	……					
			科研活动	经济效益指标	……					
				社会效益指标	……					
				生态效益指标	……					
				可持续影响指标	……					

续表

	一级指标	二级指标	三级指标		四级指标	业务活动目标值	业务活动预算资金	成本科目构成	申报依据	成本标准依据
绩效指标	效益指标	就业创业	教学活动	经济效益指标	……					
			实习实训	社会效益指标	……					
			党团活动	生态效益指标	……					
			科研活动	可持续影响指标	……					
			……	……						
		科研建设	教学活动	经济效益指标	……					
			实习实训	社会效益指标	……					
			党团活动	生态效益指标	……					
			科动活动	可持续影响指标	……					
			……	……	……					

续表

	一级指标	二级指标	三级指标		四级指标	业务活动目标值	业务活动预算资金	成本科目构成	申报依据	成本标准依据
绩效指标	效益指标	社会服务	教学活动	经济效益指标	……					
			实习实训	社会效益指标	……					
			党团活动	生态效益指标	……					
			科研活动	可持续影响指标	……					
			……	……						
	满意度指标	教学建设	教学活动	服务对象	……					
		人才培养	实习实训		……					
		就业创业	党团活动	满意度指标	……					
		科研建设	科研活动		……					
		社会服务	……	……	……					

注：业务活动的一级、二级、三级、四级指标是一个基本框架，在具体申报和执行过程中，各资金使用单位可依据业务具体情况自行选取使用和调整指标。

表 7－7　　**基于目标导向的教学院部整体预算申报表**

教学院部（部门）整体预算绩效目标申报表					
院部名称及代码			年度		
年度总体目标	目标 1：……				
	目标 2：……				
	目标 3：……				
	……				
年度主要业务活动	业务活动名称	主要内容	预算资金		
			合计	其中：财政资金	备注
	业务活动 1	……			
	业务活动 2	……			
	业务活动 3	……			
	……				
一级指标	二级指标	三级指标	指标值	指标解释	指标说明
履职效能	工作目标管理情况	目标依据充分性		部门设立的工作目标的依据是否充分；内容是否合法、合规。	
		工作目标合理性		部门设立的工作目标是否明确、具体、清晰和可衡量。	
		目标管理有效性		部门是否有完整的目标管理机制以保障工作目标有效落地。	

续表

一级指标	二级指标	三级指标	指标值	指标解释	指标说明
履职效能	整体工作完成	总体工作完成率		反映部门年度总体工作完成情况	总体工作完成率 = 部门年度工作要点已完成的数量/部门年度工作要点工作总数量。得分 = 指标实际完成值 × 指标分值。
		日常管理工作完成率		反映日常管理活动年度总体工作完成情况	日常管理活动完成率 = 日常管理活动工作要点已完成的数量/日常管理活动工作要点总数量。得分 = 指标实际完成值 × 指标分值。
		教学业务工作完成率		反映教学业务活动年度总体工作完成情况	教学业务活动完成率 = 教学业务活动工作要点已完成的数量/教学业务活动工作要点总数量。得分 = 指标实际完成值 × 指标分值。
		实习实训完成率		反映实习实训活动年度总体工作完成情况	实习实训活动完成率 = 实习实训活动工作要点已完成的数量/实习实训活动工作要点总数量。得分 = 指标实际完成值 × 指标分值。
		党团及学生工作完成率		反映党团及学生管理活动年度总体工作完成情况	党团及学生活动完成率 = 党团及学生活动工作要点已完成的数量/党团及学生活动工作要点总数量。得分 = 指标实际完成值 × 指标分值。
		科研管理工作完成率		反映科研管理活动年度总体工作完成情况	科研管理活动完成率 = 科研管理活动工作要点已完成的数量/科研管理活动工作要点总数量。得分 = 指标实际完成值 × 指标分值。
	重点业务履行	重点业务 1 计划完成率		反映本部门的重点业务活动进展情况。	分项具体列示本部门重点业务活动推进情况，相关情况应予以细化、量化表述。
		重点业务 2 计划完成率			
		……			

续表

一级指标	二级指标	三级指标	指标值	指标解释	指标说明
履职效能	部门目标实现	年度工作目标1实现率		反映本部门制定的年度工作目标达成情况。	分项具体列示本部门年度工作目标达成情况，相关情况应予以细化、量化表述。
		年度工作目标2实现率			
		……			
管理效率	预算管理	预算编制完整性		反映部门年度预算编制完整性和提前细化情况。	①收入预算编制是否足额，是否将所有部门预算收入全部编入收入预算； ②支出预算编制是否科学，是否是按人员经费按标准、日常公用经费按定额、专项经费按项目分别编制。
		专项资金细化率			预算细化率 =（部门参与分配的专项待分资金/部门参与分配资金合计）×100%。
		预算执行率		反映部门年度预算执行情况、调整程度和控制结转结余资金的努力程度。	预算执行率 =（预算执行数/预算数）×100%。 其中，预算完成数指部门本年度实际执行的预算数；预算数指财政部门批复的本年度部门的预算数。
		预算调整率			预算调整率 =（预算调整数/预算数）×100%。 预算调整数：部门在本年度内涉及预算的追加、追减或结构调整的资金总和（因落实国家政策、发生不可抗力、上级部门或本级党委政府临时交办而产生的调整除外）。
		结转结余变动率			结转结余变动率 =［（本年度累计结转结余资金总额 - 上年度累计结转结余资金总额）/上年度累计结转结余资金总额］×100%。

续表

一级指标	二级指标	三级指标	指标值	指标解释	指标说明
管理效率	预算管理	部门决算编报质量		反映本部门决算工作情况。	①是否按照相关编审要求报送； ②部门决算编报的单位范围和资金范围是否符合相关要求。
		项目库管理完整性		反映本部门项目库建设情况。	项目库管理完整性 =（年度预算安排项目资金总额—未纳入项目库预算项目资金额）/年度预算安排项目资金总额 × 100%。
		国库集中支付合规性		反映部门预算国库集中支付合规性。	国库集中支付合规性 =（年度部门预算资金国库集中支付总额—国库集中支付监控系统拦截资金额）/年度部门预算资金国库集中支付总额 ×100%。
	收支管理	收入管理规范性		反映部门收入管理和收入结构的情况。	财政拨款收入、事业收入、上级补助收入、附属单位上缴收入、经营收入及其他收入管理是否符合事业单位财务规则的有关规定。
		支出管理规范性		反映部门支出管理和支出结构的情况。	基本支出和项目支出是否符合事业单位财务规则及相关制度办法的有关规定。
	财务管理	财务管理制度的完备性		反映部门相关财务管理规范性和执行有效性的情况。	①资金的拨付和使用是否有比较完整的审批程序和手续； ②财务核算符合国家财经法规和财务管理制度及专项资金管理有关规定； ③部门基础数据信息和会计信息资料的真实性、完整性、准确性，能否对预算管理工作起到很好的支撑作用。
		银行账户管理规范性			财政专户的资金是否按照国库集中收缴的有关规定及时足额上缴，是否存在隐瞒、滞留、截留、挪用和坐支等情况。

续表

一级指标	二级指标	三级指标	指标值	指标解释	指标说明
管理效率	财务管理	政府采购执行率		反映部门相关财务管理规范性和执行有效性的情况。	①资金使用是否符合政府采购的程序和流程；资金使用是否符合公务卡结算相关制度和规定； ②政府采购执行率 =（实际政府采购金额/政府采购预算数）× 100%； 政府采购预算：采购机关根据事业发展计划和行政任务编制的、并经过规定程序批准的年度政府采购计划。
		内控制度有效性			①预算业务控制：单位是否建立健全预算编制、审批、执行、决算与评价等预算内部管理制度； ②收支业务控制：单位是否建立健全收入、支出内部管理制度； ③政府采购业务控制：单位是否建立健全政府采购预算与计划管理、政府采购活动管理、验收管理等政府采购内部管理制度； ④资产控制：单位是否建立健全资产内部管理制度； ⑤建设项目控制：单位是否建立健全建设项目内部管理制度，包括与建设项目相关的议事决策机制、审核机制等； ⑥合同控制：单位是否建立健全合同内部管理制度。 ⑦上述内部控制管理制度是否执行到位有效。
	资产管理	资产管理规范性		反映部门对资产管理和利用方面的情况。	①资产保存是否完整，是否定期对固定资产进行清查，是否有因管理不当发生严重资产损失和丢失的情况； ②是否存在超标准配置资产； ③资产使用是否规范，是否存在未经批准擅自出租、出借资产行为； ④资产处置是否规范，是否存在不按要求进行报批或资产不公开处置行为。

续表

一级指标	二级指标	三级指标	指标值	指标解释	指标说明
管理效率	资产管理	部门固定资产利用率		反映部门对资产管理和利用方面的情况。	计算公式： 部门固定资产利用率 =（部门实际在用固定资产总额/部门所有固定资产总额）×100% 或资产闲置率 =（闲置资产总额/部门所有固定资产总额）×100%
	基础管理	信息化建设成效		反映为保障整体工作和重点工作实施的基础管理情况。	分项具体列示为保障整体工作和重点工作所采取的基础管理工作，相关情况应予以细化、量化表述。
		管理制度建设成效			
		……			
运行成本	成本控制成效	在职人员经费变动率		反映部门对在职及离退休人员成本的控制程度。	计算公式： ①在职人员经费变动率 =［（本年度在职人员经费 − 上年度在职人员经费）/上年度在职人员经费］×100%。 ②离退休人员经费变动率 =［（本年度离退休人员经费 − 上年度离退休人员经费）/上年度离退休人员经费］×100%。
		离退休人员经费变动率			
		人均公用经费变动率		反映部门对控制和压缩重点行政成本的努力程度。	计算公式： ①人均公用经费变动率 =［（本年度人均公用经费 − 上年度人均公用经费）/上年度人均公用经费］×100%。 人均公用经费：年度在职人员公用经费实际支出数/年度实际在职人数。 ②“三公经费”变动率 =［（本年度“三公经费”总额 − 上年度“三公经费”总额）/上年度“三公经费”总额］×100%。 ③厉行节约变动率 =［（本年度厉行节约总额 − 上年度厉行节约总额）/上年度厉行节约总额］×100%。
		“三公经费”变动率			
		厉行节约支出变动率			
		总体成本节约率			成本节约率 = 成本节约额/总预算支出额 ×100%（成本节约额 = 总预算支出额 − 实际支出额）。

续表

一级指标	二级指标	三级指标	指标值	指标解释	指标说明
服务满意	服务对象满意	教师满意度		反映教师和学生对学院管理服务的满意度	数据一般通过问卷调查的方式获得，用百分比衡量得分 = 实际完成值 ÷ 目标值 × 指标分值。
		学生满意度			
	利益相关方满意	校企合作企业满意度		反映合作企业、社会组织和行业协会、上级主管部门对学院管理服务的满意度	数据一般通过问卷调查的方式获得，用百分比衡量若无目标值，则可参考公众满意度目标值设定参考值。
		业务主管部门满意度			
	财政部门满意	财政部门满意度		反映财务部门、审计部门对学院管理情况的满意度	数据一般通过问卷调查的方式获得，用百分比衡量若无目标值，则可参考公众满意度目标值设定参考值。
可持续性	体制机制改革情况	重要改革事项 1		反映本部门体制机制改革对部门可持续发展的支撑情况	分项具体列示本部门体制机制改革情况。
		重要改革事项 2			
	创新能力	重点创新事项 1		反映本部门创新事项对部门可持续发展的支撑情况	分项具体列示本部门创新事项情况。
		重点创新事项 2			
	人才支撑	高层次领军人才		反映人才培养、教育培训和人才比重情况。	比重 = 实际完成值 ÷ 目标值 × 指标分值。
		培训计划执行率			
		高级职称人才比重			
		博士人才数量			

7.2　绩效指标在预算监控中的应用设计

7.2.1　设计的依据和原则

为加强预算绩效运行监控，提高预算执行效率和资金使用效益，根据《中共中央国务院关于全面实施预算绩效管理的意见》的有关规定，按照“全面覆盖、突出重点，权责对等、约束有力，结果运用、及时纠偏”的原则，在预算执行过程中，对预算执行情况和绩效目标实现程度开展监督和控制。按照“谁支出，谁负责”的原则，预算执行单位负责开展预算绩效日常监控，定期对绩效监控信息进行收集、审核、分析、汇总、填报，分析偏差原因，及时采取纠偏措施。

7.2.2　预算监控的内容和方式

预算绩效监控的内容主要包括：一是预算资金执行情况，包括预算资金拨付情况、预算执行单位实际支出情况以及预计结转结余情况等。二是预计产出的完成进度及趋势，包括数量、质量、时效、成本等。三是预计效果的实现进度及趋势，包括经济效益、社会效益、生态效益和可持续影响等。四是跟踪服务对象满意度及趋势。

预算绩效监控方式主要是用定量分析和定性分析相结合的方式，将绩效实现情况与预期绩效目标进行比较，对目标完成、预算执行、组织实施、资金管理等情况进行分析评判。绩效监控包括及时性、合规性和有效性监控。及时性监控重点关注上年结转资金较大、当年新增预算且前期准备不充分，以及预算执行环境发生重大变化等情况。合规性监控重点关注相关预算管理制度落实情况、项目预算资金使用过程中的无预算开支、超预算开支、挤占挪用预算资金、超标准配置资产等情况。有效性监控重点关注项目执行是否与绩效目标一致、执行效果能否达到预期等。

7.2.3　政府会计和绩效指标在预算监控中的体现

前面已提及，在政府会计的科目设置方面，费用类科目主要包括业务活动费用及单位管理费用等。按经济分类，业务活动费用又分为工资福利支出（301）、商品和服务支出（302）、对个人和家庭的补助（303）、资本性支出（310）、其他支出（399）、固定资产折旧费（411）及无形资产摊销费（412）等会计科目。与业务活动有关的费用支出多数计入了商品和服务支出（302）下面的明细科目如办公费、差旅费、会议费、培训费、劳务费、咨询费、专项材料费等。

因此，在预算监控环节，我们根据政府会计科目以及第5章基于应用型本科高校业务活动形成的绩效指标，在此设计了资产增加量、资产增长率、固定资产利用率、及时还款率、资产负债率、流动比率、三公经费变动率、人均办公经费、行政管理成本占比、成本节约率、生均实习材料耗费、生均教学科研仪器设备值、生均党团经费、师均教学经费、师均科研经费、师均教职工培训费、科研经费收入增长率、年培训（鉴定）收入增长率等指标，将政府会计科目的数据信息尽可能地融入预算绩效监控指标的设计中。

另外，根据政府会计制度及预算管理制度文件，我们也设计了预算编制完整性、专项资金细化率、预算执行率、预算调整率、国库集中支付合规性、收入管理规范性、支出管理规范性、资金使用合规性、大额支出论证与审批率、财务管理制度的完备性、银行账户管理规范性、政府采购执行率、内控制度有效性、资产管理规范性等指标应用于预算监控。

因此，从成本绩效导向与业务活动动因的角度，助力于提高高校成本管控水平和绩效管理水平，具体如表7-8和表7-9所示。

7.2.4 业务活动预算监控与教学部门预算监控体系设计

本部分仍以第一大类业务活动即教学活动为例，将政府会计科目和绩效指标设计和应用到预算监控中。预算监控是预算绩效管理的第二个环节，随着业务活动的有序开展，预算资金也在不断支出，设计预算监控指标体系有助于及时发现问题、及时纠偏，使预算资金的花费更有质量、更有效益，有利于最终绩效目标的实现。本部分内容以业务活动执行情况为监控对象设计了表7-8，以教学院部预算绩效为监控对象设计了表7-9。

表 7－8　　业务活动（学院教学活动）预算资金执行监控表

<table>
<tr><td colspan="12">业务活动预算资金执行监控表</td></tr>
<tr><td colspan="2">院部名称及代码</td><td colspan="3"></td><td>年度</td><td colspan="6"></td></tr>
<tr><td colspan="2" rowspan="4">部门资金　（万元）</td><td colspan="2"></td><td colspan="2">年初预算数</td><td colspan="2">1～7 月执行数</td><td colspan="2">1～7 月执行率</td><td colspan="2">全年预计执行数</td></tr>
<tr><td colspan="2">年度资金总额：</td><td colspan="2"></td><td colspan="2"></td><td colspan="2"></td><td colspan="2"></td></tr>
<tr><td colspan="2">其中：本年一般公共预算拨款</td><td colspan="2"></td><td colspan="2"></td><td colspan="2"></td><td colspan="2"></td></tr>
<tr><td colspan="2">其他资金</td><td colspan="2"></td><td colspan="2"></td><td colspan="2"></td><td colspan="2"></td></tr>
<tr><td rowspan="4">年度总体目标</td><td>目标名称</td><td colspan="5">主要内容</td><td colspan="5">目标完成情况</td></tr>
<tr><td>目标 1：</td><td colspan="5"></td><td colspan="5"></td></tr>
<tr><td>目标 2：</td><td colspan="5"></td><td colspan="5"></td></tr>
<tr><td>……</td><td colspan="5"></td><td colspan="5"></td></tr>
<tr><td rowspan="4">年度主要业务活动</td><td>业务活动名称</td><td>主要内容</td><td>预算资金（万元）</td><td colspan="3">其中：财政资金（万元）</td><td>活动完成情况</td><td>执行数（万元）</td><td colspan="2">其中：财政资金（万元）</td><td>执行率</td></tr>
<tr><td>业务活动 1：</td><td></td><td></td><td colspan="3"></td><td></td><td></td><td colspan="2"></td><td></td></tr>
<tr><td>业务活动 2：</td><td></td><td></td><td colspan="3"></td><td></td><td></td><td colspan="2"></td><td></td></tr>
<tr><td>……</td><td></td><td></td><td colspan="3"></td><td></td><td></td><td colspan="2"></td><td></td></tr>
</table>

续表

一级指标	二级指标	三级指标	（三级）绩效指标	年度指标值	1～7月执行情况	全年预计完成情况	偏差原因分析						完成目标可能性			备注
							经费保障	制度保障	人员保障	硬件条件保障	其他	原因说明	确定能	有可能	完全不可能	
产出指标	数量指标	日常管理活动	期刊数量													
			参加会议次数													
			培训次数													
			资产增加量													
		教学业务活动	讲课比赛人数													
			讲课比赛次数													
			申报一流课程数量													
			校企开发课程数量													
			教改项目申报数量													
			学生竞赛人数													
			学生竞赛次数													
			教研论文数量													
			编写教材数量													
		实习实验活动	校内实训课程数													
			校内实训学生人数													
			校外实训学生人数													
			校内教学仪器增加量													
			开放实验课程次数													

续表

一级指标	二级指标	三级指标	（三级）绩效指标	年度指标值	1～7 月执行情况	全年预计完成情况	偏差原因分析						完成目标可能性			备注
							经费保障	制度保障	人员保障	硬件条件保障	其他	原因说明	确定能	有可能	完全不可能	
产出指标	数量指标	实习实验活动	实验教学平台数量													
			智慧实验室													
			开展社会调查次数													
			校外实训基地学生接待人次													
			外聘教师讲座数													
		党团及学生管理活动	党团书籍数													
			专家讲座次数													
			竞赛次数													
			学生参赛人数													
			党团微课数													
			心理辅导次数													
			师生党性教育实地考察次数													
		科研管理活动	专家讲座次数													
			科研团队数量													
			论文发表数量													
			举办会议次数													

续表

一级指标	二级指标	三级指标	（三级）绩效指标	年度指标值	1~7月执行情况	全年预计完成情况	偏差原因分析						完成目标可能性			备注
							经费保障	制度保障	人员保障	硬件条件保障	其他	原因说明	确定能	有可能	完全不可能	
产出指标	数量指标	科研管理活动	申报省部级课题数													
			申报厅级课题数													
			专利数													
			产学研项目数													
			学生参与教师科研团队数量													
			学生发表论文数													
	质量指标	日常管理活动	期刊借阅率													
			参加会议规格													
			教师实践培训规格													
		教学业务活动	国家/省级讲课比赛获奖实现程度													
			校级讲课比赛获奖实现程度													
			国家级/省级一流课程获批数量占比													
			校企开发课程开课率													
			国家级教改项目立项率													

续表

一级指标	二级指标	三级指标	（三级）绩效指标	年度指标值	1~7月执行情况	全年预计完成情况	偏差原因分析						完成目标可能性			备注
							经费保障	制度保障	人员保障	硬件条件保障	其他	原因说明	确定能	有可能	完全不可能	
产出指标	质量指标	教学业务活动	省级家级教改项目立项率													
			校级教改项目立项率													
			国家/省级学科竞赛获奖实现率													
			校级学科竞赛获奖实现率													
			规划教材立项率													
			核心教研论文发表率													
			教师参加企业实训培训的人数占比													
		实习实验活动	毕业设计选题来自社会实践占比													
			学生专利数													
			学生参与教师横向科研项目的占比													
			毕业生在本专业相关领域就业的人数比例													

续表

一级指标	二级指标	三级指标	（三级）绩效指标	年度指标值	1～7月执行情况	全年预计完成情况	偏差原因分析						完成目标可能性			备注
							经费保障	制度保障	人员保障	硬件条件保障	其他	原因说明	确定能	有可能	完全不可能	
产出指标	质量指标	实习实验活动	校外实习实训人数完成率													
			行业优秀专家占比													
		党团及学生管理活动	学生获奖数													
			优秀团干部人数													
			优秀学生干部人数													
			优秀学生党员人数													
			优秀基础党组织数													
			厅级及其以上荣誉称号数													
			心理健康康复率													
		科研管理活动	核心论文发表数													
			厅级以上科研团队数													
			省部级课题立项率													
			厅级课题立项率													
			专利引用次数													
			学生发表核心论文数													

续表

一级指标	二级指标	三级指标	（三级）绩效指标	年度指标值	1～7 月执行情况	全年预计完成情况	偏差原因分析						完成目标可能性			备注
							经费保障	制度保障	人员保障	硬件条件保障	其他	原因说明	确定能	有可能	完全不可能	
产出指标	时效指标	实习实验活动	校外实习实训及时率													
		科研管理活动	专家讲座及时率													
			会议完成时限													
	成本指标	日常管理指标	人均办公经费													
			办公经费占比													
			成本合理节约率													
		实习实验指标	生均材料耗费													
			生均实习实验仪器设备值													
		党团活动指标	生均党团经费													
		科研活动指标	师均科研经费													
	社会效益	教学管理指标	教改项目应用情况													
			教学成果奖数量													
			课程思政建设													
			学生课外实践竞赛获奖													
			大学生创新创业情况													

续表

一级指标	二级指标	三级指标	（三级）绩效指标	年度指标值	1~7月执行情况	全年预计完成情况	偏差原因分析						完成目标可能性			备注
							经费保障	制度保障	人员保障	硬件条件保障	其他	原因说明	确定能	有可能	完全不可能	
产出指标	社会效益	科研活动指标	厅级科研获奖数													
			省部级科研获奖数													
			实现成果转化的课题数													
			研究成果中的对策、建议被采纳数													
满意度指标	服务对象满意度指标	日常管理指标	教师满意度分值													
			学生满意度分值													
		教学管理指标	教师满意度分值													
			学生满意度分值													
			上级主管部门满意度													
		实习实验指标	学生对实习实训满意度													
			教师对实习实训满意度													
			实习单位对实习实训满意度													
			就业单位对毕业生的满意度													

续表

一级指标	二级指标	三级指标	（三级）绩效指标	年度指标值	1～7 月执行情况	全年预计完成情况	偏差原因分析						完成目标可能性			备注
							经费保障	制度保障	人员保障	硬件条件保障	其他	原因说明	确定能	有可能	完全不可能	
满意度指标	服务对象满意度指标	党团活动指标	学生对党团活动满意度													
			教师对党团活动满意度													
			上级主管部门对党团活动满意度													
		科研活动指标	学生对科研活动满意度													
			教师对科研活动满意度													
			上级主管部门对科研活动满意度													

注：1. 偏差原因分析：针对与预期目标产生偏差的指标值，分别从经费保障、制度保障、人员保障、硬件条件保障等方面进行判断和分析，并说明原因。2. 完成目标可能性：对应所设定的实现绩效目标的路径，分确定能、有可能、完全不可能三级综合判断完成的可能性。3. 备注：说明预计到年底不能完成目标的原因及拟采取的措施。

表 7－9　　　　教学院部整体预算绩效监控表

<table>
<tr><td colspan="11">教学院部整体预算绩效监控表</td></tr>
<tr><td colspan="2">院部名称及代码</td><td colspan="3"></td><td>年度</td><td colspan="5"></td></tr>
<tr><td colspan="2" rowspan="4">部门资金　　（万元）</td><td colspan="2"></td><td>年初预算数</td><td colspan="2">1～7 月执行数</td><td colspan="2">1～7 月执行率</td><td>分值</td><td>得分</td></tr>
<tr><td colspan="2">年度资金总额：</td><td></td><td colspan="2"></td><td colspan="2"></td><td rowspan="3">10</td><td rowspan="3"></td></tr>
<tr><td colspan="2">其中：本年一般公共预算拨款</td><td></td><td colspan="2"></td><td colspan="2"></td></tr>
<tr><td colspan="2">其他资金</td><td></td><td colspan="2"></td><td colspan="2"></td></tr>
<tr><td rowspan="4">年度总体目标</td><td>目标名称</td><td colspan="4">主要内容</td><td colspan="5">目标完成情况</td></tr>
<tr><td>目标 1：</td><td colspan="4"></td><td colspan="5"></td></tr>
<tr><td>目标 2：</td><td colspan="4"></td><td colspan="5"></td></tr>
<tr><td>……</td><td colspan="4"></td><td colspan="5"></td></tr>
<tr><td rowspan="4">年度主要业务活动</td><td>业务活动名称</td><td>主要内容</td><td>预算资金（万元）</td><td colspan="2">其中：财政资金（万元）</td><td>活动完成情况</td><td>执行数（万元）</td><td colspan="2">其中：财政资金（万元）</td><td>执行率</td></tr>
<tr><td>业务活动 1：</td><td></td><td></td><td colspan="2"></td><td></td><td></td><td colspan="2"></td><td></td></tr>
<tr><td>业务活动 2：</td><td></td><td></td><td colspan="2"></td><td></td><td></td><td colspan="2"></td><td></td></tr>
<tr><td>……</td><td></td><td></td><td colspan="2"></td><td></td><td></td><td colspan="2"></td><td></td></tr>
</table>

续表

一级指标	二级指标	（三级）绩效指标	年度指标值	1~7 月完成情况	全年预计完成情况	偏差原因分析			分值	得分	备注
						原因说明 1	原因说明 2	……			
履职效能	目标管理情况	目标依据充分性									
		工作目标合理性									
		目标管理有效性									
	整体工作完成	总体工作完成率									
		日常管理工作完成率									
		教学业务工作完成率									
		实习实验完成率									
		党团及学生工作完成率									
		科研管理工作完成率									
	重点业务履行	重点业务 1 完成率									
		重点业务 2 完成率									
		……									
	部门目标实现	年度工作目标 1 实现率									
		年度工作目标 2 实现率									
		……									

续表

一级指标	二级指标	（三级）绩效指标	年度指标值	1~7月完成情况	全年预计完成情况	偏差原因分析			分值	得分	备注
						原因说明1	原因说明2	……			
管理效率	预算管理	预算编制完整性									
		专项资金细化率									
		预算执行率									
		预算调整率									
		国库集中支付合规性									
	收支管理	收入管理规范性									
		支出管理规范性									
		资金使用合规性									
		大额支出论证与审批率									
	财务管理	财务管理制度的完备性									
		银行账户管理规范性									
		政府采购执行率									
		内控制度有效性									
	资产管理	资产管理规范性									
		资产增长率									
		资产空闲率									

续表

一级指标	二级指标	（三级）绩效指标	年度指标值	1～7 月完成情况	全年预计完成情况	偏差原因分析			分值	得分	备注
						原因说明 1	原因说明 2	……			
管理效率	资产管理	固定资产增长率									
		固定资产利用率									
		及时还款率									
		资产负债率									
		流动比率									
	基础管理	信息化建设成效									
		管理制度建设成效									
运行成本	成本控制成效	在职人员经费变动率									
		离退休人员经费变动率									
		人均公用经费变动率									
		“三公经费”变动率									
		厉行节约支出变动率									
		总体成本节约率									
		行政管理成本占比									
		师均教学经费									
		师均科研经费									
		师均教职工培训费									

续表

一级指标	二级指标	（三级）绩效指标	年度指标值	1~7月完成情况	全年预计完成情况	偏差原因分析			分值	得分	备注
						原因说明1	原因说明2	……			
服务满意	服务对象满意	教师满意度									
		学生满意度									
	利益相关方满意	校企合作企业满意度									
		业务主管部门满意度									
	财政部门满意	财政部门满意度									
可持续性	体制机制改革情况	重要改革事项1									
		重要改革事项2									
	创新能力	科研经费收入增长率									
		非税收入增长率									
		专项资金收入增长率									
		年培训（鉴定）收入增长率									
	人才支撑	高层次领军人才									
		培训计划执行率									
		高级职称人才占比									
		博士人才数量									

注：1. 原则上一级指标分值统一设置为：履职效能指标35分、管理效率指标25分、运行成本指标15分、服务满意5分，可持续性10分，预算执行率10分。如有特殊情况，除预算资金执行率外，其他指标权重可作适当调整，但总分应为100分。各项三级指标得分最高不能超过该指标分值上限。2. 偏差原因分析：针对与预期目标产生偏差的指标值，通常分别从经费保障、制度保障、人员保障、硬件条件保障等方面进行判断和分析，并说明原因。3. 备注：说明预计到年底不能完成目标的原因及拟采取的措施。

7.3　绩效指标在预算绩效评价中的设计

预算绩效评价指标是衡量预算绩效目标实现程度的考核工具，是反映预算执行总体效果的具体量值，具有衡量、监测和评价预算管理经济性、效率性和有效性并揭示预算管理中存在问题的效力。本书根据财政部《项目支出绩效评价管理办法》（财预〔2020〕10 号）和河南省《项目支出绩效评价管理办法》等有关规定，并在创建应用型本科院校为战略目标指引下，遵循科学规范原则、公正公开原则、分级分类原则、绩效相关等原则进行绩效评价指标的设计。

本书根据应用型本科院校的发展要求和高等学校的五大职能，并充分结合政府会计制度的“双基础”核算特点，从教学建设、科研建设、人才培养、社会服务以及就业创新等五个维度，构建以业务活动为基础的绩效评价指标体系，同时采用专家咨询法和层次分析法确认各指标权重。

7.3.1　绩效评价指标设计的原则

（1）全面整体原则。在选取评价指标时，要综合考虑应用型本科高校的实际发展情况和战略目标，使评价体系能够全面反映应用型本科高校预算水平。选取评价指标的范围要广，重点反映高校事业发展重心，并将财务指标与业务指标相结合。

（2）科学合理原则。选取的评价指标必须做到概念清晰、完整度高，避免重复和遗漏。指标之间应相互独立且相互补充，各有侧重但彼此关联，保证评价数据的准确性和严谨性。

（3）重要相关原则。选取最具有代表性和最能反映评价目标的评价指标。突出指标的重要性，对于次要指标应适当粗略化。并且绩效评价指标应当与绩效总目标直接相关，能够充分、恰当反映目标的实现程度。

（4）可行可比原则。选取评价指标时既要考虑实用性，又要考虑现实条件和可操作性，所用到的数据应可获得。指标必须保持统一的采集口径和采集方法，使数据不仅能够纵向比较，也能够横向比较。

（5）与时俱进原则。评价指标应具有时效性，根据实际情况进行调整和完善，以满足不同时期的评价需求。有时某些指标只能某年用，若不加以更新完善，指标就失去了时效性。

（6）经济效益原则。评价指标的数据收集应考虑“经济效益”原则，尽可能地降低收集成本。一方面，选取的指标应精简，同时承载较多的信息量；另一方面，降低收集难度，尽可能选取易获取的指标数据。

7.3.2　绩效评价指标确定

基于第6章分析本书从应用型本科高校的4大核心业务活动，即教学活动、行政管理活动、教学管理（服务）活动和后勤保障及教辅活动角度分别构建了111个、90个、145个、42个绩效指标。

由于在选取评价指标时存在一定的主观性，为保证评价指标的科学性，需要对初步构建的指标进行专家筛选。该环节邀请43位应用型本科高校中的教学工作专家、职能部门负责人以及财务人员，以问卷调查的方式，通过问卷星的形式，请专家依据自己的经验判断对初步构建的四大类指标进行筛选。专家基本情况如表7-10所示，其中约33%的专家为教授职称，30%的专家为副教授职称，21%的专家为讲师职称，职称分布合理，能够对问卷作出基本判断。

表7-10　　　　专家基本情况表

专家来源	专家职位/职称
本校各职能部门	部门负责人6名
本校财务处	会计2名
本校各教学院部	教授8名、副教授5、讲师4名
A大学教学院部	教授2名、副教授4名、讲师2名
B大学教学院部	教授2名、副教授3名、讲师2名
C大学教学院部	教授2名、副教授1名、讲师1名
合计	43

将初步基于教学活动、行政管理活动、教学管理（服务）活动和后勤保障及教辅活动等四大类业务活动构建的原始绩效指标，形成问卷调查表并采用李克特五级量表（李克特五级量分为：非常重要、重要、一般重要、不重

要、非常不重要，相应地赋值为：1、2、3、4、5)，让专家依据自己的经验判断对原始指标的重要性程度进行打分，根据打分结果进行重要性分析，剔除对评价结果相对不重要的指标，保留对评价结果相对重要的指标，问卷调查表如附录 1 所示。本次问卷调查表实发 43 份，收回 40 份，有效问卷为 40 份。以有效问卷为基础，借助 Stata 软件对评价指标的离散程度、集中程度和协调程度进行统计分析，用均值 X、标准差 S、变异系数 V 分别判断指标的集中程度、离散程度和协调程度。经整理后，本校预算绩效指标按四大业务活动划分，最终分别由 × × 个、60 个、90 个、36 个关键绩效指标构成。

7.3.3　政府会计和绩效指标在预算绩效评价中的体现

本书以豫发（2019）10 号文件为指导，立足教育行业，以应用型本科高校为定位，构建其绩效评价标准和评价体系。因此，本书将高等学校的五大职能与应用型本科高校建设的特征充分融合，对绩效评价指标从五个维度进行重构，即教学建设、科研建设、人才培养、社会服务以及就业创业。

（1）教学建设

教学建设是高校最基本的职能。高校教学质量的优劣直接影响学校的发展和学生人才的培养，该维度主要对应用型本科高校的专业设置、课程教材、集群发展、教学成果、师资力量以及教学经费投入进行考核。

（2）科研建设

科研建设是高校的五大职能之一。高校承担着科学研究的重要职能，是国家创新体系的重要组成部分。充分发挥高校创新资源集聚、创新活动深入和国际交流活跃的优势，扎实推进高校科学研究工作，必须始终坚守科学研究的学术取向。而应用型本科高校应以科研为助推力，一方面高校获得研究成果服务于社会，另一方面向社会输送优秀人才。该维度主要对科研成果和科研经费投入进行考核。

（3）人才培养

高等教育是培养人、造就人的重要供给主体，大学的首要职能和本质职能是人才培养。因此，学生是衡量高校教育成果的直接载体，学生毕业后不论是就业还是继续深造，都是高校重要的“产出”。该维度主要对学生在校期间人才培养流程建设、实习实验活动、学生党团活动以及参与科研情况等方面进行考核。

（4）社会服务

高校作为教学中心和科研中心，应该充分利用优质资源成为社会服务的中心，而应用型本科高校更是以应用研究、科技服务和人才服务为核心内容。该维度主要对以应用性科研导向的科研活动和教学活动等方面进行考核。

（5）就业创业

应用型本科高校应该重点关注毕业生就业质量、学生创业以及创新创业平台的建设，积极提升学生的就业能力和创新能力。因此，该维度主要对学生实习实验活动和党团活动进行绩效考核。

类似的，在预算绩效评价环节，与预算申报、预算监控环节相一致，我们根据政府会计科目以及第6章基于业务活动形成的绩效指标，如资产增长率、固定资产利用率、及时还款率、资产负债率、流动比率、三公经费变动率、人均办公经费、行政管理成本占比、成本节约率、生均实习材料耗费、生均教学科研仪器设备值、生均党团经费、师均教学经费、师均科研经费、师均教职工培训费、科研经费收入增长率、年培训（鉴定）收入增长率等指标，对这些指标的实现程度进行评分。同样地，根据政府会计制度及预算管理制度文件，将预算编制完整性、专项资金细化率、预算执行率、预算调整率、国库集中支付合规性、收入管理规范性、支出管理规范性、资金使用合规性、大额支出论证与审批率、财务管理制度的完备性、银行账户管理规范性、政府采购执行率、内控制度有效性、资产管理规范性等指标应用于部门预算绩效评价，以体现成本绩效导向与业务活动动因导向的绩效评价，提高高校成本管控水平和绩效管理水平。具体如表7－11和表7－12所示。

7.3.4 绩效评价指标权重设置方法

指标权重是指各评价指标对整个评价体系的相对重要性程度，反映各评价指标对高校预算绩效的贡献程度。指标权重确认方法有主观赋权法和客观赋权法。主观赋权法即权重的确认主要根据评估者的经验主观判断得到，包括层次分析法、专家咨询法、功效系数法、模糊评价法等。客观赋权法即权重的确认主要根据指标间的相关关系或各指标的变异系数得到，包括主成分分析法、因子分析法、熵值法和逼近理想点法等。这两类方法各有优缺点，主观赋权法依据专家学者丰富的经验得出的权重系数比较符合现实情况，但缺陷是具有较大主观随意性。客观赋权法虽然避免了主观因素的干扰，但有时可能导致重要性系数与指标实际重要性程度相悖。目前看来，主观赋权法相对于客观赋权法发展更为成熟、应用更为广泛，在确认预算绩效评价指标权重时多以专家学者的知识经验进行判断，因此本书在对评价指标进行权重赋值时选择主观赋权法中的专家咨询法和层次分析法。

（1）专家咨询法。专家咨询法（Delphi Method）是在20世纪40年代由美国学者赫尔墨提出的，是一种匿名专家征询调查的预测方法，又称德尔菲法。专家咨询法以发放调查问卷的方式，通过多轮次向专家组征得所要预测问题的意见，专家组成员间进行匿名交流，然后统计、整理、归纳和修改，直至专家组的意见达成一致，将其作为预算的结果。专家咨询法广泛应用于产品、技术等领域的预测，是一项重要的预测工具，其主要特点为匿名性和多轮次性。

（2）层次分析法。层次分析法（Analytic Hierarchy Process，AHP）是在20世纪70年代由美国学者萨蒂提出的，是一种定量与定性相结合分析的层次权重决策方法。该方法依据决策者的经验来判断各衡量目标与实现标准之间的相对重要性程度，并合理地给出每个决策方案的每个标准权数，利用权数求出各方案的优劣排序。该方法于1982年引入我国，被迅速地应用在社会经济各个领域，是社会经济系统决策中的有效工具。高校预算绩效评价属于较为复杂的决策系统，符合层次分析法的应用条件，并且该方法是一种易于操作的权重确认方法。

7.3.5　业务活动绩效评价与教学部门绩效评价体系设计

本书主要采用了专家咨询法，对五个维度（教学建设、科研建设、人才培养、社会服务、就业创业）的指标进行权重打分。本部分仍以第一大类业务活动即教学活动为例，进行预算绩效评价的体系设计。预算绩效评价是预算绩效管理的第三个环节，考核绩效目标的最终实现情况。基于业务活动的预算绩效评价我们设计了表7－11，教学院部整体预算绩效评价我们设计了表7－12。

表 7－11　　业务活动（学院教学活动）预算绩效评价指标体系

学院教学活动预算绩效评价表								
院部名称及代码					年度			
预算情况			年初数	全年数	全年执行数	分值	执行率	得分
	部门预算总额					10		
	资金来源	财政性资金						
		其他资金						
年度主要业务活动	业务活动 1：							
	业务活动 2：							
	……							
一级指标	二级指标	三级指标		（四级）绩效指标	权重	评分方式	评分规则	
产出（50）	教学建设	教学活动	数量	讲课比赛人次	0.5	目标法	100%计满分值，低于100%，以每低于目标值1%扣减2%的绩效分值计算得分。	
				申报一流课程数量	0.5	目标法	100%计满分值，低于100%，以每低于目标值1%扣减2%的绩效分值计算得分。	
				校企开发课程数量	0.5	目标法	100%计满分值，低于100%，以每低于目标值1%扣减2%的绩效分值计算得分。	
				教改项目申报数量	0.5	目标法	100%计满分值，低于100%，以每低于目标值1%扣减2%的绩效分值计算得分。	

续表

一级指标	二级指标	三级指标		（四级）绩效指标	权重	评分方式	评分规则
产出（50）	教学建设	教学活动	数量	教研论文数量	0.5	目标法	100% 计满分值，低于 100%，以每低于目标值 1% 扣减 2% 的绩效分值计算得分。
				编写教材数量	0.5	目标法	100% 计满分值，低于 100%，以每低于目标值 1% 扣减 2% 的绩效分值计算得分。
			质量	教师实践培训规格	1	定项计分法	（国家级培训规格 ×0.5 + 省级培训规格 ×0.2 + 厅级及以下培训规格 ×0.1）
				讲课比赛获奖实现程度	1	定项计分法	（国家级奖项数 ×1 + 省级奖项数 ×0.5 + 厅级及以下奖项数 ×0.2）
				一流课程获批数量	1	定项计分法	（国家级一流课程获批数量 ×1 + 省级一流课程获批数量 ×0.5 + 校级一流课程数量 ×0.2）
				教研教改项目立项	1	定项计分法	（国家级教研项目立项数 ×1 + 省级教研教改立项数 ×0.5 + 校级教研项目立项数 ×0.2）
				规划教材立项	1	定项计分法	（国家级规划教材立项数 ×1 + 省级规划教材立项数 ×0.5 + 校级规划教材立项数 ×0.2）
				核心教研论文发表率	1	定项计分法	（CSSCI 论文数 ×1 + 中文核心数 ×0.5 + 普通刊物发表数量 ×0.2）
		实习实训	数量	教学设备增加数量	1	目标法	100% 计满分值，低于 100%，以每低于目标值 1% 扣减 2% 的绩效分值计算得分。
	人才培养	教学业务	数量	学生竞赛人次	0.5	目标法	100% 计满分值，低于 100%，以每低于目标值 1% 扣减 2% 的绩效分值计算得分。

续表

一级指标	二级指标	三级指标		（四级）绩效指标	权重	评分方式	评分规则
产出（50）	人才培养	教学业务	质量	学科竞赛获奖实现率	0.5	定项计分法	（国家级奖项数×0.5+省级奖项数×0.2+厅级及以下奖项数×0.1）
				教师参加企业培训的人数占比	0.5	目标法	100%计满分值，低于100%，以每低于目标值1%扣减2%的绩效分值计算得分。
		实习实训	数量	实训课程数量	0.5	目标法	100%计满分值，低于100%，以每低于目标值1%扣减2%的绩效分值计算得分。
				校内实训学生人数	0.5	目标法	100%计满分值，低于100%，以每低于目标值1%扣减2%的绩效分值计算得分。
				校外实训学生人数	0.5	目标法	100%计满分值，低于100%，以每低于目标值1%扣减2%的绩效分值计算得分。
				开放实验课程数	0.5	目标法	100%计满分值，低于100%，以每低于目标值1%扣减2%的绩效分值计算得分。
				实验教学平台数	0.5	定项计分法	（国家级实验教学平台数×0.5+省级实验教学数×0.2+厅级及校级实验平台数×0.1）
				行业教师讲座数	0.5	目标法	100%计满分值，低于100%，以每低于目标值1%扣减2%的绩效分值计算得分。
			质量	学生专利数	0.5	目标法	100%计满分值，低于100%，以每低于目标值1%扣减2%的绩效分值计算得分。
				参与横向科研项目的学生人数	0.5	目标法	100%计满分值，低于100%，以每低于目标值1%扣减2%的绩效分值计算得分。

续表

一级指标	二级指标	三级指标		（四级）绩效指标	权重	评分方式	评分规则
产出（50）	人才培养	实习实训	成本	生均材料耗费	0.5	目标法	以低于等于100%为目标，高于100%，以每高于目标值1%扣减2%的绩效分值计算得分。
				生均教学科研仪器设备值	0.5	目标法	100%计满分值，低于100%，以每低于目标值1%扣减2%的绩效分值计算得分。
		党团活动	数量	专家讲座次数	0.5	目标法	100%计满分值，低于100%，以每低于目标值1%扣减2%的绩效分值计算得分。
				竞赛数量	0.5	定项计分法	（国家级竞赛数×0.5＋省级竞赛数×0.2＋厅级及以下竞赛数×0.1）
				学生参赛人数	0.5	目标法	100%计满分值，低于100%，以每低于目标值1%扣减2%的绩效分值计算得分。
			质量	优秀学生干部人数（团干、学生干部、党员）	0.5	定项计分法	（国家级评优人数×0.5＋省级评优人数×0.2＋厅级及以下评优人数×0.1）
				厅级及以上荣誉称号数	0.5	定项计分法	（国家级荣誉称号×0.5＋省级荣誉称号×0.2＋厅级及以下荣誉称号×0.1）
		科研活动	数量	参与教师科研项目的学生人数	0.5	目标法	100%计满分值，低于100%，以每低于目标值1%扣减2%的绩效分值计算得分。
				学生发表论文数	0.5	定项计分法	（CSSCI论文数×0.5＋中文核心数×0.2＋普通刊物发表数量×0.1）

续表

一级指标	二级指标	三级指标		（四级）绩效指标	权重	评分方式	评分规则
产出（50）	就业创业	实习实训	数量	开展社会调查次数	2	目标法	100%计满分值，低于100%，以每低于目标值1%扣减2%的绩效分值计算得分。
				校外实训基地学生接待人次	2	目标法	100%计满分值，低于100%，以每低于目标值1%扣减2%的绩效分值计算得分。
			质量	毕业生在本专业相关领域就业的人数比例	2	历史法	比上年业绩值增长3%，可得满分
				校外实习实训人数完成率	2	目标法	100%计满分值，低于100%，以每低于目标值1%扣减2%的绩效分值计算得分。
			时效	校外实习实训及时率	2	定项计分法	及时性1分，完整性1分
	科研建设	科研活动	数量	专家讲座次数	1	目标法	100%计满分值，低于100%，以每低于目标值1%扣减2%的绩效分值计算得分。
				科研团队数量（省、厅、校）	1	定项计分法	（省级及以上科研团队数×1＋厅级科研团队数×0.5＋校级科研团队数×0.2）
				论文发表数量	1	定项计分法	（CSSCI论文数×1＋中文核心数×0.5＋普通刊物发表数量×0.2）
				举办会议次数	1	定项计分法	（国家级会议数量×1＋省级会议数量×0.5＋厅级及校级会议数量×0.1）

续表

一级指标	二级指标	三级指标		（四级）绩效指标	权重	评分方式	评分规则
产出（50）	科研建设	科研活动	数量	申报科研项目数	1	定项计分法	（国家级项目申报数×1＋省级项目申报数×0.5＋厅级及以下申报数×0.2）
				专利数	1	目标法	100%计满分值，低于100%，以每低于目标值1%扣减2%的绩效分值计算得分。
			质量	课题立项数	2	定项计分法	（国家级项目立项数×2＋省级项目立项数×0.5＋厅级及以下立项数×0.2）
				专利引用次数	1	历史法	比上年业绩值增长3%，可得满分
			成本	师均科研经费	1	目标法	100%计满分值，低于100%，以每低于目标值1%扣减2%的绩效分值计算得分。
	社会服务	教学活动	数量	校企开发课程数	2	目标法	100%计满分值，低于100%，以每低于目标值1%扣减2%的绩效分值计算得分。
			质量	校企开发课程开课率	2	目标法	100%计满分值，低于100%，以每低于目标值1%扣减2%的绩效分值计算得分。
		实习实训	质量	毕业设计选题来自社会实践占比	2	目标法	100%计满分值，低于100%，以每低于目标值1%扣减2%的绩效分值计算得分。
		科研活动	数量	产学研项目数	2	目标法	100%计满分值，低于100%，以每低于目标值1%扣减2%的绩效分值计算得分。
				为社会提供咨询服务或培训数量	2	目标法	100%计满分值，低于100%，以每低于目标值1%扣减2%的绩效分值计算得分。

续表

一级指标	二级指标	三级指标		（四级）绩效指标	权重	评分方式	评分规则
效益（30）	教学建设	教学活动	社会效益	教改项目应用率	3	历史法	比上年业绩值增长3%，可得满分
				教学成果奖数量	3	目标法	100%计满分值，低于100%，以每低于目标值1%扣减2%的绩效分值计算得分。
				课程思政建设	3	目标法	100%计满分值，低于100%，以每低于目标值1%扣减2%的绩效分值计算得分。
	人才培养	教学活动		学生课外实践竞赛获奖	3	定项计分法	（国家级获奖数×3+省级获奖数×1+厅级及以下获奖数×0.5）
		科研活动		学生取得发明专利数量	3	历史法	比上年业绩值增长3%，可得满分
	就业创业	教学活动		大学生创新创业情况	3	历史法	比上年业绩值增长3%，可得满分
	科研建设	科研活动		高水平论文数量	3	历史法	比上年业绩值增长3%，可得满分
				科研获奖数量	3	定项计分法	（省部级及以上科研获奖数×3+厅级获奖数×1+厅级以下奖项数×0.5）
	社会服务	科研活动		实现成果转化的课题数	3	历史法	比上年业绩值增长3%，可得满分
				研究成果中的对策、建议被采纳数	3	历史法	比上年业绩值增长3%，可得满分

续表

一级指标	二级指标	三级指标		（四级）绩效指标	权重	评分方式	评分规则
满意度（10）	教学建设	教学活动	满意度	教师满意度	0.5	历史法	比上年业绩值增长 3%，可得满分
				学生满意度	1	历史法	比上年业绩值增长 3%，可得满分
				上级主管部门满意度	0.5	历史法	比上年业绩值增长 3%，可得满分
	人才培养	实习实训		学生满意度	1	历史法	比上年业绩值增长 3%，可得满分
				教师满意度	1	历史法	比上年业绩值增长 3%，可得满分
	就业创业	实习实训		实习单位满意度	1	历史法	比上年业绩值增长 3%，可得满分
				就业单位满意度	1	历史法	比上年业绩值增长 3%，可得满分
	科研建设	科研活动		学生对科研活动满意度	0.5	历史法	比上年业绩值增长 3%，可得满分
				教师对科研活动满意度	1	历史法	比上年业绩值增长 3%，可得满分
				上级主管部门对科研活动满意度	0.5	历史法	比上年业绩值增长 3%，可得满分
	社会服务	科研活动		成果转化的满意度	0.5	历史法	比上年业绩值增长 3%，可得满分
				科技服务满意度	1	历史法	比上年业绩值增长 3%，可得满分
				人才服务满意度	0.5	历史法	比上年业绩值增长 3%，可得满分

注：原则上一级指标分值统一设置为：产出指标 50 分、效益指标 30 分、满意度指标 10 分，预算执行率 10 分。如有特殊情况，除预算资金执行率外，其他指标权重可作适当调整。

表 7-12 **教学院部整体预算绩效评价指标体系**

教学院部整体预算绩效评价表								
院部名称及代码					年度			
预算情况			年初数	全年数	全年执行数	分值	执行率	得分
	部门预算总额					10		
	资金来源	财政性资金						
		其他资金						
	资金结构	基本支出						
		主要业务活动支出						
	预期目标				实际完成情况			
年度总体目标	目标名称	主要内容			目标完成情况			
	目标1：							
	目标2：							
	……							
年度主要业务活动	业务活动名称	主要内容	预算资金（万元）	其中：财政资金（万元）	活动完成情况	执行数（万元）	其中：财政资金（万元）	执行率
	业务活动1：							
	业务活动2：							
	……							

续表

一级指标	二级指标	（三级）绩效指标	指标值	指标说明	实际完成值	分值	得分	未完成原因分析
履职效能	目标管理情况	目标依据充分性						
		工作目标合理性						
		目标管理有效性						
	整体工作完成	总体工作完成率						
		日常管理工作完成率						
		教学业务工作完成率						
		实习实验完成率						
		党团及学生工作完成率						
		科研管理工作完成率						
	重点业务履行	重点业务 1 完成率						
		重点业务 2 完成率						
		……						
	部门目标实现	年度工作目标 1 实现率						
		年度工作目标 2 实现率						
		……						

续表

一级指标	二级指标	（三级）绩效指标	指标值	指标说明	实际完成值	分值	得分	未完成原因分析
管理效率	预算管理	预算编制完整性						
		专项资金细化率						
		预算执行率						
		预算调整率						
		国库集中支付合规性						
	收支管理	收入管理规范性						
		支出管理规范性						
		资金使用合规性						
		大额支出论证与审批率						
	财务管理	财务管理制度的完备性						
		银行账户管理规范性						
		政府采购执行率						
		内控制度有效性						
	资产管理	资产管理规范性						
		资产增长率						
		资产空闲率						
		固定资产增长率						
		固定资产利用率						

续表

一级指标	二级指标	（三级）绩效指标	指标值	指标说明	实际完成值	分值	得分	未完成原因分析
管理效率	资产管理	及时还款率						
		资产负债率						
		流动比率						
	基础管理	信息化建设成效						
		管理制度建设成效						
		……						
运行成本	成本控制成效	在职人员经费变动率						
		离退休人员经费变动率						
		人均公用经费变动率						
		“三公经费”变动率						
		厉行节约支出变动率						
		总体成本节约率						
		行政管理成本占比						
		师均教学经费						
		师均科研经费						
		师均教职工培训费						
服务满意	服务对象满意	教师满意度						
		学生满意度						

续表

一级指标	二级指标	（三级）绩效指标	指标值	指标说明	实际完成值	分值	得分	未完成原因分析
服务满意	利益相关方满意	校企合作企业满意度						
		业务主管部门满意度						
	财政部门满意	财政部门满意度						
可持续性	体制机制改革情况	重要改革事项 1						
		重要改革事项 2						
	创新能力	科研经费收入增长率						
		非税收入增长率						
		专项资金收入增长率						
		年培训（鉴定）收入增长率						
	人才支撑	高层次领军人才						
		培训计划执行率						
		高级职称人才比重						
		博士人才数量						

注：1. 采取打分评价的形式，满分为 100 分。原则上一级指标分值统一设置为：履职效能指标 35 分、管理效率指标 25 分、运行成本指标 15 分、服务满意 5 分，可持续性 10 分，预算执行率 10 分。如有特殊情况，除预算资金执行率外，其他指标权重可作适当调整，但总分应为 100 分。各项三级指标得分最高不能超过该指标分值上限。2. 未完成原因分析：说明偏离目标、不能完成目标的原因及拟采取的措施。3. 定性指标根据指标完成情况分为达成预期指标、部分达成预期指标并具有一定效果、未达成预期指标且效果较差三档，分别按照该指标对应分值区间 100% －80%（含）、80% －60%（含）、60% －0% 合理确定分值。定量指标完成指标值的，记该指标所赋全部分值；未完成的，按照完成值与指标值的比例计分。

| 第 8 章 |

提升应用型本科高校预算绩效管理的建议

建成动态的全方位、全过程、全覆盖的全面预算资金绩效管理模式，坚持以资金投入与产出相匹配为导向，以绩效为核心，将绩效理念和预算深度融合，预算编制时编制绩效考核方案，预算执行时实施和监控绩效，决算环节评价考核绩效，并将预算绩效结果再应用于下一个预算年度。从事前、事中、事后三个环节，提出以下建议。

8.1 编制预算绩效目标

编制环节要编制预算绩效目标，这是高校实施全面预算绩效管理的首要环节，应用型本科高校也不例外。应用型本科高校预算绩效目标应该充分结合高校的自身情况，围绕高校的事业发展战略和年度计划，确定中长期规划和年度预算，设定学校的预算绩效总体目标和具体目标，将预算绩效目标与业务和工作结合，预算绩效目标不仅要关注支出完成情况，还要强调预算的经济效益和社会效益。同时将绩效目标纳入项目库管理，以预算项目为载体，将项目纳入全面预算绩效管理，从质量、成本和效益等方面综合评价项目资金的使用绩效，对项目周期超过一年的项目实行跟踪，建立动态的全过程的预算绩效管理链条。同时，高校应该根据自身实际情况设计合理的全面预算绩效评价指标体系，建立全面预算绩效评价的标准。在财政部门原有绩效评价指标体系中，根据高校自身特点加入个性化指标，不断完善全面预算绩效评价指标体系，针对科研和教育等重点项目，设置不同的绩效评价指标，表现不同指标的不同特色，同时提高重点和特色指标的实际权重。

高校要将绩效评价环节关口前移，在预算编制环节，根据事业发展规划，科学设置各类预算项目的定量和定性相结合、可比较、可考核的绩效目标，确保资金投入与绩效产出结果相匹配、相适应。高校应结合整体预算绩效目标、项目绩效目标等开展事前绩效评审，必要时引入第三方绩效评价机构论证项目立项的依据和必要性、投入的经济性和效益性、绩效目标的合理性、绩效指标的合规性等，将绩效评审结果作为下一年度预算资金安排重要依据。预算绩效目标编制与预算编制同步申报、审核、批复和公开。

8.2 预算绩效过程控制

预算绩效控制是预算执行和绩效运行的跟踪管理，主要目的是控制好预算执行和绩效运行，以使执行结果与编制的绩效目标偏差最小。对照编制的预算绩效目标，衡量预算支出的合理性，检验预算执行的履行程度。应用型高校应对预算绩效实施事前、事中和事后控制的全过程控制模式。事前控制将预算控制与用款计划和日常财务审批相结合。事中控制应按月、季度、年度对预算执行进度和绩效目标实现程度进行实时的双监控和双分析，一旦发现问题，立即确认责任主体，分析原因并找出解决办法，确保预算执行结果和绩效实施效果与编制预算时设定的预算绩效目标偏差最小，对问题严重的项目要暂缓或停止预算拨款，及时督促整改落实。事后控制应在业务活动结束后对比预算绩效目标和预算绩效执行的差异进行比较和分析，并提出改进措施。

在控制方式上，应用型高校应健全全面预算绩效的审计和监督体系，根据编制预算环节设立的绩效目标分析预算执行、绩效控制、绩效评价和应用的情况，跟踪监督整个预算绩效运行过程，针对发现的问题及时采取措施解决问题，确保预算绩效管理的顺利开展。同时，也要推进预算绩效信息公开，建立全面预算绩效信息公开机制，完善预算绩效评价制度，每月提供预算执行和绩效控制情况，其次绩效目标与预算、绩效评价结果与决算同步公开。

8.2.1　推进成本核算，构建政府成本会计体系

实施绩效管理离不开成本信息，政府成本会计对象的确定、成本的归集分配以及核算方法的选择为预算绩效管理的量化提供了数据支撑。本书的内在逻辑是以高校四大业务活动（教学活动类、行政管理活动类、教学管理活动类、后勤保障及教辅活动类）为桥梁，采用作业成本法对四大类业务活动的资源耗费情况，进行成本费用归集，进而为绩效评估、绩效目标、绩效运行监控以及绩效评价等绩效管理全过程提供科学、合理的数据支撑。因此，科学性、合理的成本核算是本书的研究前提和基础，只有确保高质量的成本信息，才能满足成本管控、受托责任评价、预算编制、预算绩效评价的需要（郝东洋和张冉，2016），实现全过程绩效管理。但是，就目前而言，政府成本会计的研究相对滞后。虽然，财政部于2019年颁布了《事业单位成本核算基本指引》（以下简称《基本指引》），要求把成本核算作为成本控制的抓手、公共产品服务定价的依据以及绩效管理的重点，但该《基本指引》仅能为事业单位成本核算提供基本遵循依据，具体指引尚未颁布。总体而言，推行政府成本会计的难度较大、涉及面较广，是一个系统工程，因此为了更好地服务预算绩效管理，本书提出以下建议。

（1）制定成本核算具体指引。

在《基本指引》的指导下，充分结合行政单位、高等院校以及科研院所的特点，明确成本核算对象，并针对不同的核算对象采用适当的成本核算方法，可以采用作业成本法，确定作业动因及资源动因，根据科研项目管理的实际情况，通过资源成本归集分配路径分析，合理确定资源成本分配模式，并通过模拟运用作业成本法，计算得出科研项目成本，为绩效评估的合理性、绩效目标设定的科学性、绩效运行监控的有效性以及绩效评价的公平性提供数据支撑。

（2）以业务活动为对象构建以成本标准库。

在预算管理的编制环节中，存在同一业务在不同部门的预算申报数不同的现实问题，这样极大地削弱了预算管理的可比性。因此，利用信息技术和

相关管理制度，构建成本标准库，对同一业务发生的成本标准进行设置，能有效避免在预算申报环节“拍脑袋”的现象。例如，高等院校中的教师培训活动，可以对培训规格、培训时长、培训人数、培训地点等信息进行成本标准的核定，最终确定教师培训活动的成本标准。对高校共性业务的成本标准的制定，可以使绩效评估环节更加科学合理，有助于提升项目投入的经济性、实施方案可行性以及评估结果的准确性，实现预算精细化管理的要求。

（3）以业务活动为对象编制成本费用明细表。

从现有政府报告披露的信息来看，对成本费用的具体项目披露相对不足，从收入费用表来看，主要包括业务活动费用、单位管理费用、经营费用、资产处置费用、上缴上级费用、对附属单位补助费用、所得税费用以及其他费用。该种披露方式较难看出某个项目的整体支出情况，也就无法准确设定预算绩效目标、预算监控指标以及绩效评价指标的设置。例如，教师带领学生参加学科竞赛，涉及差旅费、劳务费、宣传费、专项业务费（学生活动费、实验实习试验费）等科目，但是，反映在政府会计中，仅仅体现在业务活动费用和单位管理费用科目中，对具体教师带领学生参加科学竞赛的成本并不清楚，因此也就无法确定与之相匹配的绩效目标。因此，细化收入费用表，一方面提升项目支出透明度，另一方面为预算监控、预算绩效评价提供基础数据。

（4）构建成本信息管理平台。

信息技术的应用无疑提升了数据收集、整理、分析等各个环节的效率，并最终为全面的决策信息提供支持。就高等学校而言，其事务繁杂，项目类别多，如就科研活动而言，大致分为横向科研活动和纵向科研活动，而纵向科研活动又分为国家级、省部级和地厅级，不同级别的又归属不同的职能部门，因此要想实现高校精细化管理，必须借助信息化手段才能予以实现。通过构建高校成本信息管理平台，可以打通各个高校以及高校内部的信息壁垒，对于不同高校的相似类业务或同一高校不同院部进行成本比对，进而对绩效评估、绩效目标、绩效运行监控以及绩效评价等方面提供数据支撑，提升可比性。综上所述，本书建议应加快政府成本会计改革，为全过程绩效管理提供可靠合理的客观数据，并最终实现绩效管理从“人为判断”向“数字应用”转变。

8.2.2　规范资产管理，引入资产效率绩效指标

2019 年，政府会计制度在全国行政事业单位全面实施，以“双基础、双分录、双报告”的核算模式，使权责发生制的财务会计与收付实现制的预算会计实现了既相互衔接又适度分离，为行政事业单位准确完整反映部门预算收支、资产负债以及资金投入使用效益情况提供了有效的信息途径。权责发生制下的财务会计包括资产、负债、净资产、收入和费用五要素，该五要素能够全面反映政府可以用于履职的资源存量信息，提供公共产品和服务所产生的各种债务的规模和结构以及政府履行职能的可持续性。

基于权责发生制的政府财务会计实现了对资产购置、使用、处置及收益的全过程价值反映，这为预算绩效管理提供了产出指标（数量、质量、时效、成本）、效益指标以及满意度等方面提供了更为准确的绩效评价指标。具体来说，从预算投入到产出的过程所形成的各种有形资产和无形资产均会体现在资产负债表中，以及各种资产随着使用所发生的耗费（如折旧费）也能够反映在成本信息中，因此，资产信息是预算绩效产出的重要载体之一，在一定程度上反映了政府管理公共资源、履行责任的效果。因此，在预算绩效评价指标的设计中更应该充分体现出相关资产的利用率以及耗费情况。例如，高校教育活动投入形成的资产中，可以依据资产信息，设置生均教学科研仪器设备值、网络教学资源利用率、OA 系统办公覆盖率、图书资源利用效率、文体活动设施建筑面积及变化率等指标；还可以设置资产增长率、固定资产增长率、资产空闲率等相关反映资产利用效率的指标。强化资产管理对实现重要经济活动信息共享，避免资产实物和价值管理“两张皮”，提升预算绩效管理水平。

8.3　预算绩效结果评价

8.3.1　分析预算绩效评价数据

按照政府会计制度的“双报告”的编制要求，按时高质量编制财务报告和决算报告，根据“双报告”分析财务预算执行、收支预算执行和绩效实施效

果的情况，全面准确地反映应用型本科高校的办学成本和资金使用效果和效益。

8.3.2 构建完善的预算绩效评价指标体系

应用型本科高校应通过自评和外部评价相结合的方式，对预算执行情况和预算绩效情况开展评价，对整体支出绩效、项目实施效果开展绩效自评，评价结果报送财政部门。财政部门应该建立预算绩效评价机制，对该类高校整体支出绩效和项目绩效进行综合评价。

预算绩效评价指标体系可以细化为财务指标和非财务指标，财务指标用具体的数据表示，非财务指标注重社会效益，同时应该设置人才培养、学科建设、科研产出和社会服务等绩效指标，体现该类高校特有的人才培养和科学研究的经济效益和社会效益。首先，根据该类型高校的总体发展目标将高校全面预算绩效分为若干层次；其次，采用关键指标法提取每个层次的个性指标，个性指标是确保重点工作的关键指标；最后，横向和纵向地设计一套系统完整的高校全面预算绩效评价指标体系，如表 8－1 所示。

表 8－1　应用型高校全面预算绩效评价指标体系

一级指标	二级指标	三级指标	指标解释及计算公式
预算绩效编制	预算编制	预算编制合理性	考核预算编制的合理性，即是否依据相关制度编制预算，是否符合高校职责、政府的方针政策，支出预算编制是否依据项目的轻重缓急进行安排
		财政拨款收入（支出）预决算差异率	[财政拨款收入（支出）决算数－财政拨款收入（支出）调整预算数]/财政拨款收入（支出）调整预算数×100%
		收入（支出）预决算差异率	[收入（支出）决算数－收入（支出）调整预算数]/收入（支出）调整预算数×100%
	目标设置	绩效目标合理性	考核高校设立的绩效目标是否依据充分，是否符合客观实际，是否与高校年度工作任务相符
		绩效指标明确性	考核高校所设定的绩效评价指标是否定量与定性相结合，是否可比较、可量化和可考核，用以反映评价绩效指标的明细化情况

续表

一级指标	二级指标	三级指标	指标解释及计算公式
预算绩效控制	资金管理	财政拨款（自筹经费）占总收入比率	本年财政拨款收入（自筹经费）/本年总收入×100%
		自筹基建经费占基建经费比率	本年自筹基建经费/基建经费总额×100%
		人员支出（公用支出）比率	人员支出（公用支出）/事业支出×100%
		收入（支出）预算调整率	本年收入（支出）调整总额/本年预算收入（支出）总额×100%
		结转结余率	年末财政拨款结转和结余决算数/（年初财政拨款结转和结余收入决算数+一般公共预算财政拨款决算数+政府性基金预算财政拨款决算数）×100%
		财务合规性	一是支出的规范性，反映是否严格执行高校财务管理、费用支出和资金审批等制度；二是会计核算是否规范，反映是否存在支出依据不合规，是否以虚假的经济业务进行会计核算，是否虚列项目收支，是否存在挤占、截留和挪用项目资金的情况
		信息公开性	主要考核预决算管理和绩效管理的实施和公开透明情况，用以反映高校是否按照信息公开有关规定按时保质公开相关预决算和绩效信息
	项目管理	项目实施程度	考核项目的立项、审批及调整是否按规定履行程序；项目方案实施、项目招投标、建设、竣工验收等是否严格执行相关制度
		项目监管	考核专项资金实施是否都开展有效的检查、监控、督促整改；考核专项资金绩效评价情况
	资产管理	账务核对情况	考核资产账与财务账是否相符
		政府采购执行率	实际采购金额合计数/采购计划金额合计数×100%
		固定资产利用率	实际在用固定资产总额/所有固定资产总额×100%
预算绩效评价	经济性	公用经费控制率	本年度实际支出的公用经费总额/预算安排的公用经费总额×100%，用以反映和考核高校对机构运转成本的实际控制程度
	效率性	重点工作完成率	重点工作实际完成数/重点工作总数×100%
		绩效目标完成率	部门绩效目标中已实现目标数/申报目标数×100%
		项目完成及时性	反映预算安排的项目是否均按计划时间完成

续表

一级指标	二级指标	三级指标	指标解释及计算公式
预算使用效益	财务类	总收入（财政拨款、自筹经费、其他收入）增长率	[本年总收入（财政拨款、自筹经费、其他收入）-上年总收入（财政拨款、自筹经费、其他收入）]/上年总收入（财政拨款、自筹经费、其他收入）×100%
		生均事业费	事业支出/折合后的各类学生平均人数
		财政项目拨款执行率	本年财政项目补助实际支出/本年财政项目支出补助收入×100%
		收入支出比率	本年总支出/本年总收入
		生均贷款	本年贷款总额/折合后的各类学生平均数×100%
		资产负债率	负债总额/资产总额×100%
	人才培养类	毕业生就业率	年初预算额、预算调整率、大额支出论证与审批率、绩效评价结果优秀率及合格率、资金使用合规性、财务监控有效性
		学生满意度	
		考研录取率	考研录取人数/在校学生人数×100%
	教学及学科建设类	重点学科数量	
		精品课程数量	
		生均教学日常运行支出	教学日常运行支出/折合后的各类学生平均数
		教学活动收入	本年与教学活动相关的收入
		教学成果获奖项数	
	科研类	科研活动收入	本年与科研活动相关的收入
		教师人均科研经费	科研经费/专任教师人数
		公开发表论文（专著）数	
		教师人均论文数	公开发表论文数/专任教师人数
		国家级科研项目数量	
		科研课题立项数量	
	资产类	总资产（净资产、固定资产）增长率	[本年总资产（净资产、固定资产）总额-上年总资产（净资产、固定资产）总额]/上年总资产（净资产、固定资产）总额×100%
		生均图书数量	图书总数/折合后的各类学生平均数×100%
		生均教学仪器设备	本年教学仪器设备费/折合后的各类学生平均数×100%

续表

一级指标	二级指标	三级指标	指标解释及计算公式
预算使用效益	人事类	师生比	折合后的各类学生平均人数/教师年平均数
		教职工人均经费	本年总收入/教职工年平均人数
		专任教师占全体教职工比例	专任教师/全体教职工×100%
		教授（副教授）专任教师占全体专任教师比例	教授（副教授）专任教师/全体专任教师×100%
		硕士（博士）专任教师占全体专任教师比例	硕士（博士）专任教师/全体专任教师比例×100%
		人才引进费	
		培训费	
	社会效益	新生报到率	新生报到人数/新生录取数×100%
		用人单位满意度	
		家长满意度	

应用型本科高校进行预算绩效评价应该根据评价内容的性质、类型及特点从全面预算绩效评价指标体系中选择适合的关键指标，综合运用层次分析法和专家调查法确定各个指标的权重，采用综合指标法等确定计分方法。

8.3.3　按照预算绩效目标对预算执行结果进行考评

考评包括部门考评、项目考评和负责人考评。根据设定的全面预算绩效评价指标、绩效评价指标权重和绩效评价计分方法，审核被评价部门、项目和负责人的相关数据进行综合的绩效评价，从而得到项目的综合评价得分，作为之后预算绩效考核的基础资料。参考有关上级部门的要求、高校经验和相关文献资料等，设定优秀、良好、合格和差劣四个级别作为评价标准，综合评价得分可以划分为四个级别：

优秀（A）：综合得分在 90 分以上（含 90 分）；良好（B）：综合得分为 75 ~ 85 分（含 75 分）；合格（C）：综合得分为 60 ~ 70 分（含 60 分）；

差劣（D）：综合得分在60分以下。

应用型本科高校应将预算绩效评价结果作为下一年预算分配和部门绩效分配的依据，在下一年度的预算安排时对预算执行进度快和预算绩效评价好的部门和项目给予一定幅度的倾斜，并予以绩效奖励；对预算执行进度差或预算绩效评价差的部门和项目给予一定额度的扣减；对于预算执行进度不佳或无法实现预算绩效目标的部门和项目，及时整改、取消或予以撤销处罚；还应根据预算绩效评价结果对部门负责人和项目负责人实施绩效奖励、追责问责等方式强化预算绩效目标的达成。经济方面，与部门负责人和项目负责人的绩效工资等挂钩；人事方面，将预算绩效评价结果作为负责人的工作业绩和政绩考核的重要指标，作为选拔任用和考核的重要参考。

8.4 预算绩效评价信息反馈和应用

预算绩效反馈和结果再应用是实施全面预算绩效管理的落脚点，其目的是为绩效评价结果更好地应用于下一个预算年度。预算绩效反馈是汇集应用型本科高校预算绩效评价结果后，将评价结果再应用的过程，主要包括预算绩效目标执行的调整和预算绩效的激励约束。预算绩效目标执行的调整主要是根据预算绩效评价结果与编制的预算绩效目标差异，分析原因，调整下期预算和绩效目标。预算绩效的激励约束主要是将预算绩效评价结果与相关负责人的绩效工资、工作业绩和政绩考核挂钩；将预算绩效评价结果与高校各部门的以后年度预算安排和部门绩效挂钩；将预算绩效评价结果与项目以后年度安排的优先顺序和项目资金预算挂钩。学校应优先安排和保障绩效评价好的项目，督促改进绩效评价一般的项目，削减或取消资金使用低效或无效的项目，按照有关规定收回长期沉淀的项目资金。综上所述，全面预算绩效管理要将绩效理念和方法融入预算编制、预算执行、评价和运用中，将绩效目标管理、绩效实施和控制、绩效评价和考核、预算绩效反馈及结果再应用形成一个系统的全面预算绩效管理模式，具体的高校全面预算绩效管理模式如图8－1所示。

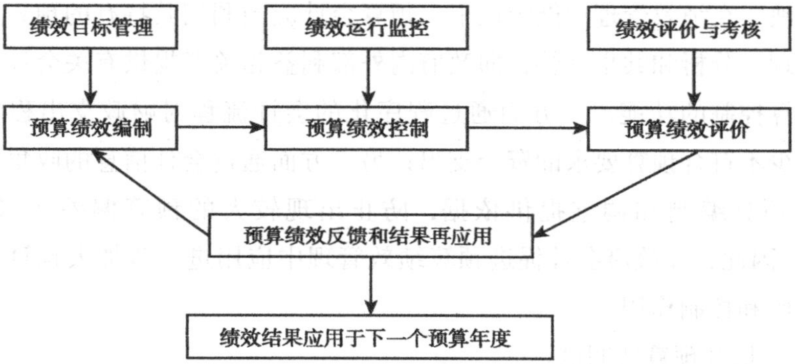

图8-1　全面预算绩效管理模式

8.5　建设全面预算绩效管理的组织机构

应用型本科高校应成立具有决策权的专门预算委员会，领导和协调全面预算绩效管理；设立全面预算绩效管理的工作机构，财务部门负责编制收入和支出预算，人事部门负责人员配置及高校各部门和项目负责人的绩效。根据高校各部门和项目负责人在全面预算绩效管理中承担相应的职责和责任，部门负责人负责部门的全面预算绩效情况，项目负责人负责项目的全面预算绩效情况。

具体实施中，应用型本科高校应结合自身的特点，在落实全面预算绩效管理工作中要建章立制，结合日常的管理制度，完善全面预算绩效管理制度，具体包括预算绩效编制、预算绩效控制、预算绩效评价、预算绩效反馈和再应用等各环节的具体制度和规定。结合应用型本科高校的实际需求，将绩效目标管理、绩效实施和控制、绩效评价和考核、绩效结果应用等全部纳入全面预算管理系统，并将全面预算绩效体系转为信息控制系统，从大数据分析预算绩效的实施效果。

8.5.1　要强化预算会计控制功能，提升预算绩效管理水平

以收付实现制为基础的预算会计是对政府部门执行预算的整个过程的记

录和反映。在绩效管理功能定位下，预算会计应当利用其特有的预算数据获取、处理、分析和共享优势，向政府内外部利益相关者提供有关会计信息和发挥预算控制的功能。一方面通过程序化的会计流程对财政支出程序硬控制，减少不符合预算要求的资金支出；另一方面通过会计信息的收集整理和反馈为预算编制和调整提供依据，防止出现较大的预算偏差（张军等，2020）。因此，在政府会计促进预算绩效管理中应用进一步加大预算会计的信息供给和控制作用。

（1）提升预算透明度。

良好的预算透明度是公共财政管理的基础，预算会计应当提供有关政府预算及相关活动的信息，便于使用者了解会计主体耗费的预算资源，评价其努力程度和取得的服务成就。

（2）完善预算支出流程。

通过设计合理的预算支出程序促使财政资金的支出更加合理有效。例如，做好预算事前控制流程，建立前置的预算会计预审核机制是保障预算会计发挥事前控制功能的有效手段。

（3）促进预算会计和相关机构会计制度的融合度。

预算会计和其他政府机构使用的会计制度协调性和互通性较差，财政资金核算还无法实现全流程的统一，应从资金链上实现资金流动信息共享。

（4）实行预算全过程跟踪。

政府支出项目往往具有跨年度的特性，因此跟踪核算整个支出周期的预算执行情况，实现对项目支出全过程的监督管理，有助于提升预算资金使用效率，为预算绩效目标管控、绩效评价提供数据支撑。

8.5.2 提升政府会计信息质量，保障预算绩效管理信息可靠性

政府会计的信息供给作用为预算绩效管理提供了信息保障，而高质量政府会计信息是政府会计服务预算绩效管理的前提，但是，高质量政府会计信息依赖于政府会计准则的有效执行。也就是说，我国各级政府能否编制出高质量的权责发生制政府综合财务报告，关键取决于政府会计准则制度能否被

高质量地执行。公共选择理论认为，政府主体是否有效执行政府会计准则制度，取决于其对预期收益和成本的权衡，即执行准则制度所带来的预期收益能否弥补甚至大于所带来的成本。而我国政府会计准则是以“双系统”和权责发生制为主要技术特征的，这要求政府会计主体将更多现金业务以外的业务纳入核算范围，如固定资产折旧、无形资产摊销等现金业务的衍生业务，以及预计负债、资产捐赠等非现金业务，核算范围的扩大无疑给政府会计主体带来了更多执行成本，因此，政府会计主体基于成本收益的权衡，可能针对不同业务选择性地执行准则制度（路军伟等，2020），进而影响了政府会计信息的质量。因此，适度披露政府财务报告和借助外部监督机制，可以促进政府会计准则制度的执行效果，提升政府会计信息质量，为预算绩效管理提供可靠的数据支撑。

（1）适度披露政府财务报告。

预算绩效管理的实施与执行，除了需要有科学的绩效评价指标体系外，还必须有能测量和记录用于反映政府投入和产出的及时完善的政府财务报告系统（赵合云和陈纪瑜，2010）。因此，基于受托责任观的政府会计系统应该明确财务报告的信息供给者与信息需求者，尤其是关注外部信息使用者的需求（张琦，2007）。因此，适当披露预算执行、绩效评价、行政成本、政府家底、政府债务等方面的信息，以便为社会公众、立法机构和国家审计部门等信息使用者问责并监督政府，提升政府会计信息质量。

（2）建立政府财务报告审计制度。

政府财务报告审计作为对政府财务报告实施的独立鉴证机制，确保权责发生制下政府综合财务报告的质量。政府财务报告审计源于对公共权力进行监督与制约的现实需求，在参与国家治理中发挥监督与制约公共权力的治理价值。政府财务报告审计的核心就是通过获取充分、适当的审计证据，对政府财务报告的真实性、合规性进行甄别并提供评价信息，以合理保证公共受托责任履行情况是否在政府财务报告中得以恰当体现。因此，构建政府财务报告审计制度，逐步明确谁来审、审什么、如何审、审计结果如何运用、如何保障审计有效实施等一系列问题。因此，借助外部监督机制提升政府会计信息质量，为全面实施预算绩效管理提供可靠的信息保证。

8.6 推进预算绩效评价与政府会计信息化协同

应用型本科高校可利用现有的数字化财务条件，完善“云预算 + 项目库”的信息化建设，建立起全面预算管理的智能化体系，将预算编制、预算执行、预算绩效评价与项目的事前立项、事中进行、事后分析联动结合应用，丰富数据支撑，实现信息共享，预算的编制、执行、调整、绩效评价等基础数据与项目库信息结合，从历史信息、同类型项目、其他项目等多维度对各项指标进行比较分析，为财务管理和战略决策提供有力依据。推进项目库管理与政府会计核算信息化融入，规范不同项目的核算要求，确保资金使用的合规性，协同预算绩效评价指标渗透关联到会计核算中，使每笔支出都能找到对应的绩效评价指标，强化全过程的绩效管理意识，实现预算绩效评价与政府会计核算的相辅相成。

积极完善财政信息一体化平台，实现信息共享。在大数据和信息共享的时代下，如何有效融合和利用数据，提升数据收集、处理效率已经成为影响管理水平重要因素之一。政府会计以其对资产、负债、收入、费用进行全面系统的确认、评估和登记，为新时代全面实施绩效管理提供了更为科学的管理理念和重要的信息保证（徐经长和何乐伟，2018）。但是，面对庞大的数据源以及各个“信息孤岛”，要想真正发挥政府会计对预算绩效管理的作用，需要借助信息化手段方式才能够实现。

8.6.1 协调财务会计与预算会计，实现数据有效融合

在“双基础、双分录、双报告”的核算模式下，同一经济业务发生的确认和记录方式不同，仅从分录上较难匹配出该笔经济业务。因此，加强预算会计和财务会计功能的协同互动关系，提供反映报表项目数字钩稽关系的调整报表及其他补充信息，特别是要详细说明重要报表项目的差异及原因，向使用者提供更全面、更易于理解的政府会计信息。因此，秉持完整性、可靠性、适应性、经济性的系统建设原则，优化政府财政一体化信息系统，设置

辅助核算模块，形成预算、财务、成本相互衔接的交互式信息系统，方便数据的快速提取和重复利用，提升财政数据的深入融合和利用。

8.6.2　打通业务与财务，促进业财一体化

在财政一体化系统中构建成本标准库和项目库，使其与政府会计核算信息系统、预算决算系统进行深度融入，从项目预算评估阶段开始，可以从成本标准库和项目库中比对，同时还可以将预算编制、预算执行、预算绩效评价与项目的事前立项、事中进行、事后分析联动结合应用，丰富数据支撑，实现信息共享，预算的编制、执行、调整、绩效评价等基础数据与项目库信息结合，从历史信息、同类型项目、其他项目等多维度对各项指标进行比较分析，为财务管理和战略决策提供有力依据。例如，通过项目库来规范不同项目的核算要求，确保资金使用的合规性，协同预算绩效评价指标渗透关联到会计核算中，使每笔支出都能找到对应的绩效评价指标，强化全过程的绩效管理意识，实现预算绩效评价与政府会计核算的相辅相成。另外，建立与中国的财政管理、国库结算、国有资产管理、财政资金绩效管理等子系统相衔接的全面政府会计核算系统，并实现自动会计报表编制、财务信息分析以及绩效测量考评。

通过财政信息一体化平台的构建，能够实现对相同项目的预算形成申报有标准、监督有指标、评价有依据的预算绩效管理体系，为预算绩效管理提供重要数据支撑和技术保障。

参 考 文 献

[1] Cavalluzzo K. S. , Ittner C. D. Implementing performance measurement innovations: evidence from government [J]. SSRN Electronic Journal, 2003, 29 (3): 243 -267.

[2] Timothy P. Schmidle. Does the final score truly count? Performance report scorecards and the government performance and results act of 1993 [J]. Public Administration Review, 2012, 72 (6): 926 -934.

[3] Gerrish E. The impact of performance management on performance in public organizations: a meta - analysis [J]. Public Administration Review, 2016, 76 (1): 48 -66.

[4] Bernard Pitsvada, F. Lostracco. Performance budgeting—the next budgetary answer. But what is the question? [J]. Journal of Public Budgeting, Accounting & Financial Management, 2002, 14 (1): 53 -73.

[5] Jonathan D. Breul. GPRA—a foundation for performance budgeting [J]. Public Performance & Management Review, 2007 (30): 3, 312 -331.

[6] Moynihan D. P. , Lavertu S. Does involvement in performance management routines encourage performance information use? Evaluating GPRA and PART [J]. Public Administration Review, 2012, 72 (4): 592 -602.

[7] Carole Johnson, Colin Talbot. The UK parliament and performance: challenging or challenged? [J]. International Review of Administrative Sciences, 2007, 73 (1): 113 -131.

[8] Ellwood S. Autonomy, governance, accountability and a new audit regime [J]. Public Money & Management, 2014, 3 (2): 139 -141.

[9] Felicity M. Matthews. Letting go and holding on: the politics of perform-

ance management in the United Kingdom [J]. Public Policy and Administration, 2016, 31 (4): 303 -323.

[10] Hagemann R. How can fiscal councils strengthen fiscal performance? [J]. OECD Journal Economic Studies, 2011 (1): 3.

[11] Lu Y, Willoughby K, Arnett S. Performance budgeting in the american states: what's law got to do with it? [J]. State & Local Government Review, 2011, 43 (2): 79 -94.

[12] Rusdi Akbar, Robyn Pilcher, Brian Perrin. Performance measurement in indonesia: the case of local government [J]. Pacific Accounting Review, 2012, 24 (3): 262 -291.

[13] Jongho Roh. Improving the government performance management system in South Korea: focusing on central government agencies [J]. Asian Education and Development Studies, 2018, 7 (3): 266 -278.

[14] Fryer K. Antony J. and Ogden S. Performance management in the public sector [J]. International Journal of Public Sector Management, 2009, 22 (6): 478 -498.

[15] David Otley. Performance management: a framework for management control systems research [J]. Management Accounting Research, 1999 (10): 363 -382.

[16] David Arellano Gauit. The evaluation of performance in the mexican federal government: a study of the monitoring agencies modernization process [J]. Public Administration Review. 2011 (72): 135 -142.

[17] Lee S. Y. , Whitford A. B. assessing the effects of organizational resources on public agency performance: evidence from the US federal government [J]. Journal of Public Administration Research and Theory Advance Access, 2012 (11): 687 -712.

[18] Deryl Northcott. Using the balanced scorecard to manage performance in public sector organizations issues and challenges [J]. International Journal of Public Sector Management. 2012, 25 (3): 166 -191.

[19] Yee - Ching Lilian Chan. Performance measurement and adoption of

balanced scorecards [J]. International Journal of Public Sector Management, 2004, 17 (3): 204 - 221.

[20] Hoque Z., Moll J. Public sector reform - implications for accounting, accountability and performance of state - owned entities - an australian perspective [J]. International Journal of Public Sector Management, 2001, 14 (4): 304 - 326.

[21] Raili M. Pollanen. Performance measurement in municipalities: empirical evidence in canadian context [J]. International Journal of Public Sector Management, 2005, 18 (1): 4 - 24.

[22] Gherghina S. Does government performance matter? Electoral support for incumbents in six postcommunist countries [J]. Contemporary Politics, 2011, 17 (3): 257 - 277.

[23] 李银珠. 公共支出行为的成本—效益分析——基于福利经济学的思考学 [J]. 江西社会科学, 2008 (11): 72 - 77.

[24] 刘江宏. 地方政府政绩观扭曲的制度分析 [J]. 北京行政学院学报, 2008 (1): 22 - 25.

[25] 王丽萍, 郭岚, 张勇. 高校新绩效预算管理的组合评价方法研究 [J]. 会计研究, 2008, (02): 68 - 75 + 96.

[26] 肖田野, 张衡, 卢进. 财政项目预算绩效评价指标体系的构建 [J]. 财会月刊, 2008, (35): 27 - 28.

[27] 潘懋元, 车如山. 略论应用型本科院校的定位 [J]. 高等教育研究, 2009, 30 (5): 35 - 38.

[28] 张甫香, 张健. 高校预算绩效偏离度评价指标体系设计 [J]. 会计之友 (中旬刊), 2010, (10): 42 - 45.

[29] 陆萍, 吴婧, 张甫香. 高校预算绩效评价的方法探析 [J]. 财会通讯, 2010, (36): 60 - 63.

[30] 苗志勇, 于蕾. 基于平衡计分卡的行政事业单位预算绩效评价研究——以高等学校为例 [J]. 天津商业大学学报, 2013, 33 (01): 59 - 62.

[31] 程卓蕾. 高校绩效管理体系的研究与设计 [D]. 长沙: 中南大学, 2011.

[32] 常建军，王林昌．高校内部预算绩效评价指标体系研究——基于评价指标、指标权重及评价标准方面 [J]．会计之友，2012，(34)：127-128.

[33] 张克友．基于层次分析法的高校预算绩效评价的实证研究 [J]．信阳师范学院学报（哲学社会科学版），2013，33 (01)：63-65.

[34] 姚晓明．河南省公共财政性高等教育经费问题研究 [D]．郑州：郑州大学，2013.

[35] 李敏．河南省高校财务管理绩效评价研究 [D]．西安：西北农林科技大学，2014.

[36] 陈新．职能转变视角下的政府绩效评估研究 [D]．天津：南开大学，2014：120-135.

[37] 张媛丽．预算管理视角下的普通高校预算绩效评价研究 [D]．北京：北京化工大学，2015.

[38] 王泽彩．绩效：政府预算的起点与终点 [M]．上海：立信会计出版社，2016：258-259.

[39] 吴勋．中国高校预算绩效评价研究 [M]．北京：中国社会科学出版社，2016.

[40] 刘文锴．应用型本科院校办学定位分析 [J]．中国高等教育，2016 (9)：32-34.

[41] 张明军．制度绩效、主观设计与政治学话语体系的构建 [J]．探索与争鸣，2017 (12)：45-50.

[42] 马蔡琛．财政支出绩效评价方兴未艾 [J]．中国财政，2017 (17)：1.

[43] 袁晋芳．我国高校绩效预算问题研究 [D]．北京：中央财经大学，2017.

[44] 邵胜华，胡珍薇．基于战略地图的高校预算绩效管理分析——以A高校为例 [J]．会计之友，2017，(06)：80-83.

[45] 张妙冉．应用型本科高校办学水平绩效评价指标体系建构 [D]．厦门：厦门大学，2018.

[46] 胡梅．高校预算绩效评价体系研究 [D]．苏州：长江大学，2018.

[47] 郭红涛. 浅析河南省高校中期财政规划编制工作 [J]. 会计师, 2018, (17): 59-60.

[48] 董钊. 河南省普通高等教育财政性教育经费投入问题研究 [D]. 桂林: 广西师范大学, 2018.

[49] 国务院. 关于全面实施预算绩效管理的意见. http: //www.gov.cn/zhengce/2018-09/25/content_5325315.htm (2018).

[50] 河南省政府. 关于促进普通高等学校分类发展的指导意见. https: //www.henan.gov.cn/2015/12-18/247453.html (2015).

[51] 王永华, 申金山. 从河南省高校中期财政规划实践看高校预算管理改革 [J]. 管理工程师, 2019, 24 (04): 74-78.

[52] 潘念萍, 汪丹. 高职院校预算绩效评价研究 [J]. 中国财政, 2019 (13): 40-43.

[53] 阿儒涵, 程燕林, 李晓轩, 等. 关于财政绩效评价综合打分制方法的思考 [J]. 中国科学院院刊, 2020, 35 (12): 1439-1447.

[54] 高娟. 新时代中国政府绩效评价研究 [J]. 中国软科学, 2019 (12): 62-71.

[55] 高晓杰, 魏晓艳. 美国文理学院教师绩效评价的经验与借鉴 [J]. 中国高等教育, 2019 (24): 55-57.

[56] 胡志勇, 王泽彩. 预算绩效指标体系构建的标准及其应用 [J]. 经济纵横, 2020 (12): 92-99.

[57] 刘锋. 基于新政府会计视角的机关运行成本管理研究 [J]. 中国行政管理, 2020 (4): 40-43.

[58] 马蔡琛, 赵笛. 大数据时代的预算绩效指标框架建设 [J]. 中央财经大学学报, 2019 (12): 3-12.

[59] 马蔡琛. 2020 后的预算绩效管理改革前瞻 [J]. 人民论坛·学术前沿, 2020 (14): 38-44.

[60] 马蔡琛, 赵笛. 大数据时代全过程预算绩效管理体系建设研究 [J]. 经济纵横, 2020 (7): 114-122.

[61] 马蔡琛, 赵笛. 中国预算管理改革的回顾与展望——“十三五”改革评估与“十四五”发展路径 [J]. 求索, 2021 (2): 151-159.